White Eagle/Ivan Cooke: Vom Wirken der weißen Bruderschaft

Die Geschichte der White Eagle Gemeinschaft

White Eagle/Ivan Cooke

Vom Wirken der weißen Bruderschaft

Die Geschichte der White Eagle Gemeinschaft

Aquamarin Verlag

White Eagle Kontaktadressen:

White Eagle Center Deutschland:
Annemarie Libera
Schraystraße 2 · D-82110 Germering
Tel. 0 89/8 41 77 90 · Fax 0 89/8 41 77 90

White Eagle Center Schweiz:
Carol Sommer
Schmiedengasse 15 · CH-3400 Burgdorf
Tel. (0041) 34/23 24 44

Titel der englischen Originalausgabe:
»Arthur Conan Doyle's Book of the Beyond«

Übersetzung: Dr. Edith Zorn

Titelbild: Heita Copony

1. Auflage 1997

Voglherd 1 · D-85567 Grafing

Druck: Ebner Ulm

ISBN 3-89427-082-9

Inhalt

Teil III – Zwei Lehren von White Eagle

Vorwort

Bei allem Ruhm, der Sir Arthur Conan Doyle umgab und der weitgehendst seinen Romanfiguren Sherlock Holmes und Dr. Watson zuzuschreiben ist, scheint seine eigentliche Lebensaufgabe, auf die er wohl noch größeren Wert legte, unbeachtet zu bleiben. Er wollte ein Weiterleben nach dem Tode beweisen, was ihn dazu veranlaßte, eine umfassende Vision jenseitigen Lebens zu übermitteln. Leider handelt es sich dabei zum Teil um seinen Versuch, und Versuche kommen und gehen. Eine Beweisführung mit spiritualistischen Mitteln beschäftigt uns heute weniger, wohl aber die außergewöhnliche Dokumentation von Nah-Tod-Erlebnissen.

In diesem Buch geht es nicht um den Bericht eines Nah-Tod-Erlebnisses, sondern um eines nach dem Tode. Der Leser mag sich hinsichtlich der Authentizität und der Identität des Sprechers der Botschaften, die diesen Bericht ausmachen, seine eigene Meinung bilden. Daß es sich bei dem Sprecher um Sir Arthur handelte, ist heute nicht so bedeutungsvoll. Die damaligen Durchgaben lieferten seiner Familie genügend Beweise, die sie davon überzeugten, daß die Botschaften zumindest teilweise von ihm stammten. Wesentlicher ist heute seine genaue Darstellung, ein Bild von enormer Kraft und Klarheit. Es reicht von den grauen Novembernebeln, die stark an seine eigenen Geschichten erinnern, den Astralebenen, einer Welt, vergleichbar mit Dantes »Inferno«, bis zu den himmlischen Sphären, die er mit dantischer Klarheit beschreibt, eine paradiesische Vision von ungewöhnlicher Realität. Keine geringe Leistung!

Der damaligen Zeit entsprechend – vor etwa sechzig Jahren – besitzen die Botschaften etwas von dem Charakter eines Dialogs mit dem orthodoxen Spiritualismus jener Tage, was, wie der Leser feststellen wird, die Vision nicht verschleiert. Sir Arthur hatte zu Lebzeiten über das Leben nach dem Tode berichtet, wie es in den geistigen Durchgaben jener Zeit beschrieben wurde (besonders in seinen Büchern THE NEW REVELATION und THE VITAL MESSAGE). Mit den im vorliegenden Buch aufgezeichneten, von ihm selbst gegebenen Botschaften wollte er ganz bewußt die Aussagen jener Bücher (die bereits auf den ersten Blick unbedeutender sind) auf den neuesten Stand bringen und erweitern. Die Botschaften wurden in den Jahren 1931 und 1932 gegeben. Die Tatsache, daß sie seither, wenn auch unter drei verschiedenen Titeln, einschließlich desjenigen dieses Buches, gedruckt worden sind, zeugt für ihre Anziehungskraft. Zusammen mit ihrer Geschichte erschienen sie zum ersten Mal im Dezember 1933 unter dem Titel THY KINGDOM COME. Ivan Cooke, der Ehemann von Grace Cooke, durch den Sir Arthur gesprochen hatte, veröffentlichte sie. Im Jahre 1956 erschienen sie dann in neuer Fassung unter dem Titel THE RETURN OF SIR ARTHUR CONAN DOYLE. Zu diesem Zwecke hatte Ivan Cooke das Material weitgehendst umgeschrieben, wobei ihn sein Schwiegersohn, mein Vater, Geoffrey Hayward, tatkräftig unterstützte.

Die eigentlichen Durchgaben sind in der vorliegenden Neufassung, wie auch in der Ausgabe THE RETURN OF SIR ARTHUR CONAN DOYLE, unangetastet geblieben. Geändert hat sich nur die sie einbettende Geschichte. Es mag hilfreich sein zu untersuchen, warum der Geschichte und den Botschaften solche Beachtung geschenkt worden ist.

Betrachtet man den Inhalt dieses Buches aus der Sicht des Jahres 1994, dann besitzt er eine zweifache Bedeutung. Da ist zunächst einmal die Botschaft selbst. Ich glaube, es war der Okkultist Shaw Desmond, der THY KINGDOM COME als »die sorgfältigste Beschreibung jenseitigen Lebens, die jemals gegeben worden ist«, bezeichnete. Diese Äußerung ist hängengeblieben. Inwieweit die Beurteilung stimmt, bleibt dahingestellt (exaktes Quellenstudium wäre dazu erforderlich). Doch der Überbringer dieser Botschaften, von dem wir mit Sicherheit annehmen können, daß es sich um Sir Arthur handelte, sprach von einer umfangreichen zukünftigen Aufgabe:

»Ich stehe unter der Führung der Weisen. Ich bin ihr Diener, ihr Instrument, und ich soll zur Zeit diese Gruppe zu einer Organisation gestalten, die in London wirken wird. Diese Lehren, diese Botschaften, sollen die Grundlage jener Arbeit bilden.« [1]

Die nachfolgenden Ereignisse haben gezeigt, daß es sich bei der Organisation um die White Eagle Loge handelt, die nur wenige Jahre nach der Durchgabe der Botschaften gegründet worden ist und sich heute weltweit ausbreitet. Auf diese Weise findet Sir Arthurs Arbeit ihren Fortgang. Die Tatsache, daß sich die Organisation (deren Beginn untrennbar mit der Übermittlung jener Botschaften verwoben ist) in ständigem Wachstum befindet, trägt dazu bei, daß die Geschichte fortlaufend auf den neuesten Stand gebracht werden muß. Dabei geht es nicht so sehr um das äußere Wachstum, als vielmehr um eine Neuverknüpfung mit dem Ursprung.

Unser Wahrnehmungsvermögen schärft sich, wenn wir uns nicht an Glaubensstrukturen binden, die eventuelle Möglichkeiten einschränken. Die heutige Generation, gleichgültig ob sie mit der White Eagle Loge vertraut ist oder aber dieses Buch zum ersten Mal in die Hand nimmt, wird die Botschaften von Conan Doyle aus neuer Sicht betrachten. Mögen ihr diese Botschaften, wie seit sechzig Jahren, Gewißheit und Klarheit schenken und eine neue Erkenntnis der Wahrheit offenbaren.

Abgesehen von folgenden Ausnahmen, besitzt das vorliegende Buch dieselbe Struktur wie THE RETURN OF ARTHUR CONAN DOYLE. Die an dieses Vorwort anschließende Einleitung steht anstelle von Ivan Cookes erstem Kapitel. Die am Schluß der alten Ausgabe unter dem Abschnitt »Rückblick« erscheinende Information, die die Geschichte bis 1975 auf den neuesten Stand brachte, erscheint nun in leicht abgeänderter Form als Kapitel XII. Ansonsten bleiben die von Ivan Cooke verfaßten Kapitel (II bis XI), abgesehen von geringfügigen Abänderungen (einige Abstriche, um die Geschichte relativ zeitgemäß zu gestalten), bestehen. Zwei White Eagle Lehren sind am Schluß des Buches hinzugefügt worden, aus Gründen, die im Einleitungskapitel besprochen werden. Im übrigen bleibt die Nummerierung der Kapitel dieselbe. Die Kapitel der Teile eins und drei tragen römische, die von Teil zwei arabische Ziffern. Aus früheren Ausgaben übernommene Fußnoten sind als solche gekennzeichnet; die übrigen erscheinen in vorliegender Ausgabe zum ersten Mal.

Was den Text der Botschaften anbelangt, so wurde er fast ausschließlich von W.R.Bradbook, dem Sekretär des Conan Doyle Memorial Komitees, niedergeschrieben. Die Originalfassung ging verloren. Einige Botschaften wurden ins Französische übersetzt (siehe Kapitel I) und erschienen im »Bulletin des Polaires«. Ein Vergleich der Versionen von 1933 und 1956 hat ergeben, daß erstere den zuverlässigsten Text enthält. Er wird hier daher wieder eingesetzt. Um Fortlauf und Sinn der gesprochenen Botschaften im Druck zu gewährleisten, wurden stillschweigend geringfügige Veränderungen vorgenommen. Einige veraltete Ausdrücke sind modernisiert worden. Wenn jedoch ein vollständiger Satz hinzugefügt werden mußte, um den Zusammenhang zu sichern, haben wir ihn, wie es im akademischen Gebrauch üblich ist, in Klammern gesetzt. In THE RETURN OF ARTHUR CONAN DOYLE sind die Botschaften weitaus klarer geordnet als in dem früheren Buch. Aus diesem Grunde hält sich die vorliegende Ausgabe an diese Anordnung, wobei der frühere Text als Grundlage dient. Die große Leistung der Veröffentlichung von 1956 bestand wohl darin, die Botschaften nicht der Reihenfolge nach wiederzugeben, sondern sie mehr oder weniger nach Themen zu ordnen und eine Linie logischer Entwicklung zu verfolgen. Die tatsächlichen Daten der Durchgaben und die Orte, soweit bekannt, sind jeweils am Rande der vorliegenden Veröffentlichung vermerkt. Die meisten Leser werden sie wohl ignorieren.

Im Gegensatz zu White Eagle, betont Conan Doyle den Vater-Mutter-Aspekt Gottes nicht. Der Zeit entsprechend, in der die Botschaften vermittelt wurden, bedient er sich ganz allgemein des männlichen Fürworts. Wir haben es beibehalten, da wir glauben, es sollte als solches einfach angenommen und nicht geändert werden.

Neben bereits vermerktem und geäußertem Dank möchte ich Pat Rodegast, dem Medium von Emmanuel, für das Zitat auf Seite 37 danken. Mein Dank gilt dem Bibliothekar und Präsidenten des College of Psychic Studies für ihre Unterstützung bei der Auffindung einer Ausgabe von »Light«, in der Arthur Conan Doyles Worte gedruckt sind; Mrs. A. Hamilton für die Abfassung der Geschichte ihres Mannes Peter; einer Anzahl von Freunden, die Vorschläge für die Einleitung machten oder die mit ihrer Übersetzung aus dem Französischen zum besseren Verständnis der Geschichte beitrugen (Mary Blair Smith, Philippa Adams und Margot Kemhadjian sowie andere, die nicht bekannt sind); unserer Mitherausgeberin und Lektorin Ann Slocock, deren hilfreiche Vorschläge mit eingeflossen sind. Der Herausgeber der Postkarte auf Seite 47 ist unbekannt. Wir verwenden sie in guter Absicht.

Teil I

Die Geschichte

Kapitel 1

Einführung und Rückblick

Colum Hayward

1994 besuchte ich mit meiner Mutter Ylana Hayward, der Tochter von Grace Cooke, durch die jene Botschaften übermittelt worden waren, Italien. Vor unserer Abreise fragte mich ein Freund: »Bist du jemals in Bagnaia gewesen?« Die Frage überrumpelte mich ein wenig. Bagnaia ist der in Kapitel 4 beschriebene Ort in Italien, an dem Anfang dieses Jahrhunderts eine bemerkenswerte Begegnung zwischen zwei Männern stattfand. Der jüngere besaß nur wenig Interesse an geistigen Dingen und war »dem Weltlichen stark zugetan« *(solidement attaché aux choses de la vie)*. Der andere, ein Einsiedler, erwies sich in vieler Hinsicht als das genaue Gegenteil. Obwohl sein äußeres Erscheinungsbild dem eines wilden Mannes glich, verfügte er über eine tiefe innere Strahlkraft. Bei dieser Begegnung handelte es sich um den Augenblick der Vorstellung oder vielleicht besser ausgedrückt, den Augenblick der Enthüllung der Polaires Bruderschaft, einer okkulten Gruppe mit edlen Zielen für die geistige Bruderschaft zwischen Männern und Frauen überall auf der Welt. Ihr Hauptsitz befand sich in Paris, von wo aus sie von 1926 bis (soweit es uns bekannt ist) zur Besatzungszeit wirkte. (Vorangegangenes Zitat in französischer Sprache entstammt dem Polaire *Bulletin*.) 1934 wurde eine Niederlassung in England gegründet, die sich bald von der französischen Organisation trennte und aus der im Jahre 1936 die White Eagle Loge hervorging.

Bagnaia war mir zwar durch die Geschichte der Polaires geläufig, doch ich erkannte nun, daß ich mich nie gefragt hatte, wo genau in Italien der Ort sich eigentlich befand. Meinem Freund gegenüber äußerte ich die Vermutung, daß er wohl irgendwo in den Bergen lag – den Alpen, wie ich annahm – und das nur, weil ich mich schwach an einen Hügel erinnerte, der in einer Erzählung oder auf einer Photographie auftauchte. Da mich andere Dinge beschäftigten, muß ich gestehen, ließ ich gerne die Frage mehr oder weniger außer acht.

In Florenz genossen wir die Gastfreundschaft von Brenda Bencini und ihrem Mann. Sie leitete die kleine White Eagle Gruppe dort. Gewöhnlich unternehmen wir im Laufe unseres Aufenthaltes bei ihr zumindest einen längeren Autoausflug in die Umgebung, wie nach Assisi oder einem ähnlichen Ort. Dieses Mal aber erzählte uns Brenda schon kurz nach unserer Ankunft von einem Freund, der vor nicht allzu langer Zeit mit der Kutsche nach Bagnaia und dem benachbarten Viterbo gereist war. Er hatte ganz begeistert von seinem Besuch dort gesprochen, weniger in bezug auf unsere Verbindung mit diesem Ort, als vielmehr über die herrlichen Kirchen Viterbos und die wunderschönen Gärten der ehemaligen päpstlichen Villa in Bagnaia. Warum sollten wir nicht alle dorthin fahren?

Verwirrt mußte ich feststellten, daß sich Viterbo und das außerhalb gelegene Dorf Bagnaia nicht in den Bergen, sondern nördlich von Rom befinden. Doch nichts hielt uns davon ab, diese Gegend aufzusuchen.

Die Autobahn führte uns nach Orvieto. Von dort aus fuhren wir auf einer Art Landstraße querfeldein nach Viterbo. Doch sehr bald stimmten Wegweiser und Autoatlas nicht mehr überein. Gegen Mittag erreichten wir eine felsige Anhöhe, auf der sich ein Dorf erhob. Es hätte Bagnaia sein können, doch genauso gut auch wiederum nicht. Die Straße wand sich in einer Haarnadelkurve, von der aus ein Schotterweg nach links abbog. Meine Mutter und ich blickten uns an, und wir wußten, wir fühlten, das war der Weg, den wir suchten. Ich wendete. Wir fuhren den Weg eine kurze Strecke entlang, als vor uns ein Hügel auftauchte. Es nieselte, und es war ziemlich dunkel.

Die Straße führte nun um den Hügel herum nach links, doch dieser Weg schien nicht richtig zu sein. Verschiedene Wanderpfade und schmale Wege führten bergan. Schließlich entschieden wir uns für einen rechtsabbiegenden Pfad. Wir stiegen aus dem Auto und wanderten trotz des Regens los. (Bei spirituell bedeutungsvollen Begebenheiten regnet es bei mir immer.)

Woher stammte dieses starke intuitive Empfinden, was den Ort anbelangte? Die Polaire Berichte geben bemerkenswert wenig Aufschluß über Bagnaia. Ich weiß nicht, ob überhaupt ein Polaire den Ort jemals aufgesucht hat, um ihn zu bestätigen. Der Bericht im Polaire *Bulletin*, dessen Übersetzung in nachfolgender Hauptgeschichte wiedergegeben wird, spricht nur vom Dorf, den Weinbergen und den Weiden. Doch was mich persönlich betraf, so besaß ich ein vollständig klares Bild von dem, wie der Ort einmal ausgesehen hatte. Ich sehe immer noch eine alte Schwarz-Weiß-Aufnahme vor mir. Ich glaube, es war in einem Buch, mit einer für die damalige Zeit typischen Einfassung – aus den Dreißiger Jahren, wie ich vermute. Der Hügel war verhältnismäßig steil, kaum bewaldet, doch von Dickicht überzogen. Es gab Brombeersträucher – weniger typisch für Italien als für England – und weißliche Felsen. Ein Karrenweg schlängelte sich von links unten nach rechts oben. (Eine modernere Aufnahme ist auf Seite 46 zu sehen.)

Jener Weg, der meiner Erinnerung nach auf dem Photo hellfarben oder sogar weiß war, trägt heute eine schwarze Decke. Ich vermute, es ist Schlacke gewesen, doch ich bin dem nicht weiter nachgegangen. Auch eine Abzweigung an jener Stelle, an der ich sie erwartet hatte, gab es nicht. Doch alles andere stimmte. Ich weiß, die Farben waren richtig (obwohl es nur ein Schwarz-Weiß-Photo gewesen ist). Da gab es die Brombeersträucher, der Winkel des Hügels stimmte, und was die Felsen anbelangte, so ragten sie noch markanter heraus, als ich es erwartet hatte. Verkrüppelte Eichenbäume wuchsen zu ihren Füßen. Aber der größte Teil des Hügels war von Kastaniengehölz beziehungsweise undurchdringlichem Dickicht überwuchert. Die Kastanien mußten seit 1908, dem Zeitpunkt des Treffens, stark nachgewachsen sein, denn sie standen nun in voller Blüte. Die Hügelspitze wies einen eindrucksvollen Ausbiß auf. (Ich kann mich nicht mehr daran erinnern, diesen und das darauf errichtete Kreuz auf dem Photo gesehen zu haben.)

Weder meine Mutter noch ich bezweifelten, daß wir den richtigen Ort gefunden hatten. Doch wir schöpften unsere Gewißheit aus unterschiedlichen Quellen. Sie hatte ihn, wie ich jetzt weiß, in ihren Meditationen gesehen. Für mich persönlich war es die Photographie, die sich hier bewahrheitete. Und doch, es gibt keine Photographie. Ich zerbrach mir den Kopf, wo ich sie gesehen haben könnte. War es im *Bulletin* gewesen oder in Zam Bhotivas ASIA MYSTERIOSA, dem Buch über das »Polaire Orakel« oder aber in seinem Buch über die Magie des Gesangs, was ich eigentlich gar nicht gesehen habe. Vielleicht war es auch irgendwo in einem Artikel über die Polaires erschienen. Nach meiner Rückkehr nach England durchforschte ich die Archive der White Eagle Loge. Doch wie ich bereits vermutet hatte, fand ich nichts.

Der Vorgang an sich ist eigentlich unbedeutend. Wir waren ganz einfach zu jenem Ort hingeführt worden. Alle drei verspürten wir den inneren Wunsch, still dazusitzen und die Atmosphäre in uns aufzunehmen. Inzwischen war es etwa zwölf Uhr mittags geworden, eine Zeit, in der ich gewöhnlich versuche, »das Licht auszusenden«. Ganz bewußt projiziere ich das Höchste und Reinste der Atmosphäre des jeweiligen Ortes zu diesem bestimmten Zeitpunkt als Heilenergie in die Welt, um die Nationen zusammenzuführen. Überraschenderweise gelang mir dies hier nicht so einfach. Meine Mutter und ich machten, wie ich ich glaube, wiederum eine ähnliche Erfahrung. Wenn es mir nicht gelingt, »das Licht auszusenden«, will ich es wohl mit dem Verstand erzwingen. Doch die Projektion des Christuslichtes muß ganz spontan aus dem Herzen kommen. Der Verstand nimmt kaum Einfluß darauf. Ich löste mich also von meinem Vorhaben, der Welt zu helfen, und mit einem Male erlebte ich das genaue Gegenteil von dem, was ich angestrebt hatte. Es war, als ob ein riesiger Suchscheinwerfer auf mich herableuchtete. Senkrecht hinunter, wie ich mich erinnere, vergleichbar mit dem Nordstern dort droben. Die Strahlkraft dieser scheinbar alles umfassenden Lichtquelle fegte meine schwachen Bemühungen, Licht über das vor uns liegende Tal hinweg zu senden, einfach fort. So gestaltete sich unser Besuch in Bagnaia.

Kürzlich ereignete sich etwas, das mit jenem Erlebnis in Zusammenhang stand. Wie der Zufall es will, nahm nicht nur meine Mutter wieder daran teil, sondern auch Brenda war zugegen. Es geschah am letzten Julitag dieses Jahres in London, und zwar während des Gottesdienstes, der das Sommer- »Semester« der White Eagle Loge abschließen sollte. Meine Tante Joan Hodgson leitete die kurze Meditations-Kommunion, die, zusammen mit der »Aussendung von Licht«, den Kern des White Eagle Gottesdienstes bildet. Und wieder bereitete es mir am Anfang einige Schwierigkeit, »Kontakt aufzunehmen«. Doch dann befand ich mich plötzlich in einem großen Lichtkreis, der dieses Mal nicht so sehr als Scheinwerfer, sondern eher wie ein Springbrunnen aufleuchtete, ein riesiges Lichtoval von hoch oben. Und ich stand mitten darin. Es überraschte mich, daß ich mich bewußtseinsmäßig mit dem Eremiten von Bagnaia verbunden fühlte (eine Erfahrung, die auch meine Mutter machte.)

Ich kann mir diese Verbindung nicht erklären. Die mich umgebende Atmosphäre schien einen ganz bestimmten Duft zu tragen. Obgleich einerseits vollkommen christlich (die in der Meditation der Loge zelebrierte Kommunion bedient sich der traditionellen christlichen Symbole), empfand ich sie ebenso als hinduistisch, buddhistisch und alle Religionen zugleich widerspiegelnd. Eine Schwingung, die so treffend als die der »Meister des Fernen Ostens« beschrieben wird, trat besonders stark hervor. Sie war unendlich liebevoll.

Etwas, das mir bis dahin, zumindest teilweise, entgangen war, wurde mir nun bewußt. Ich erfaßte das Wesen jener Erfahrung, die der Junge, der spätere Begründer der Polaires, machte, als er dem Eremiten in Bagnaia begegnete. Dieser Mann war einfach da. Er schien aus dem Nichts gekommen zu sein und ging wohl auch nirgendwohin. (Im Bulletin hieß es später, er sei in den Himalaya zurückgekehrt und habe dort 1930 sein Erdenwerk vollendet.) Etwas Geheimnisvolles umgab ihn, weshalb ihn die Dorfbewohner fürchteten. Es war seine Aura, die die Dörfler in ihrer Weltlichkeit falsch auslegten, wie der Junge später erklärte. Aufgrund jener Vision bin ich nun überzeugt, daß er ein Meister gewesen ist.[2] Seine übergroße Liebe erstreckte sich zwischen Himmel und Erde, und ebenso das Licht, in dem wir uns befanden. Erst im nachhinein habe ich es mit dem strahlenden Nordstern über uns in Verbindung gebracht.

Woher die Polaires ihren Namen genommen haben oder warum sie das Symbol des sechsstrahligen Sterns wählten, der die Titelseite ihrer Zeitschrift zierte, darüber gibt es keine genauen Angaben. Es wurde uns lediglich gesagt, daß das Polaire Orakel die Anweisung gegeben hatte, den Stern zu verwenden: *de signe de ralliement aux égarés, aux naufragés, à ceux qui sont dans la nuit* (»als Sammelsignal für die Umherirrenden, Gestrandeten und jene, die sich in Dunkelheit befinden«). An anderer Stelle wurde der kleine Silberstern, den die Polaires trugen, als Abbild des größeren Sterns beschrieben, *symbole de cette fraternité qui veut apporter un peu de soulagement aux âmes qui suffrent, qui veut unir les diverses pensées, les différentes fois, les différrents peuples, et les guider vers un but de Lumière* (»Symbol der Bruderschaft, die sich bemüht, den leidenden Seelen Trost zu spenden, entgegengesetzte Meinungen, verschiedene Glaubensrichtungen, verschiedene Menschen zu vereinigen und sie dem Licht entgegenzuführen« – Bulletin, 9. Mai 1930, S.3 u.15).

Bei diesem Symbol, das den Begründern der Polaires zweifellos von den Weisen gegeben worden war, handelt es sich wahrscheinlich um das wichtigste Vermächtnis. White Eagle erklärt seine Bedeutung wie folgt:

> »Der sechsstrahlige Stern, unter dem ihr wirkt, symbolisiert das vollkommen ausgewogene Leben. Er ist das Symbol des Christ-Menschen und des Christus im Menschen. Er steht als Symbol für den vervollkommneten Menschen und bildet sowohl das Fundament für die Materie als auch die Ausdrucksform des Geistes.«

Bei dem sechsstrahligen Stern handelte es sich um das eigentliche Erkennungszeichen, das die Authentizität des Mediums, der Polaires und der Conan Doyle-Botschaften bestätigte.

Der sechsstrahlige Stern ist ein uraltes Symbol. Aus heutiger Sicht betrachtet, symbolisiert er das Wassermann-Zeitalter, kündet es sozusagen an. Er ersetzt den fünfstrahligen Stern, der in dieser Hinsicht eine völlig andere Bedeutung besitzt.

Für jene Leser, die die Conan Doyle-Botschaften bereits kennen, mögen die folgenden Anmerkungen von Interesse sein, da sie die Geschichte ausführlicher und lebendiger gestalten und auf den neuesten Stand bringen. Diejenigen Leser jedoch, denen die Botschaften völlig unbekannt sind, ziehen es vielleicht vor, mit der von Ivan Cooke berichteten Erzählung zu beginnen, die in Kapitel 2 anfängt. Vorliegendes Kapitel mag unverständlich klingen, wenn man mit der Hauptgeschichte nicht vertraut ist, obwohl ich mich auf sie bezogen habe.

Die in den folgenden Kapiteln berichteten, mit den Conan Doyle-Botschaften verknüpften Umstände, scheinen recht weitschweifig wiedergegeben zu sein. Doch das bringt Klarheit in die Zusammenhänge und macht deutlich, daß es sich bei jenen Ereignissen im wahrsten Sinne des Wortes um Geburtswehen handelte, obgleich das Ergebnis selbst wirklich wundervoll war. Schmerz und persönliche Opfer blieben nicht aus. Es ist eine sehr menschliche Geschichte, die andere bei der qualvollen Verwirklichung ihrer Vision ermutigen mag. Einige der Erweiterungen stammen aus THY KINGDOM COME. Alle übrigen beruhen auf meinen eigenen Nachforschungen, wozu noch erhaltener Briefwechsel und die umfangreichen Aufzeichnungen meines Vaters für THE RETURN OF SIR ARTHUR CONAN DOYLE gehören, von denen einige, bisher noch unveröffentlichte, Wort für Wort wiedergegeben werden.

Minesta (der Name wird auch in dieser Ausgabe beibehalten, obgleich White Eagle meine Großmutter, Grace Cooke, zur Zeit der Durchgaben »Brighteyes« nannte) war Sir Arthur zu dessen Lebzeiten, vor seinem unerwarteten Tod am 7. Juli 1930, niemals begegnet. Wohl aber hatte sie mit seiner Tochter Mary im Juni jenen Jahres auf Einladung von Mrs. Mabel Beatty [3], einem bekannten Medium, einige Tage in einem Ferienhaus nahe Barmouth in Wales verbracht. White Eagle sprach durch Minesta und sagte Mary Conan Doyle und Mrs. Beatty die Kriege und Katastrophen der Dreißiger Jahre voraus. Er erklärte jedoch auch, daß danach ein neues geistiges Zeitalter folgen werde. Miss Conan Doyle gab ihrem Vater eine Abschrift dieser Botschaft.

Obwohl diese Begegnung die äußerst wichtige Verbindung zur Conan Doyle Familie knüpfte, darf die Bekanntschaft mit Mabel Beatty nicht übersehen werden. Seit 1926 hatte White Eagle durch Minesta von einer Gruppe fortgeschrittener Seelen und Lehrer gesprochen, die in den inneren Welten als die Weiße Bruderschaft bekannt ist. Selbst bei der Eröffnung der Kenton Spiritualisten Kirche (gegründet im Oktober 1928), der Minesta sehr nahestand, gab er zu verstehen, daß jene in der geistigen Welt, auf deren Veranlassung die Kirche ins Leben gerufen worden war, wünschten, daß in ihr nicht nur ein Weiterleben gelehrt werden sollte, sondern auch jene, die Lehren und Ausführungen begleitende und erhärtende, höhere und reinere Wahrheit. White Eagle sprach mehrmals vom Bestreben der Weisen, getreue Diener in Gruppen auf Erden zusammenzuführen, da Jahre äußerster Not bevorstünden und die geistigen Kräfte den treuen Dienst und die Zusammenarbeit solcher Gruppen benötigten, wenn die Menschheit vor der Selbstzerstörung bewahrt bleiben sollte.

Obgleich man diesen Aufruf nicht allzu eng mit der einen oder anderen Gruppe identifizieren darf, weist Minestas Teilnahme an Mabel Beattys spiritistischem Kreis wohl darauf hin, daß sie die Ideale der Gruppe teilte. Dieses Engagement legte vielleicht den Grundstein zu ihrer späteren Verbindung mit den Polaires. Mabel Beatty war von ihren geistigen Führern aufgefordert worden, im Juni 1928 mit der Arbeit zu beginnen. Im November 1929 wurden die in ihrem Zirkel empfangenen Lehren in einem Buch mit dem Titel MAN MADE PERFECT veröffentlicht. Es folgten zwei weitere Bücher, die ebenfalls Botschaften »der Weißen Bruderschaft« enthielten – THE TEMPLE OF THE BODY (1930) und THE NEW GOSPEL OF GOD'S LOVE (1931). Am 4. April 1930 nahm Minesta an einer von Mrs. Beatty geleiteten Zusammenkunft in London teil, bei der White Eagle sprach. Bis zum Januar 1931 fanden diese Treffen ungefähr jeden Monat statt. Bereits bei dem ersten kündigte White Eagle die Eröffnung der Londoner White Eagle Loge und den späteren Bau des Weißen Tempels an, eine fünfzig Jahre später wiederentdeckte Voraussage, die in die Erzählung THE STORY OF THE WHITE EAGLE LODGE einfloß.[4]

Nur zehn Tage nach dem Tode von Sir Arthur Conan Doyle besuchte Minesta die Witwe des Schriftstellers in ihrem Haus in Crowborough. Dort nahm sie zum ersten Male geistigen Kontakt zu ihm auf, was für Lady Conan Doyle wohl ein wertvoller Beweis gewesen ist. Aus den späteren Briefen, sie alle beginnen mit »Dearest Brighteyes«, läßt sich deutlich die Stärke der sich entwickelnden Freundschaft erkennen. In vorliegendem Kapitel finden sich einige Zitate daraus. Die frühen Briefe sind zum größten Teil verlorengegangen.

Die Dinge ereigneten sich nun ziemlich rasch. Am siebten Oktober sagte White Eagle (der Familie Cooke) voraus, daß Kontakt mit einer Gesellschaft in Frankreich aufgenommen werden würde. Im darauffolgenden Monat erfuhren die Polaires durch das Orakel, daß Sir Arthur seine Botschaft hinsichtlich eines Weiterlebens über ein Medium verkünden werde (*Bulletins* Januar-März 1931). Minesta erhielt während dieser Zeit immer noch Durchgaben von Sir Arthur, weitgehend weltliche Dinge betreffend (sollte man meinen). Von besonderem Interesse sollte ihr Besuch im September bei Lady Conan Doyle in Bignell Wood, dem zweiten Haus des Schriftstellers in New Forest, sein. Hier gab Sir Arthur genaue Anweisungen zur Zusammenstellung des in seinem Namen zu gründenden Memorial Komitees.

Obgleich diese Sitzungen, bei denen Sir Arthur sprach, überzeugend wirkten, schien Minesta ihren Wert angezweifelt zu haben, da sie den Eindruck besaß, als ob sie Sir Arthur lediglich auf einer unmittelbar über dem Physischen liegenden Ebene kontaktierte und er zu einem späteren Zeitpunkt mehr zu sagen hätte. Obwohl sie dieses Empfinden anscheinend niemals äußerte, hat sich jene Unsicherheit auf die nachfolgenden Ereignisse ausgewirkt. Immerhin hatte sie mittels automatischen Schreibens schon eine ungewöhnlich detaillierte Beschreibung des, wie es die Spiritualisten nannten, »Sommerlandes«, der Welt unmittelbar nach dem Tode, geliefert, die bereits 1929 als THE GOLDEN KEY[5] veröffentlicht worden war.

Aus ihrer sehr viel später publizierten Autobiographie [6] geht deutlich hervor, daß sie sich einer bevorstehenden wichtigeren Aufgabe bewußt zu werden begann. Die Botschaften, die White Eagle durch sie an Mrs. Beattys Gruppe gerichtet und andere, die sie gehört hatte, gaben dem recht. In seiner Durchgabe vom siebten Oktober äußerte sich White Eagle ganz klar über den weiteren Weg der Seele Sir Arthurs, indem er erklärte, daß das Conan Doyle Memorial » ... nicht zur Förderung der Persönlichkeit, sondern, so wie er gelebt hat, zur Begründung von Wahrheit und Gerechtigkeit dienen soll. Auf diese Weise wird nach seinem physischen Tode sein Name den Brüdern die notwendige Kraft geben, um einen geistigen Tempel auf Erden zu erbauen. Es scheint sich so vieles um einen Namen zu drehen, doch er dient nur einem Zweck. Auch er wirft sich voller Freude und Begeisterung in die Arbeit, denn er durfte die Zukunft erblicken – eine Neugeburt der Erde, die Freisetzung der Wahrheit.

Und so ist die Weiße Bruderschaft am Werk.«

Im nachfolgenden Haupttext wird die Botschaft ausführlicher wiedergegeben werden.

Etwa zur gleichen Zeit, als Minestas Blick sich weitete, wurde ihr, wohl einer Eingebung zufolge, eine Mrs. Caird Miller vorgestellt. Mrs. Miller sollte später bei fast allen der in diesem Buch beschriebenen Sitzungen anwesend sein. Sie scheint als Katalysator im Laufe des Prozesses gewirkt zu haben, bei dem sich die Botschaften Sir Arthurs von weniger bedeutenden Dingen zu der hier wiedergegebenen, umfassenden geistigen Perspektive hin entfaltete. White Eagle nannte sie »Silver Star«. (Noch bevor seine eigentliche Aufgabe begann, liebte er diese speziellen Namen. Sein Medium nannte er, wie bereits erwähnt, »Minesta« oder zu jener Zeit gewöhnlich »Brighteyes«. Ivan Cooke war bekannt als »Brother Faithful«, während Lady Conan Doyle häufig als »Heartsease« und ACD, wie wir Sir Arthur kurz nennen werden, als »Nobleheart«.)

Am 9. Oktober 1931, bei dem letzten der besonderen Treffen von Mabel Beatty, kündigte White Eagle (was damals vielleicht ein wenig geheimnisvoll klang) den bevorstehenden »Helfer« an, der sich zu erkennen geben werde.

Die in Ivan Cookes Buch geschilderte Ankunft des Polaire Boten bedarf nur einiger Randbemerkungen. Dazu gehört Minestas eigene Beschreibung des Boten Zam Bhotiva. (Bhotiva und auch der persische Name Zam waren eigentlich angenommene Namen.) Vor allem »war er einer der beiden bemerkenswertesten Männer, denen ich jemals begegnet bin«. Und »als ich ihn näher kennenlernte, stellte ich fest, daß sein Verständnis das der meisten Sterblichen weit überragte. Er konnte sanft wie ein Kind sein, sympathisch und freundlich, und dennoch, gelegentlich legte er eine Energie und Entschlossenheit an den Tag, die einen veranlaßte, sich an jedes einzelne seiner Worte zu erinnern und es sorgsam abzuwägen.« (THE SHINING PRESENCE, S.25)

Außerdem wäre zu bemerken, daß Lady Conan Doyle, die als erste mit den Annäherungsversuchen des Polaire in Berührung kam, mit Vorsicht reagierte. Sie bat Minesta, den von Bhotiva gesandten Brief, in einem Umschlag versiegelt, nachdem sie ihn erhalten hatte, geistig zu überprüfen. Erst als diese antwortete, daß es sich bei Bhotiva um einen Helfer handelte und man unbedenklich sein könnte, wurde er in den Kreis aufgenommen. Laut THEY KINGDOM COME lauteten ihre Worte folgendermaßen:

> »Meer ... Weltenwanderung ... Lady Doyle braucht sich nicht über den Schreiber dieses Briefes zu wundern. Wir haben ihn zu ihr geschickt. Sie kann gefahrlos fortfahren. Der Schreiber dieses Briefes besitzt einen guten Charakter. Physisch ist er nicht sehr stark. Gehe heute Abend ohne Furcht zu dem Treffen. Alles wird in Ordnung sein. Man wird dich bitten, eine besondere Aufgabe zu übernehmen. Wir wünschen, daß du zusagst, obwohl du im Moment noch nichts darüber weißt – du mußt sie annehmen, wenn man dich darum bittet.«

Diese Botschaft wurde am Morgen vor der Séance, die am 27. Januar 1931 in der Stead Library[7] stattfand, aufgegeben.

Zu den Anwesenden zählten neben Estelle Stead, Adrian, Denis und Jean Conan Doyle (die beiden Söhne und die Witwe des Schriftstellers), Ivan Cooke und drei Freunde. Selbst nach diesem Abend nahm die eigentliche Arbeit nicht eher ihren Fortgang, als bis mehr Beweise erbracht worden waren, die Minesta und Bhotiva davon überzeugten, daß ihre Anweisungen aus derselben höheren Quelle stammten. Näheres dazu in Kapitel 12.

Obwohl Lady Conan Doyle bei der Zusammenführung von Minesta und Bhotiva eine wesentliche Rolle spielte, scheint sie immer gezögert zu haben, sich ganz für die Angelegenheit einzusetzen. Ihr am 3. Februar an Zam Bhotiva gerichteter Brief, der damals im Polaire *Bulletin* abgedruckt und später in THE RETURN OF SIR ARTHUR CONAN DOYLE erschien, klingt ein wenig abstrakt, ein wenig vorsichtig. Es heißt darin: »Ich bin so froh, daß mein Mann bei der Séance (anscheinend die zweite einer am Vortag in Wembley Park stattgefundenen Serie) durchkam und unerwarteterweise zu Ihnen über die Polaire Bruderschaft gesprochen hat.« Am 2. April antwortet Bhotiva ein wenig gereizt auf Lady Conan Doyles Wunsch nach der »Führung« eines Geistes bei den nun beginnenden Séancen. Aus Sicht der Polaires handelte es sich bei den eigenen Botschaften durch das »Oracle de Force Astrale« um die »höchste Form der Durchgabe überhaupt«. Außerdem erklärte er, daß die Aufgabe der Polaires darin bestehe, »den Spiritualismus von allem Dummen und Unseriösen zu säubern und sie sich glücklich schätzten, daß ihr Bruder Sir Arthur Conan Doyle dieses Vorhaben gerne unterstützen wolle.« Obwohl Bhotiva seinen Brief mit einer herzlichen Einladung an die Conan Doyle Familie beschloß, die Polaires in Paris zu besuchen, kann man wohl kaum annehmen, daß Lady Doyle die Ausdrucksweise besonders zusagte. Vielleicht hat sie diese sogar als eine Kränkung in bezug auf die Arbeit aufgefaßt, mit der sich ihr Mann so intensiv beschäftigt hatte, dem überzeugenden Spiritualismus.

Dennoch, die Beziehung blieb herzlich. Nur sechs Tage später erklärte Lady Conan Doyle Ivan Cooke in einem Brief, daß Bhotiva sich in einem Gespräch mit ihrem Sohn Denis bemüht habe, »das kleine Mißverständnis zu klären«. Außerdem schrieb sie über die durch Minesta gegebene Botschaft, die man ihr zugesandt hatte, daß diese »sehr tief und reich an recht feinen und neuen Ideen und somit sehr wertvoll« sei. Es ist jedoch nicht ganz eindeutig, ob es sich dabei um ein Transkript einer der Polaire/Doyle Sitzungen handelte oder um eine unlängst gegebene White Eagle Botschaft.

Am 22. Mai fand die im Haupttext so dramatisch geschilderte Sitzung im Haus (Shenley Park, nahe Bletchley) von Mrs. Miller statt. Zu den Anwesenden gehörten Lady Conan Doyle sowie Zam Bhotiva und das »Oberhaupt« der Polaires, den wir unter dem Namen »R. Odin« kennen. (Er darf nicht mit Mario Fille, dem »Weisen«, verwechselt werden, der das Losungswort kannte und die eigentliche Verbindung zu dem Eremiten von Bagnaia aufnahm.) Nach dieser Sitzung zogen sich Lady Conan Doyle und ihre Familie von der gemeinsamen Arbeit zurück. Womöglich war dies von Anfang an so geplant gewesen, denn zur selben Zeit brachte Bhotiva in einem Brief seine Zufriedenheit über den Ausgang seiner Mission zum Ausdruck. Er teilte mit, daß die Polaire Bruderschaft ihre Aufgabe nun als beendet betrachtete und es den verbleibenden Mitgliedern des Zirkels anheimgestellt blieb, fortzufahren. Doch ihr Brief vom 1. Juni an Minesta, in dem von einer beiliegenden Kopie eines Schreibens an Mrs. Miller hinsichtlich der Sitzung vom 22. Mai die Rede ist – die leider verlorengegangen ist – läßt anklingen, daß der Ausgang sie wohl nicht ganz glücklich machte. Diese Vermutung wird von W.R. Bradbook in einem Brief an Zam Bhotiva erhärtet. Er hatte alle Botschaften im Verlauf der Sitzungen getreulich mitgeschrieben und versuchte wohl als eine Art Friedensstifter aufzutreten. Dieser recht aufschlußreiche Brief beginnt mit einem Kompliment an die Polaires, in dem der Schreiber zum Ausdruck bringt, daß ihn alles, was er von Mrs. Miller und Minesta über sie erfahren hatte, zu der Überzeugung geführt habe, daß sie wertvolle Ziele verfolgten. Dann fügte er hinzu:

»Ich hoffe, daß Sie auch weiterhin für eine baldige Manifestation des Christus-Geistes im geistigen Fortschritt beten werden. Ich fürchte, daß es sich sowohl innerhalb des Spiritualismus als auch außerhalb bei der Christus-Vorstellung eher um eine konfessionelle als um eine universale Auffassung handelt. Vielleicht ist das hauptsächlich auf die Tatsache zurückzuführen, daß der Mensch kaum etwas von sich selbst weiß oder seine siebenfältige Natur erkennt ... Die sensitive Spiritualität, die den Intellekt intuitiv inspiriert und ihn dadurch befähigt, sich der Emotionen zu bedienen und sie zu kontrollieren, so wie ein begnadeter Künstler die Farben auf seiner Pallette verwendet, ein Organist die Register seines Instruments oder wie die Blumen ihren Duft verströmen, ist noch selten ... Ich muß Ihnen wohl nicht versichern, daß ich in meiner bescheidenen Weise mein Bestes geben werde, um den Weg für Sir Arthur zu ebnen, damit er seine Arbeit auf einer höheren Stufe fortsetzen kann, obgleich ich zugestehen muß, daß sein unbefangenes, ehrliches Bemühen, den Ungebildetsten die wesentlichen Wahrheiten und Beweise in bezug auf ein Weiterleben nach dem Tode nahezubringen, vieles erreicht hat, was mit subtileren Methoden nicht möglich gewesen wäre ...

Was die Botschaft anbelangt, so erkannte ich ihre Genauigkeit durch das, was ich bereits aus der anderen Welt gehört hatte. Seine Stimmlage beeindruckte mich nicht sonderlich ... Ich nehme an, Sir Arthur ist stark unterstützt und bisweilen beeinflußt worden ... Lady Conan Doyle ist enttäuscht, daß sich der *persönliche Aspekt* nicht stärker durchgesetzt hat.«

Ich kann es nicht mit Sicherheit sagen, doch ich meine, in diesem Brief klingen eine oder sogar zwei Stellen an, die Lady Conan Doyles Unbehagen über die Kommunikationen zum Ausdruck bringen, auf die ich näher eingehen werde. Aber sie lehnte sie nicht ab. In einem sehr viel später verfaßten Brief, datiert vom 18. April 1933, in dem es um die Veröffentlichung der Botschaften in THY KINGDOM COME geht, heißt es:

»Ich gebe Ihnen das Skript meines Mannes zurück, das Sie mir freundlicherweise geliehen hatten. Bitte entschuldigen Sie die Verspätung. Da es bei Mary war, haben meine beiden Söhne es sehr aufmerksam durchgelesen, so wie ihr Vater es wünschte. Es hat sie beide tief beeindruckt.«

Andererseits läßt es sich nicht übersehen, daß sie eine eindeutig klare, persönliche Botschaft bei den Kommunikationen stark vermißte. Wie jener begeisterte Brief zeigt, läßt sie das Lob von ihren Söhnen, nicht aber von sich selbst kommen. Größere Beachtung, denke ich, sollte man jedoch dem Brief von Bradbrook schenken. Er weist nicht nur auf einige der philosophischen Gründe für Lady Conan Doyles Mißtrauen den Polaires gegenüber hin, sondern auch dafür, warum es dem Spiritualismus als Bewegung, damals und auch später, nicht leichtfiel, den Inhalt der Conan Doyle-Botschaften zu akzeptieren. Zum Teil liegt das an der Vorstellung eines universalen Christus, zum Teil daran, daß es, wie Bradbrook es nennt, eine Oktave höher liegt – das Empfinden für ein universales, sich entfaltendes Leben von zunehmender Freude und Weisheit, das vollständig vom Christus-Geist beherrscht wird, der alles inkarnierte und jenseitige Leben durchpulst. Diese Tatsache hat Lady Conan Doyle wohl nicht aufgebracht. Doch ihre Briefe zeigen ihre Empfindsamkeit gegenüber dem, was die orthodoxen Spiritualisten, die schließlich die Freunde und Förderer ihres Mannes waren, wohl denken mochten. Das scheint sie davon abgehalten zu haben, sich rückhaltlos für die Sache einzusetzen. Im Juli 1931 schrieb Bradbrook ihr einen weiteren Brief, um sie zu beruhigen. Auf ihre verletzten Gefühle eingehend, scheinen mir seine Bemerkungen jedoch gleichzeitig das anstehende philosophische Problem zu berühren:

> »Verehrte, gnädige Frau! Denken Sie nicht einen Augenblick lang, daß ein Voranschreiten in der geistigen Welt die Liebe weniger menschlich macht, weil sie göttlicher ist ...
>
> Ich bin überzeugt, daß eine erfolgreiche Bemeisterung der astralen Zustände eine stärkere Einflußnahme, einen tieferen Einblick und eine engere Seelenverbindung zu den Lieben mit sich bringt. Hinzu kommt aber auch die Enttäuschung über das wahre Wesen vieler, die als zuverlässig gegolten hatten.«

Die Botschaften und alles, was darüber geschrieben worden ist, beweisen, daß Sir Arthur einen einzigartigen oder vielleicht keineswegs einzigartigen Weg gegangen war. Nach seinem Tode hatte er Bewußtseinsebenen erklommen, die es ihm ermöglichten, die Strahlkraft jener Welten zu beschreiben, die jenseits des von den Spiritualisten häufig geschilderten »Sommerlandes« liegen.

Es ist durchaus verständlich, wenn Lady Conan Doyle zögerte, diesen Unterschied zwischen der jüngst ins Jenseits übergewechselten Seele und dem gereiften Bewußtsein eines Mannes zu akzeptieren, der weitergeschritten war. Sie stand der menschlichen Persönlichkeit des Übermittlers natürlich sehr viel näher, als irgend jemand in der Runde. Man muß es ihr hoch anrechnen, daß sie trotz ihres Unbehagens Minesta auf persönlicher Ebene beharrlich unterstützte. Am 15. Juni 1932 schrieb sie an Ivan Cooke: »Es ist gut zu wissen, daß es so treue und ehrliche Seelen wie Sie in der Bewegung gibt.« Sie war sehr dankbar dafür, da sie den Eindruck gewonnen hatte, daß in der Leere, die dem Tode ihres Mannes folgte, zwischen den wahren und den vermeintlichen Führern der Spiritualistischen Bewegung stark ausgesiebt werden mußte. Weiter heißt es in jenem Brief (mit der Anspielung auf ein »großes Zentrum«, was sich nicht ganz eindeutig bestimmen läßt):

> »Bitte danken Sie White Eagle für seine tröstende Botschaft. Es ist gut zu wissen, daß eine Gruppe so wunderbarer, lieber Menschen, wie Sie selbst, für das große Zentrum ausgesucht worden ist.«

Bedauerlicherweise entwickelten sich trotz gegenseitigen Respekts die Zusammenarbeit von Minesta und ihrem Mann mit Conan Doyle und den Polaires einerseits und Lady Conan Doyles Erwartungen und Ziele andererseits in entgegengesetzte Richtungen. Als die Botschaften veröffentlicht werden sollten, beharrte Lady Conan Doyle darauf, daß dies nicht unter dem Namen ihres Mannes geschehen dürfte, obwohl sie diesen gerne in der sie begleitenden Geschichte erwähnt sah (für den Herausgeber ein ziemlich schwieriges Unterfangen. Die Einschränkung läßt sich kaum verstehen, da sie die Authentizität der Botschaften mehrmals anerkannt hat.)

Ihre Entscheidung hatte jedoch nichts mit Trotz zu tun. Ihrer Erklärung zufolge (vom 28. Juni 1933) handelte sie im Einverständnis mit ihrem Mann, vermutlich basierend auf Unterhaltungen vor seinem Tode und vielleicht auch auf Mitteilungen durch andere Medien, wenn sie die Botschaften nicht eher akzeptierte »als bis er dieselben Fakten unabhängig auch mir mitgeteilt hatte«. Einmal sprach sie davon, daß nicht weniger als drei voneinander unabhängige Beweise nötig seien. Doch Conan Doyles eigene, in den Botschaften enthaltene Anweisung besagt das genaue Gegenteil. Der Leser sei auf die sehr eindeutige, von White Eagle gegebene Botschaft in bezug auf die Nennung des Namens bei der Gedenkfeier verwiesen, die sich im Haupttext findet. Im Detail läßt sich die Angelegenheit an der Verwendung des Photos ablesen (der Lady Conan Doyle letztendlich zustimmte; s.S. 99). Sir Arthur hatte darum gebeten, es in den Text einzubauen. Minesta beziehungsweise Ivan Cooke schrieb am 23. Juli 1933 diesbezüglich an Lady Conan Doyle: »Wir betrachteten es als ein Zeichen der Untreue, wenn wir seiner Anweisung nicht Folge leisteten.«

Heute wissen wir nur das, was die Briefe offenbaren. Minesta und Ivan Cooke fühlten sich verpflichtet, den geistigen Aufforderungen zu folgen. Nachdem Lady Conan Doyle das Buch (sowie die Werbung des Herausgebers, was die Angelegenheit noch verschlimmerte) gesehen hatte, brachte sie in ihrem Brief vom 9. Dezember 1933 ihre Empörung und Verwirrung zum Ausdruck. Aufgrund des Briefes vom 28. Juni und eines weiteren vom 7. August war diese Reaktion zu erwarten gewesen. Die starke innere Führung, die Minesta dazu veranlaßt hatte, in dieser Sache den Wünschen Lady Conan Doyles, einer persönlichen Freundin, entgegenzuhandeln, bleibt wohl unbekannt. Es muß für beide Seiten sehr schmerzlich gewesen sein.

Mit welchem Feingefühl sie ihre Rolle in dieser Angelegenheit betrachtete, geht aus den wenigen noch erhaltenen Briefen zwischen ihr und Bhotiva hervor. Am 21. November 1931[8], noch bevor sich die Krise zugespitzt hatte, schrieb ihr Bhotiva:

> »Meine liebe Brighteyes! Sei nicht kleinmütig, sorge Dich nicht. Alles wird sich zum Besten entwickeln. Du wirst die Beweise eher erhalten, als Du glaubst. Deine Arbeit wird belohnt werden. Kümmere Dich nicht darum, wenn die Lehre nicht mit der gegenwärtigen Lehre der Spiritualisten übereinstimmt. Vergiß niemals, daß die Lehren, die Conan Doyle durch Dich als Medium übermittelt hat, in vollkommener Harmonie mit der uralten Hindu-Tradition, mit der uralten indischen Weisheit stehen ... Niemand kann das Erblühen des sechsstrahligen Sternes aufhalten. Deine Arbeit, unsere Arbeit, gilt der gesamten Menschheit, nicht nur einzelnen Menschen. Daher bitte ich Dich, meine Schwester, kümmere Dich nicht um persönliche Gefühle.«

Aber nicht nur ihre schlechter werdende Beziehung zu Lady Conan Doyle veranlaßte Minesta, ihr Herz zu prüfen. Im Juli 1933 war sie mit einigen Polaires nach Lordat in den Pyrenäen gereist, um ihnen bei der Ausgrabung eines angeblich dort vergrabenen Schatzes zu helfen. Die geistigen Kräfte waren stark. Sie selbst litt an einer kurzen, doch sehr mysteriösen Krankheit. Einer aus der Gruppe spielte verrückt und griff ein anderes Mitglied mit dem Messer an. Alles in allem verlief die Reise so aufregend, daß sie am achten des Monats rasch ihr Testament machte, das Mrs. Miller bezeugte. Später schrieb sie über diese Zeit: »Ich pflegte Christus mit der ganzen Kraft meiner Seele anzurufen. Der Gedanke an das Lichtkreuz und die Gegenwart Christi begleiteten mich während dieser gefahrvollen Wochen unablässig.« Die Kräfte dienten dem Guten, wie dem anscheinend Bösen. Doch sie kehrte zurück, tief beeindruckt von einer Vision des Hl. Johannes. Der eigentliche Anlaß dieser Reise, die Auffindung eines von den Albigensern hinterlassenen Schatzes, erwies sich als völliger Fehlschlag. Erst Jahre später erkannte sie die Bedeutung des Unternehmens.

Doch es sollten noch mehr Schwierigkeiten auftreten. Bhotivas ursprüngliche Kontaktaufnahme mit Lady Conan Doyle und Minesta in England war auf ausdrückliche Anordnung des »Oracle de Force Astrale« erfolgt. Die Anweisungen waren klar und deutlich. Soweit wir wissen, begann es mit Unterstützung der gesamten Bruderschaft. In den ersten Monaten des Jahres 1931 wurde der Fortgang der Arbeit im *Bulletin des Polaires* festgehalten. Mit dem bedeutsamen Treffen am 22. Mai fand seine offizielle Aufgabe, wie gesagt, ihr Ende. Die Polaires planten die Ausgrabungen in Lordat. Man lud Minesta und Brother Faithful ein, sich ihnen anzuschließen. Ende Juni, Anfang Juli wurden sie auf ihrem Weg in die Pyrenäen in Paris eingeweiht. Kein geringerer als ACD selbst bestätigte die unterstützende Geisteskraft der Polaires. In Frankreich hatte eine Gruppe von sechs Polaires jede Woche einen Gedankenstrahl der Kraft und Liebe ausgesandt, was die Anwesenden der Sitzungen in England deutlich verspürten. (Conan Doyle bemerkte später dazu: »Eine unbekannte Kraft kam mir zur Hilfe und vermittelte mir das Bild meines wahren Zustandes.« Auch Minesta und Brother Faithful bekannten sich zu dieser Kraft). Das »Conan Doyle-Unterfangen« wurde demnach stark unterstützt.

Aber diese Unterstützung schien nicht alles einzuschließen. Wir können zwar nur versuchen, die Geschichte zusammenzufügen, doch das Problem der »andersdenkenden« Polaires lag wohl im Spiritualismus selbst, was sich ihrem Empfinden nach auf ihre Arbeit auswirkte. Bereits im März 1931 sah sich der Rat der Polaires genötigt, ein Dementi im *Bulletin* zu veröffentlichen. Darin hieß es, daß man keineswegs danach trachtete, den Mitgliedern spiritualistisch Glaubensansichten aufzuzwingen, sondern vielmehr davon ausging, daß die Aufgabe der Polaires zum Teil darin bestehe, Licht in die Dunkelheit zu bringen. Im August sprachen sie von einer möglichen Wiedervereinigung der ursprünglichen Teilnehmer, wozu die Conan Doyle-Familie und Repräsentanten gehörten. Aber im Oktober desselben Jahres sahen sie sich dazu verpflichtet, eine andere Erklärung abzugeben, und zwar, *que les Polaires ne sont pas des Spirites,* »daß die Polaires keine Spiritualisten sind«. Ferner hieß es, daß ihre Vertreter die Séancen in London auf Anordnung ihrer Oberen besucht hätten, um Licht zu bringen und so auf den Spiritualismus einzuwirken. Obwohl man später, im Herbst, behauptete, die Polaires beabsichtigten auf Veranlassung ihrer Oberen einer weiteren Séance beizuwohnen, erschien im Januar 1932 ein kurzer Artikel, der von einer Einstellung künftiger Berichte über die Séancen sprach und erklärte, daß die Polaires ihre Energien auf ihre Aktivität als universelle Bruderschaft konzentrieren wollten. Und das, obwohl man eine Spezialausgabe des *Bulletin* versprochen hatte. In der regulären Februar-Ausgabe hieß es dann plötzlich, Bhotiva sei seiner Pflichten enthoben worden. Er blieb jedoch aktiver Polaire, und es war ihm überlassen, seine Mission in London abzuschließen. (Offensichtlich war sie über den 22. Mai 1931 hinaus verlängert worden.)

Am 9. März wohnte er wieder einer Sitzung bei. Lady Conan Doyle und ihre Söhne saßen in ihrem Heim in Sussex, »um ihre Gedanken und Empfindungen auf die unsrigen einzuschwingen« (THY KINGDOM COME, S.210). Im *Bulletin* wurde jedoch bis September nichts davon erwähnt. Einer der ältesten Polaires, Charles Aurey, hatte seine Mitbrüder angeklagt, die Wahrheit zu unterdrücken und die Teilnehmer des Conan Doyle Experimentes zu verfemen. In einem Antwortartikel gab Bhotiva (wenn man davon ausgehen darf, daß sich die Initialen am Schluß auf ihn beziehen) zu verstehen, daß die Angelegenheit angemessen gehandhabt worden sei und man die Sache solange auf sich beruhen lassen sollte, bis ein auf dem bald erscheinenden Buch von Ivan Cooke basierendes Résumé veröffentlicht werden könne. Es handele sich um Besonnenheit, nicht um Unterdrückung der Wahrheit, erklärte er. Die Angelegenheit wurde danach nur noch einmal im *Bulletin* erwähnt, und zwar in einem offenen Brief, unterzeichnet mit den Initialen mehrerer Leser, die ihr großes Interesse an den Conan Doyle-Offenbarungen bekundeten und gespannt der Veröffentlichung der restlichen Botschaften entgegensahen. [9]

Wir werden bald sehen, daß diese anfänglich so nichtig erscheinende Meinungsverschiedenheit wohl zu weiteren Debatten unter den Polaires geführt hatte. Doch lassen Sie mich zunächst mit der Geschichte im Hinblick auf die kleine Gruppe der Polaire Brüder in England fortfahren, aus der sich später die Arbeit White Eagles, wie wir sie kennen, entwickelte. Von Anfang an hatte man einer letztendlichen Veröffentlichung der Conan Doyle-Durchgaben zugestimmt, so daß ihre Botschaft, Conan Doyles eigenen Wünschen entsprechend, die allgemeine spiritualistische Auffassung von einem jenseitigen Leben zu wandeln vermochte. Im Dezember 1933 veröffentlichten die Herausgeber Wright und Brown THY KINGDOM COME in einer Auflage von tausend Exemplaren. Die englischen Polaires waren den Aufgaben der Polaire Bruderschaft treu geblieben. Am 10. Februar 1934 empfingen sie eine Botschaft aus dem Jenseits, in der von der Gründung einer Polaire Loge der Bruderschaft in London die Rede war. Eine weitere Durchgabe wies darauf hin, daß sie zwar mit der Polaire Bruderschaft in Paris verknüpft sei, ihr Aufbau aber erst später vorgenommen werde, und die französischen Polaires nur eine vorbereitende Rolle spielten. »Euer Zeichen wird der Stern sein, euer Geist der des Kreuzes; euer Mitgefühl universal, ohne Anfang und ohne Ende, wie der Kreis … Betrachtet euch als die Weiße Bruderschaft, Diener des Großen Weißen Lichtes.«

Man reichte ein Gesuch bei der Bruderschaft in Paris ein. Zam Bhotiva (dessen Rücktritt nur vorübergehend gewesen zu sein schien) wurde beauftragt, den Aufbau der englischen Gruppe zu unterstützen. Man hatte sich von Anfang an darin geeinigt, daß die englische Gruppe »völlig unabhängig ... ihre innere Amtsgewalt absolut« sein würde (Anweisung Bhotivas, 16.Mai 1934). Kurz danach traf Bhotiva aus Paris ein, um die englische Gruppe einzuweihen. Die erste »Grand Chain of the Polaire Brotherhood in England« wurde abgehalten.

Die Arbeit begann gut, doch bald geriet sie in Schwierigkeiten. Auf Empfehlung von Bhotiva durfte ein in London lebendes Mitglied der Pariser Polaires der englischen Bruderschaft beitreten. Doch es gab persönliche Unstimmigkeiten, auf die hier nicht näher eingegangen werden soll. Schließlich legte man ihr nahe zu gehen. Aufgrund damit verbundener Rücktritte bat man Bhotiva um Rat. Er schlug vor, jene Person, die man entlassen hatte, als Oberhaupt der englischen Polaires einzusetzen und somit die englische Gruppe unter die unmittelbare Aufsicht von Paris zu bringen. Der Vorschlag wurde zwangsläufig zurückgewiesen. Auf Anraten von White Eagle brach die englische Gruppe zu Beginn des folgenden Jahres jegliche Verbindung zur französischen Gruppe ab. Am 30 Januar 1935 erklärte White Eagle, es sei nun an der Zeit, den Namen der Weißen Bruderschaft und als Symbole den sechsstrahligen Stern und das weiße Kreuz innerhalb des Kreises anzunehmen.

Trotz der Schwierigkeiten hatten inzwischen nicht weniger als dreißig Einweihungen stattgefunden. In Edinburgh war außerdem eine Zweigniederlassung der Bruderschaft gegründet worden.

Man mag sich heute fragen, warum es in einer Organisation, die die Bruderschaft unter allen Menschen proklamierte, eine Spaltung wie die der englischen und französischen auftreten konnte. Es läßt sich auch aus heutiger Sicht wohl kaum beurteilen, was und warum es geschah, und es wäre wahrscheinlich eine starke Vereinfachung, wenn man sagen wollte, daß die Trennung in der bereits beginnenden Auflösung der Polaire Bruderschaft selbst wurzelte. Im nachhinein betrachtet, konnte der Bruch auch, wie alles andere in dieser Geschichte, zum großen Plan der geistigen Brüder gehören.

Wie bereits erwähnt, handelte es sich bei der Kontroverse um die Conan Doyle-Sitzungen nur um das Zünglein an der Waage, was die angeblich tiefe und letztlich schicksalhafte Kluft innerhalb der Bruderschaft anbelangt. Da der Sachverhalt unsere Geschichte nur teilweise berührt, werden wir uns lediglich mit diesen Zusammenhängen beschäftigen.

Beginnen wir mit der Ankündigung vom Februar 1932, in der es heißt, daß Bhotiva keine aktive Rolle in der Arbeit der Polaires mehr spielen werde.

Über die Hintergründe wissen wir nur wenig, doch die Kürze dieser Erklärung ist auffällig, zumal Bhotiva eine Schlüsselfigur der Gruppe darstellte. Seine auch weiterhin im *Bulletin* erschienenen Beiträge weisen allerdings darauf hin, daß sehr bald eine Art Versöhnung stattgefunden haben mußte. In der nächsten Ausgabe wurden wichtige Briefe erwähnt, die jedem Polaire zugesandt worden waren. Einem Artikel in der Mai-Ausgabe zufolge, könnte es sich dabei aber durchaus um weitere, an die Polaires gerichtete Offenbarungen aus dem Jenseits gehandelt haben. Der Artikel trug die Überschrift *Celui qui Attend* (Er, der wartet) und die Hauptaussage lautete, daß das Jahr 1932 das Ende einer Ära markierte und 1933 ein neues Zeitalter einleiten werde. *Après la Tempête viendra le Maître ... »Celui qui Attend« sera donc parmi nous en 1933, ou en 1934 au plus tard. Si l'annonce de son arrivée indique que l'Année de feu est proche, elle indique aussi que l'Aube des Temps Nouveaux va bientôt baigner de sa resplendissante lumière l'Humanité dolente* (nach dem Sturm wird der Meister erscheinen ... Er, der wartet, wird daher 1933 oder spätestens 1934 unter uns sein. Wenn die Ankündigung seines Kommens bedeutet, daß das Jahr des Feuers nahe ist, bedeutet das auch das Heraufdämmern des neuen Zeitalters, das die leidende Menschheit in seinem strahlenden Lichte badet.)

Ähnliche Äußerungen über das Jahr oder die Jahre des Feuers spielten eine wesentliche Rolle in Conan Doyles Botschaften. In einer vermutlich 1933 veröffentlichten Sonderausgabe des *Bulletin* findet sich eine Erklärung für »Celui qui Attend«. Es handelte sich dabei um den Führer der Polaires, den Rosenkreuzritter selbst. An gleicher Stelle wird eine Botschaft der Weisen aus dem Jahre 1925 zitiert, in der es heißt, daß eines fernen, noch unbekannten Tages »der Meister« auftreten und unter den Brüdern als ihr Oberster wirken werde. Die Erklärung vom 22. Mai 1932 unterscheidet sich davon insofern, daß sie dringlicher klingt. Das unmittelbar bevorstehende Erscheinen des Meisters wird hervorgehoben und ein mehr oder weniger genauer Zeitpunkt angegeben.

Andererseits schienen die Polaires überzeugt zu sein, daß sich ihre Arbeit vom metaphysischen in einen eher aktiven Bereich, in Form eines Sozialplans der Bruderschaft, verschieben werde, den der geweihte Boden Frankreichs der Welt zu geben hatte. Von diesem Wandel ist in mehreren Ausgaben des *Bulletins* die Rede.

Interessanterweise hieß es im *Bulletin* vom Mai 1932, daß die letzte Mitteilung des Orakels drei Monate zurückliege. Die Mitteilungen scheinen immer seltener geworden zu sein und haben dann im Laufe des Jahres 1932 seltsamerweise gänzlich aufgehört.

Im August 1932 hat wohl eine weitere Spaltung stattgefunden. Es hieß, daß der Rat vorübergehend die unmittelbare Verantwortung für das *Bulletin* übernehmen werde. In einem offenen Brief, der angeblich *en toute simplicité* verfaßt worden war, erinnerte Mario Fille, der ursprüngliche und einzige Sprecher des Orakels, seine Brüder und Schwestern an die drei Dinge, die einen echten Polaire ausmachen: absolute Gewißheit, daß nach dem bevorstehenden Umsturz ein Christus-Zeitalter anbrechen werde, das die Menschheit unter dem Zeichen des Kreuzes und der Rose vereinigte; die Entwicklung geistiger Hingabe, niemanden zu verurteilen und der Ichbezogenheit entgegenzutreten; absolute Treue. [10]

Im Grunde genommen ist der Brief ein Aufruf gegen den Atheismus. Wie konnte jemand auch nur hoffen, zu verstehen und für die Polaire Bruderschaft zu arbeiten, der nicht die gesamte Menschheit ausnahmslos als Söhne und Töchter desselben Gottes betrachtete? Man kann über die zugrundeliegende Kontroverse nur Vermutungen anstellen. Doch Fille muß den Eindruck gewonnen haben, daß einige Mitglieder der Bruderschaft ihren höchsten Idealen untreu geworden waren.

Alle Anzeichen sprechen dafür, daß sein tiefempfundener Einspruch von fast allen unbeachtet blieb. In den *Bulletins* wurden in zunehmendem Maße okkulte Themen abgehandelt, ein Prozeß, den die im Januar 1933 erfolgte Umbenennung in *Les Cahiers* – Notizbücher – symbolisch bestätigte.

Was aber wurde aus dem geplanten sozialen Vorhaben der Polaires? Ein Forum für okkulte Ideen? Oder wartete man lediglich auf die Anweisungen »Desjenigen, der wartet?«

Diese spezielle Voraussage sollte vielleicht ein wenig näher erklärt werden. Man kann wohl kaum behaupten, daß sie sich bewahrheitete. Die genaue Zeitangabe, 1933 oder 1934 sowie die Beschreibung eines einzelnen »Jahres des Feuers«, war, wie gesagt, ungewöhnlich. (White Eagle, der von »Jahren des Feuers« spricht, bezeichnet damit die gesamte Periode, in der das Fische-Zeitalter in das Wassermann-Zeitalter übergeht. Auch spricht er nicht vom Kommen eines neuen Meisters, sondern von einer Wiederkunft des Christus-Geistes, geboren in den Herzen der Menschen.) Conan Doyles Durchgaben weichen von beiden Aussagen ein wenig ab. Auch er schien unheilvolle Jahre zu erwarten, denen ein neues, geistiges Zeitalter folgen sollte. Doch seine Vision beschränkte sich keineswegs auf einen derartig kurzen Zeitraum. Selbst sein Bild vom Auftauchen eines neuen Kontinents trägt eher symbolhaften Charakter. Die Polaires betrachteten den kommenden Meister als Hyperboreer (sogar Arier). Mit einer Anspielung auf eventuelle falsche Meister, prophezeiten sie auch eine Auseinandersetzung zwischen dem neuen Lehrer und den dunklen Kräften. Das Orakel erlaubte, ihn *aperta,* den Verlorenen, zu nennen. So bezeichnet man auch Apollo, den Sonnengott. Trotz allem aber bleibt wohl die unumstrittene und unauslöschliche Urerinnerung an eine ewige Rückkehr.

Was dann geschah, führt uns immer tiefer in den Bereich der Mutmaßung. Es gibt zwar eine gewisse Menge an Literatur über die Polaires, aber die Verflechtung der geheimen und okkulten Gesellschaften im Paris der Zwanziger und Dreißiger Jahre ist so groß, daß es kaum zuverlässiges Material gibt. Einige der Berichte wurden von dem Schriftsteller Arnaud d'Appremont in zwei Artikeln zusammengefaßt, die im September und Oktober 1990 in einem modernen französischen Journal, dem *Le Monde inconnu,* erschienen. Diese Artikel offenbaren jedoch, daß sie nicht auf einer Kenntnis der Polaire-Magazine selbst oder dem geschichtlichen Fortgang in England basieren, da wesentliche Merkmale fehlen. Aus dem erhaltenen Briefwechsel wissen wir, daß Bhotiva und Fille mindestens bis 1934 oder 1935 als Polaires tätig waren. D'Appremont hingegen läßt Bhotiva die Gruppe bereits 1931 verlassen. Bei den folgenden Anmerkungen handelt es sich lediglich um Vermutungen.

Erstens, die Gruppe scheint wohl ihr Ziel aus den Augen verloren zu haben und die ursprünglichen Stifter an irgendeinem Punkt mutlos gworden oder in den Schatten gestellt worden zu sein. Unsere eigenen Bemühungen als Erben der Überlieferung, die spätere Entwicklung der Gruppe in den Fünfziger Jahren aufzudecken, nahmen ein unbefriedigendes Ende. Der langjährige Assistent der Verlagsbuchhandlung auf dem Boulevard Haussmann in Paris, die ASIA MYSTERIOSA herausgebracht hatte, Bhotivas Buch über die Geschichte des Orakels, erzählte uns, daß der Autor den Laden Anfang der Fünfziger besucht und erklärt hatte, daß es mit den Polaires in Frankreich aus sei. Doch das trifft nicht für die Polaires außerhalb Frankreichs zu. Als sich die englische Gruppe 1935 abtrennte, verblieb ein kleiner Rest englischer Polaires, der die Verbindung zur französischen Gruppe aufrechterhielt. Noch bis vor wenigen Jahren hat sie sich treulich getroffen.

Zweitens, man mag sich fragen, inwieweit die deutsche Besatzung die Arbeit der Polaires beeinflußt hat. Womöglich gab es 1939 die Bruderschaft nicht mehr. Sicherlich aber hat man sich bemüht, alles, was noch übrig geblieben war, auszumerzen. So wurde zum Beispiel ASIA MYSTERIOSA von der Bibliothèque Nationale zwecks Vernichtung beschlagnahmt. Einerseits als verkappte Theosophen oder Freimaurer angeklagt, beschuldigte man die Polaires auch rechtsgerichteter und faschistischer Tendenzen. (Angeblich verließ Maurice Magre, der angesehene Chronist der Katharer, die Gruppe, da ihm deren Politik mißfiel.) In der stark polarisierten Welt der Dreißiger

Jahre, in der kaum jemand auch nur die leiseste Ahnung besaß, wo die Politik des rechten Flügels hinführen würde und es nur wenige Lotsen auf den dunkel geheimnisvollen Gewässern des Okkultismus gab, überrascht das nicht. Aus politischer Sicht war es gefährlich, von einem hyperboreischen Meister zu sprechen. Ivan Cooke sieht darin eher einen Mythos und betrachtet es weniger in geschichtlichem Zusammenhang. Eines steht jedoch fest, bei Ausbruch des Krieges war die Gruppe der Polaires viel zu stark geschrumpft, um jene Rolle übernehmen zu können, die die englische Gruppe während der Kriegsjahre spielen sollte. Im Februar 1934 hatte White Eagle verkündet, daß sich die Aufgabe der Polaires auf die »Vorbereitung« der Arbeit beschränke. Es bleibt die ursprüngliche Vision und die Einfachheit, in der sie beibehalten worden ist. Fille schien von Anfang an fast unwillkürlich die Rolle des »Mage« übernommen zu haben. Er ließ die Verschlüsselung zunächst unangetastet. Bhotiva berichtet in ASIA MYSTERIOSA, wie Fille sich nur zögernd mit Arithmetik befaßte. »Es war sehr schwierig für uns, ihn zur ununterbrochenen, gründlichen Arbeit zu bewegen ... er haßte Berechnungen ... solche Arbeit langweilte ihn, um so mehr, da sein Interesse an den Ergebnissen nur sehr bedingt war« (*Il nous a été très difficile d'obtenir de lui un travail suivi et vraiment efficace ... il déteste calculer ... ce travail l'ennuie d'autant plus que les résultats qu'il en obtient ne l'intéressent que d'une manière très relative).* Kaum ein Mann mit einem überheblichen Missionsgefühl, doch sicherlich jemand, den die Meister wegen seiner Einfachheit wählten, um den großen Plan auszuführen.

Mehr als diese Erinnerungen bleibt uns nicht von unseren Brüdern.

Polaire Brüder, wir grüßen euch! Eure Arbeit war nicht umsonst. Viele von euch sind wieder mit uns. Das Licht leuchtet in der Dunkelheit, und die Fakkel wird weitergetragen werden.

Wenn auch der Bericht über die menschlichen Schwächen bedrückend wirken mag, so sollte man auf das Positive blicken, das sich aus dem geradezu tragischen Verlust der Ziele und Ideale entwickelt hat. Nach den schmerzhaften Anfängen (wozu auch der Verlust des Burstow Landsitzes in Surrey gehörte, das viele als das zukünftige Zentrum der White Eagle Arbeit betrachteten[11], ging es aufwärts. Die Anzahl der Mitglieder der Loge stieg, und die innere Arbeit der Bruderschaft, ein unmittelbares Erbe der Polaire Inspiration, wuchs.

Bei Ausbruch des Zweiten Weltkrieges bestand die Kerngruppe aus hundert in England eingeweihten Teilnehmern. Die White Eagle Loge selbst verzeichnete eine stattliche Mitgliedschaft, die die Lehren der geistigen Bruderschaft unterstützten, die während der öffentlichen Gottesdienste von White Eagle gegeben wurden und natürlich auch in den inzwischen veröffentlichten Durchgaben Conan Doyles auftraten. Ein Jahr nach Kriegserklärung erschien ein Buch mit dem Titel THE WHITE BROTHERHOOD, das von Arbeit und Aufgabe der Bruderschaft in den Jahren des Feuers berichtet. [12]

Der nachfolgende kurze Auszug mag dem neuen Leser einen Eindruck vom Wesen dieser Arbeit vermitteln.

> »Es herrscht große Unruhe in der Welt. Beteiligt euch nicht an den destruktiven Gedanken jener Brüder, die keinen klaren Blick besitzen. Denkt konstruktiv. Die Kräfte des Guten sind stark. Doch um der geringeren Brüder willen, brauchen wir eurerseits soviel Hilfe. Wenn ihr einander begegnet, dann lenkt die Unterhaltung in Kanäle des Friedens und des guten Willens und vertraut aus ganzem Herzen auf die Allmacht Gottes. Liebe wird alles Böse besiegen. Das ist eure Pflicht als Brüder.« (S. 132)

Die Monate vor Ausbruch des Krieges waren bereits von intensiver Aktivität der Bruderschaft gekennzeichnet, da man hoffte, durch die Projektion einer genügend starken Lichtkonzentration den Krieg tatsächlich verhindern zu können. Daß diese Vorstellung nicht eintraf, minderte weder ihre Arbeit noch ließen sich die Brüder auf lange Sicht dadurch einschüchtern. White Eagle gab ganz genaue Anweisungen, wohin das Licht während der Kriegsjahre ausgestrahlt werden sollte – zu einzelnen Geleitzügen von Schiffen, auf Schlachtfelder, die die Brüder selbst kaum kannten und zu einzelnen Menschen, über die die unsichtbare Bruderschaft wachte.

Eine erstaunliche Geschichte handelt von einem Kommandeur, einem Mitglied der Bruderschaft. Seine Kompanie war vom Feind umzingelt. Es gab keine Fluchtmöglichkeit. Er ordnete die Zerstörung aller Papiere, Pläne und dergleichen an und ging in den Wald, um zu beten. Seine Frau erzählt heute, daß *kurz* danach ein ungeheures Gewitter losbrach. Die Feuer wurden eingestellt, der Feind zog sich zurück, und die Kompanie konnte entfliehen.

White Eagle gab in jener Zeit einige seiner tiefgreifendsten Lehren. Das viele Jahre später (1972) veröffentlichte Büchlein IN DER STILLE LIEGT DIE KRAFT, das wohl die meisten Leser erreicht hat, enthält zahlreiche Aussagen, die in jenen frühen Jahren in seinen Botschaften an die Bruderschaft in London erschienen. Trotz der schwierigen Begleitumstände darf man das Ergebnis von Minestas Reise nach Lordat, zusammen mit den Polaires im Jahre 1931, nicht außer acht lassen. Ebenso wie ihre zweite Reise (1956), besaß sie großen persönlichen Wert. Beide Male handelte es sich um eine Zeit der Initiation und des Segens, eine Zeit, in der sie neue Richtlinien für ihre Arbeit gewann. Auf beide Reisen wird in Kapitel XII näher eingegangen werden. Die

Logen-Zeitschrift für 1946, *Angelus,* mag uns einen besseren Einblick in das geben, was in Lordat berührt worden war.

»Selbst das Medium begann erst zehn Jahre später zu erkennen, was sich tatsächlich in Lordat zugetragen und welcher Zweck dieser Expedition zugrunde gelegen hatte. Bei besagtem Schatz handelte es sich um einen gänzlich immateriellen und geistigen Schatz ... . Er lag in der Aura, die von den heiligen Brüdern des heiligen Berges ausstrahlte; vom Hl. Johannes selbst, wenn man so will. Während der zehn Tage ihres Aufenthalts in Lordat war Minesta vollständig in diese Aura aufgenommen worden, ihre Seele war völlig darin aufgegangen. So hatte Brighteyes tatsächlich den versprochenen Schatz gefunden. Sie trug ihn in sich, als sie Lordat verließ. In diesem einzig wahren Sinne hatten sich die Prophezeiungen der Weisen erfüllt.« (S.240)

In THE SHINING PRESENCE spricht Minesta selbst darüber. Den größten Wert der Reise sah sie in der Inspiration, die es ihr ermöglichte, die Interpretation des Johannes-Evangeliums zu empfangen, die White Eagle den Schülern der Loge größtenteils während der Kriegsjahre gab. 1949 brachte die White Eagle Loge sie zum ersten Male unter dem Titel DIE VERBORGENE WEISHEIT DES JOHANNES-EVANGELIUMS heraus, der 1979 eine vom White Eagle Publishing Trust veröffentlichte erweiterte Neuauflage folgte.

Eine abschließende Bemerkung mag zeigen, wie ernst Minesta ihre Aufgabe nahm und in welchem Licht sie diese betrachtete. Obgleich für eine Publikation im Jahre 1946 geschrieben, wird deutlich, was sie und die Polaires über die Arbeit wußten, die sie auf Kosten eines großen Teils des orthodoxen Spiritualismus aufzubauen hatten. Sie verglich ihr Erlebnis in Lordat mit einem früheren Geschehen in den Pyrenäen, an einem Wallfahrtsort, der seltsamerweise einen ähnlich klingenden Namen trägt, Lourdes ...

»Es war nicht ein materieller Quell, der emporsprudelte, sondern ein geistiges Ausgießen göttlicher Wahrheit; die Offenbarung einer Vision, die den Weg des Sterbens, der Aufrichtigkeit und des reinen Lebens wies, der mit der Zeit wieder viele Zentren der wahren Weißen Bruderschaft ins Leben rufen würde. Es ist der Christus-Weg! Er zeigt sich nicht in großartigen Gebäuden und machtvollen Organisationen, die den geistigen Aspekt zu leugnen und sich auf das Materielle zu konzentrieren scheinen, sondern vielmehr durch den schlichten, reinen Pfad der Bruderschaft und des Dienstes untereinander.

Offenbart nicht der Weg der wahren Bruderschaft die innere Bedeutung der Lehre Christi, die von der Kirche in dem Lehrsatz des stellvertretenden Sühneopfers fehlinterpretiert worden ist? Wenn die Seele in der Zeremonie der Einweihung den Tempel der universalen Bruderschaft betritt, erkennt sie die tiefere Bedeutung des »Sühneopfers«, denn sie sieht sich unwiderruflich mit ihren Brüdern und geistigen Gefährten in einem Maße verbunden, daß sie mit den Leidenden leidet und sich am Glück der Glücklichen erfreut. So gesehen, ist es das Christuslicht im Herzen, das die Sünden und Leiden der Menschheit in sich aufnimmt. Nur das kann man als stellvertretendes Leiden bezeichnen. Doch anstelle des Ausdrucks »Sühneopfer« sollte man von »Eins-sein« oder vollkommener geistiger Bruderschaft sprechen ...

Es ist nicht der Mensch, der Meister Jesus, den die christliche Welt als Retter und stellvertretenden Erlöser verehrt; es ist die Lehre vom Christusgeist oder der Liebe und der Bruderschaft, dem Gotteslicht im Herzen eines jeden Menschen, das die Welt errettet. Es ist dieser kleine Funke göttlichen Lebens, den die Weiße Bruderschaft zur strahlenden Flamme anfachen will, so daß es das Gefühl des Bruders in sich aufzunehmen und nachzuempfinden vermag. Dieses Licht, diese Wahrheit *ist* mitempfundenes Eins-sein – das Kernstück der Lehre der Weißen Bruderschaft.« (THE SHINING PRESENCE, S 35-36)

Die Conan Doyle-Botschaften spielen in der Geschichte der White Eagle Loge eine wesentliche Rolle. Aus diesem Grunde hielt man es für angebracht, nicht nur die Zusammenhänge erneut darzulegen, sondern auch einen Einblick in die Botschaften selbst zu vermitteln. Die sie begleitenden Erklärungen dienen dazu, auf ihre tiefere Bedeutung hinzuweisen, obwohl sie ursprünglich mit einer bestimmten Zeit und einem bestimmten Ort verknüpft waren.

So zum Beispiel besaß die Identität des Mitteilenden in früheren Veröffentlichungen große Bedeutung, da sie als überzeugendes Beweismittel für ein persönliches Weiterleben nach dem Tode galten. Heute hingegen finden mediale Lehren weitaus größeren Anklang, weshalb sie als solche in den Brennpunkt gestellt werden können und dem Übermittler weniger Beachtung geschenkt wird. Aus diesem Grunde spielt weder der englische Original-Titel »ARTHUR CONAN DOYLE'S BOOK OF THE BEYOND« noch die diesbezügliche Meinungsverschiedenheit eine Rolle mehr. (Damit soll lediglich eine Brücke zu früheren Veröffentlichungen geschlagen werden.)

White Eagle selbst hat sich immer ein wenig gegen die Überbetonung jener physischen Inkarnation gewehrt, aus der sein Name »White Eagle« stammt – falls man ihn überhaupt mit irgendeiner Inkarnation in Verbindung bringen kann! Ivan Cooke spricht recht eindeutig von einem physischen Leben White Eagles in den Bergen des Ostens. Obschon White Eagle selbst hin und wieder darauf hindeutet, wäre es vielleicht angebracht, den Sachverhalt in einer Weise zu betrachten, wie die Identität des Eremiten von Bagnaia. Eine materielle Manifestation zum Zwecke einer Vermittlung der Wahrheiten muß nicht notwendigerweise mit einer physischen Inkarnation verknüpft sein. Meine ganz persönliche Meinung, im Hinblick auf diese Frage, deckt sich eher mit der folgenden Aussage in der Einführung zu DIE MEISTERSEELE von Jenny Dent:

»Obwohl wir in White Eagle gerne eine ganz bestimmte Persönlichkeit sehen, gibt er zu verstehen, daß er seine Person außer acht lassen möchte, da er als Sprecher der sogenannten Weißen Bruderschaft wirkt. Unser Verlangen nach Persönlichkeiten ist sehr menschlich, sehr irdisch. Vielleicht mag man im Laufe der Lektüre, wenn alle Unterscheidungen und Etiketten der Individualität dahinschwinden, ein Gespür für das eigentliche Geschehen bekommen. White Eagle bleibt der »gute alte White Eagle«, aber er ist auch eine liebende Emanation, (und seine Lehren sind) ein Strahl jenes Sternes, der ein größeres Verständnis für die Liebe im Herzen der Dinge trägt, als irgendeine physische Persönlichkeit es vermag.«

Er selbst bestätigt diese Aussage, wenn er in bezug auf sein *persönliches* Dasein sagt, daß »der Große Weiße Geist durch seine Person hindurchleuchtet«. Das erinnert mich an das völlige Einssein mit dem geistigen Aspekt der Dinge, wenn jemand aus reiner Liebe spricht. Eines Abends nahm ich an einem Treffen teil, bei dem der geistige Lehrer Emmanuel sprach. Man bat ihn, seine Identität in einer Weise zu erklären, die den irdischen Verstand zufriedenstellte. Sehr liebe- und respektvoll wandte er sich an den Fragesteller und die übrigen Anwesenden. Er gab zu verstehen, daß er seine Identität in diesem Sinne nicht bestimmen könne (womit er wohl andeuten wollte, daß die Seele in ihrer Fülle sich nicht derartig einschränken läßt). »Ich bin Bewußtsein jenseits menschlicher Form, daß durch die menschliche Form spricht, damit ihr mich hören könnt.« Die tiefere Antwort auf diese Frage lautet jedoch wörtlich: »*Ich bin du.*« Das heißt, wenn wir den Lehrer in seiner Fülle wirklich berühren, dann ist die Antwort, die zurückkommt, die Antwort aus dem Universalen im Innern unserer selbst. Wir hören unsere eigene Wahrheit. Der hier verwendete Ausdruck »das Universale« stammt aus den Botschaften von ACD. ACD spricht sogar von »dem Evangelium des Universalismus« – worunter er nicht irgendeinen seltsamen »ismus« oder einen irdischen Lehrsatz versteht, sondern ganz genau das, was die volle Bedeutung des Wortes zum Ausdruck bringt. In anderem Zusammenhang mag man es auch »Einssein« nennen.

Conan Doyles Botschaften erinnern uns daran, daß der Menschenverstand einfach nicht alle Wahrheit enthalten kann. So zum Beispiel, wenn er über Reinkarnation spricht. Man kann sie akzeptieren oder auch nicht. Der normale Menschenverstand vermag dieser scheinbar widersinnigen Aussage nicht zu folgen. Er fügt hinzu, daß derartige Unmöglichkeiten auf einer bestimmten Ebene tatsächlich möglich werden. Ich möchte nicht versuchen, dies zu erläutern (selbst wenn ich es könnte). Aber vielleicht muß der Erdenverstand wirklich ausgeschaltet werden, damit die Wahrheit nicht begrenzt wird und gehört werden kann.

Diese Trennlinie zwischen dem, was der irdische Verstand aufzunehmen und was der grenzenlose Verstand zu berühren vermag, läßt sich deutlich an den Botschaften über ein Leben nach dem Tode ablesen.

Zum Vergleich wird am Ende dieses Buches ein Beispiel dessen gegeben, was White Eagle selbst über das Geschehen unmittelbar nach dem Dahinscheiden lehrt. Wir dürfen nicht vergessen, daß Sir Arthur Conan Doyle zur Zeit seiner Durchgaben bisweilen immer noch eng mit seiner irdischen Inkarnation verbunden war. Ebenso wie der menschliche Verstand einer Identifikation, einer Person bedarf, um sie mit den Botschaften verknüpfen zu können, verbindet die gerade erst befreite Seele die Darstellung der einzelnen Bewußtseinsebenen mit recht irdischen Vorstellungen. Für THE RETURN OF ARTHUR CONAN DOYLE und THY KINGDOM COME zeichnete ein Künstler diese Ebenen, nach Angaben von ACD, in Farben und in steigender Anordnung.

In der Annahme, daß eine allzu starke Systematisierung zu Mißverständnissen führen könnte, beschränken wir uns in dieser Ausgabe auf eine einfache Tabelle. Aufgrund einiger Textunklarheiten stimmten die Beschreibungen der Ebenen, die Conan Doyle gab, nur zu fünfundneunzig Prozent mit dem Diagramm überein. Andere Lehrer, wie zum Beispiel der Tibeter, geben ebenfalls eine etwas unterschiedliche Schilderung. White Eagles Lehre scheint jedoch der streng linearen Entfaltung menschlichen Bewußtseins zu widersprechen, was an bestimmten Stellen auch bei ACD der Fall ist. Meiner Ansicht nach haftet der menschliche Verstand vor dem Tode und kurz danach noch an der charakteristischen menschlichen Vorstellung, daß Bewußtsein sich in streng historischer Weise entwickelt, sozusagen eine Ebene nach der anderen. Dennoch darf die Beachtung der Bewußtseinsebenen sicherlich nicht ignoriert werden. Der regelmäßig Meditierende, zum Beispiel, mag sich ihrer durchaus bewußt werden und durch Übung lernen, sein Bewußtsein stufenweise emporzuheben, wobei die Fähigkeit, sie zu identifizieren, eine durchaus positive Meditationshilfe darstellt.

<table>
<tr><td>HIMMEL</td><td align="center">Kosmische oder universale Einheits-Sphäre
Dritte Himmelsebene (Nirvana)
Zweite Himmelsebene
Erste Himmelsebene</td><td>HIMMEL</td></tr>
<tr><td></td><td align="center">Wiedergeburt</td><td></td></tr>
<tr><td>MENTAL</td><td align="center">Dritte Mentalebene
(Wartehallen der Meditation)
Zweite Mentalebene
(Intuitive Erkenntnis; Inspiration oder Gedankenschöpfung)
Erste Mentalebene
(Intellektuelle Erkenntnis – die Hallen der Weisheit)</td><td>MENTAL</td></tr>
<tr><td></td><td align="center">Der zweite Tod</td><td></td></tr>
<tr><td>ASTRALWELT</td><td align="center">»Sommerland«
Ort des Ausruhens und der Selbsterkenntnis,
die eine Seele erneut anfeuert, aufwärts zu steigen
Zwei Ebenen des Verlangens
(nicht unbedingt negativ)
Irdische Neigungen und Sehnsüchte werden immer noch verspürt.
Der Durchschnittsmensch erwacht hier nach dem Tode
Niedere Astralebene
(Habgier, Ich-Bezogenheit, Selbstsucht, Geiz, Lieblosigkeit)
Physische Ebene
(Die dichtere Astralebene)
(Wollust, heftiges Körperverlangen, Haß, Groll, »Hölle«)</td><td>ASTRALWELT</td></tr>
</table>

In THE RETURN OF ARTHUR CONAN DOYLE wies eine auf die Zeichnung bezogene Fußnote darauf hin, daß das Diagramm »die Wechselbeziehung zwischen den einzelnen Sphären des menschlichen Bewußtseins nicht wiederzugeben vermag. Der Mensch lebt in mehr als nur einer Welt.« White Eagle, der nicht, wie Arthur Conan Doyle, von den Begrenzungen des Erdenverstandes eingeengt wird, scheint in seinen Lehren noch stärker hervorzuheben, daß die einzelnen Bewußtseinsebenen jederzeit erreicht werden können. Es hängt von der durch Meditation erlangten unumgänglichen Entscheidung und Willenskraft ab – andererseits aber können uns Zerstreutheit und Depression auch absinken lassen. Alles Leben ist eins, sagt er, und in gewissem Sinne wirken wir auf allen Ebenen gleichzeitig. Nur sind wir uns dessen nicht bewußt. Daher nehmen wir die physische Welt wahr und verschließen uns für die anderen Ebenen.

Vielleicht vermitteln die White Eagle Lehren am Schluß dieses Buches in sehr einfacher Weise die Schönheit der beständigen Verknüpfung zwischen der Welt physischer Wahrnehmung und jener ebenso wahren und gegenwärtigen Welt, die wir oft verleugnen.

> »Wenn eine Seele den physischen Körper verläßt, begibt sie sie sich in Wirklichkeit nach innen, in einen inneren Seinszustand. Betrachtet das physische Leben als äußeres Leben, bei dem ihr in die grobe Materie eintaucht. Abseits von eurem Körper besteht eure Welt aus feinerer und geschmeidigerer Materie, einem Stoff, der leichter auf Gedanken und Emotionen reagiert. Dieser Stoff wird von der Seele geformt. Das Wesen der Seele, ihr übliches Denken und Leben, das wird sich in dieser inneren Welt äußern.«

Obwohl ich sehr hoffe, daß die am Schluß des Buch hinzugefügten White Eagle Lehren einen tieferen Einblick in den Stellenwert des irdischen Daseins schenken werden, wäre es Conan Doyle gegenüber unfair zu vermuten, daß er die Vielschichtigkeit des Bewußtseins und die Einheit des Lebens nicht gekannt hätte. An mehreren Stellen gibt er zu verstehen, daß es eine weitaus subtilere Kommunikationsebene gibt, als die nüchterne diese Welt/jene Welt Vorstellung ausdrückt. Zum Beispiel:

> »Die Verbindung zwischen den beiden Welten erweist sich als längst nicht so einfach, wie ich angenommen hatte. Aber Kommunion kann eine feinere Wahrheit und herrlichere Wirklichkeit darstellen, als man bisher begriffen hat. Kommunikation muß wahre geistige Kommunion bedeuten ...
> Wenn eine solche Realität (geistiger Verbindung) zum wesentlichen Bestandteil des Seelenlebens wird, wird jede Furcht vor Tod, Krankheit und Armut hinweggefegt werden.«

Aus den Botschaften läßt sich ersehen, daß Sir Arthurs volles Bewußtsein – das Bewußtsein von »Nobleheart«, wie White Eagle ihn nannte – manchmal durchzubrechen scheint, er zu anderen Zeiten jedoch in ein eher begrenztes Bewußtsein verfällt. So zum Beispiel beschreibt er (Kap. II) die Begrenzung, die er kurz nach seinem Wiedererwachen spürte:

> »Nachdem ich meinen irdischen Körper verlassen hatte, konnte ich mich lange nicht befreien. Doch es ist unmöglich, die »Geographie« meines Zustands genau zu beschreiben. Seltsamerweise fand ich mich mit meinem Geburtsort und den ersten Lebensjahren verknüpft. Ich konnte nicht entfliehen, weder zurück noch vorwärts in die himmlischen Ebenen, um deren Existenz ich wußte und die recht nahe waren. Ich war wirklich gefesselt ... «

Dann führte ihn etwas weiter:

> »Es war, als würde man mich in einen Lichtstrahl aufnehmen. Eine ungekannte Kraft kam mir zur Hilfe, indem sie mir eine Vision meines wahren Zustands vermittelte. Später erfuhr ich, daß es sich bei diesem Lichtstrahl um eine Projektion der Liebe und Kraft der Polaire-Bruderschaft gehandelt hatte ... «

Zum Zeitpunkt seiner Durchgaben war es ihm möglich, das jüngste Erlebnis mit der anscheinend vor ihm liegenden, unbeschreiblichen Schönheit zu vergleichen. Man gewinnt den Eindruck, daß seine Seele tatsächlich die Ebenen durchwandert, sie kurz schaut und dann wieder in die Erdsphäre zurückkehrt, um sie beschreiben zu können.

> »Nach dem Tod des Astralkörpers, wenn der Mensch seine Astralhülle abgelegt hat, tritt er in das himmlische Leben ein, einen Zustand der Einheit und Harmonie – ein Zustand, in dem sich die Seele nur einer einzigen Schwingung der Liebe und des Dienens bewußt ist.«

Diese Worte stammen aus echtem Wissen. Und doch scheint dieses Bewußtsein wieder zu weichen, wenn er die »Nebel« der Astralebene beschreibt. Er scheint ein lineares Zeitempfinden zu besitzen und es gleichzeitig auch wieder zu verlieren. Das wird deutlich, wenn er davon spricht, daß »der normale Entwicklungsweg des Menschen von der Erdsphäre bis zum Erreichen dieser Ebene etwa dreißig Jahre lang dauert.« Andererseits aber erklärt er: »Zeit bedeutet hier nichts«.

Man mag sich fragen, warum eine solche weise und große Seele der Hilfe der Polaires bedurfte, um »freizukommen«. Warum fand er seinen Weg in die Reiche der Klarheit und des Lichtes nicht sofort? Neben der Erklärung, die ACD selbst zu diesem Punkt äußerte, wären vielleicht noch zwei Dinge zu erwähnen. Er lebte ein sehr intensives Leben, was die inkarnierte Seele wohl *freiwillig* stärker an die physische Welt band, vergleichbar mit einem geschäftigen Geist, der nicht zur Ruhe kommt. Das soll keineswegs eine Kritik sein. Sir Arthur erfüllte zweifellos nur seine Aufgabe. Doch vielleicht liegt hierin eine Erklärung für die Tatsache, daß seine Erdenerinnerungen ihn nach seinem Tode eine Weile festhielten. Er selbst vergleicht diesen Umstand mit einem Pferd, das »die ungeheure Last der Lebensleistung schleppt« (Zitat nach Ivan Cooke). Im Gegensatz dazu scheint der Eremit von Bagnaia, Vater Julian, völlig mühelos in die Inkarnation getreten und sie wieder verlassen zu haben.

Einer der Polaire-Berichte gibt die Zusammenfassung einer angeblich durch Minesta kommenden Lehre, in der genau beschrieben wird, was es mit der Befreiung »von den roten und blau-violetten Strahlen« auf sich hat. Ich sage »angeblich«, da wir keine englische Originalfassung besitzen und White Eagles Name nirgendwo auftaucht. [13]

Auch Astrologen mögen sich für jenen Bericht interessieren und sollten ihn vielleicht zusammen mit ACDs Horoskop in dem White Eagle Buch »Die Chakras« studieren.

»Das höhere Ich [14], jener Funke, der den Geistkörper des Menschen bildet, inkarniert sich bei der Geburt teilweise in einem physischen Körper. Dieser inkarnierte Teil bleibt mit dem nicht inkarnierten durch ein unzertrennbares Band verknüpft.

Dem Spiel irdischer und astraler Schwingungen entsprechend, inkarniert sich das höhere Ich in mehr oder weniger großer »Fülle« in einem physischen Körper. Man kann also sagen, daß seine Inkarnation von der Eigenschaft und Kraft jener irdischen und astralen Schwingungen gelenkt wird, die im Augenblick der Geburt dominieren. Diese Schwingungen werden »Strahlen« genannt und tragen, je nach Eigenschaft, unterschiedliche Namen oder Farbbezeichnungen.

Zum Zeitpunkt der Geburt wird sich eine mehr oder weniger große »Menge« des höheren Ichs inkarnieren, was auf der Kraft des Strahls beruht, der in dieser Stunde, an diesem Tag und in der geographischen Lage vorherrscht. Diese Strahlen greifen wie riesige Fangarme nach dem Ich und sperren es teilweise in den physischen Körper des Neugeborenen ein.«

In jenem Bericht wird dieser Vorgang dann auf Arthur Conan Doyle bezogen (einige Worte stammen offensichtlich von den Polaires selbst).

»Geboren unter besonderen Umständen, im Augenblick, da die Erde rote und der Himmelsraum blau-violette Strahlen von ungeheurer Kraft aussandten, trat Arthur Conan Doyle mit seinem gesamten höheren Selbst in die physische Inkarnation.

Heute halten dieselben roten und blau-violetten Strahlen die »große Seele« dieses rechtschaffenen Mannes gefangen. Dieselben Strahlen, die bei seiner Geburt herrschten, fesseln ihn im Abgrund des Todes …

Anweisungen zufolge, die wir erhalten haben und die durch die Botschaft von Mrs. Cooke bestätigt worden sind, kann dieses Netz von roten und blau-violetten Strahlen, das den »Geist« Conan Doyles gefangenhält, unter bestimmten Umständen durchtrennt werden. Dazu muß eine Projektion blau-violetter Strahlen in dem Moment in den Weltraum geschleudert werden, wenn die Erde erneut rote Strahlen aussendet, so daß diese Projektion, diese Transfusion der Kräfte, dem Angeketteten hilft, sich zu befreien. Damit diese Transfusion der Kräfte stattfinden kann, bedarf es eines Mediums, dessen Schwingungen mit denen von Conan Doyles »Geist« übereinstimmen und sozusagen eine Verbindung zwischen der physischen und der Ebene des Verstorbenen herstellen. Außerdem mußten Menschen gefunden werden, die über die nötigen Schwingungen, die blau-violetten Strahlen, verfügen. Mrs. Cooke scheint das perfekte Medium für die Transfusion dieser Kraft zu sein. Außerdem scheinen die während der Londoner Séancen versammelten Menschen über die erforderlichen Farbbedingungen zu verfügen. Soweit uns bekannt ist, dienten jene Séancen bis jetzt nur dazu, die Brücke zwischen den verschiedenen Schwingungselementen vorzubereiten, zu verfeinern und zu synchronisieren, damit im gegebenen Zeitpunkt, wenn die Erde erneut mehr rote Strahlen aussendet, das Überschneiden der Strahlen stattfinden kann. Die Weisen werden den genauen Zeitpunkt mitteilen. Die danach befreite »große Seele« des Conan Doyle wird dann der Welt den Beweis für seine wunderbare Mission liefern, den Beweis für ein Weiterleben nach dem Tode.«

Man mag über diesen Bericht denken, wie man will. Eines geht jedoch daraus hervor, und das ist die Bedeutung der Schwingungen jener, die zusammengeführt wurden, damit Sir Arthur sprechen konnte. Ivan Cooke gegenüber äußerte er einmal, wie nahe sie sich doch standen, beide einen gemeinsamen Geburtstag feierten und zusammen arbeiten konnten.

Für mich persönlich tritt eine Aussage in den Durchgaben von ACD ganz besonders hervor. Nach dem Erwachen in seinem neuen Leben entdeckt er als erstes die *persönliche Verantwortung und die erlösende Macht der Liebe.* Die Worte klingen nahezu konventionell, doch der Gedanke an sich ist, zumindest für mich, äußerst radikal. Er nahm bereits vorweg, was White Eagle über den Ursprung aller Wünsche lehrt. Es ist der *Gedanke,* der vor der Handlung steht und der Karma bewirkt. Darin liegt aber auch das Prinzip der absoluten Eigenverantwortung für sein Leben (seine Leben), eingebettet in den Schutz göttlicher Liebe. Es gibt keine Trennung, was soviel bedeutet wie keine Absonderung von Gott.

Die folgenden, dem Buch THY KINGDOM COME entnommenen Worte lassen gewisse Zweifel in mir aufkommen.

»Er fährt fort: »Ja, ja, ja. Die erlösende Macht der Liebe. Ich muß meine Botschaft mit diesem Wort beschließen. Liebe! Nicht die persönliche ... die unpersönliche. Die Liebe zu allen Menschen. Ich sehe den großen Bedarf ... die Meister!««

Diese Botschaft wurde im Polaire *Bulletin* von 1931, also vierzehn Tage später, fast vollständig abgedruckt. Die Übersetzung ist recht klar:

»Et je dois conclure mon message en vous parlant de cet Amour, non pas compris sous une forme personelle et individuelle, mais sous la forme large de l'Amour impersonnel, de l'amour pour tous les hommes.
L'Amour, la Grande Nécessité!
L'Amour, Le Maître!«

Es bedarf wohl keiner Neuübersetzung dieser Textstelle, doch die letzten Zeilen würden im Deutschen heißen:

»Liebe, die große Notwendigkeit! ... Liebe, die Meisterin!«

Mit anderen Worten, unser Text spricht vom Meister als der großen Notwendigkeit; der französische hingegen sieht in der Liebe die große Notwendigkeit. Ich persönlich neige dazu, daß die französische Version den Sinn dessen, was ACD übermitteln wollte, erfaßt. Sie steht in jedem Falle den Lehren White Eagles sehr nahe.

Wir hoffen, daß Conan Doyles Worte den Leser berühren werden, so wie sie uns wieder berührt haben. In der Einleitung erwähnte ich die fast dantische Vision. Es gibt Zeiten, in denen der »höllische« Teil, der Bericht über die Astralebenen, recht düster klingen mag. Conan Doyle will damit nur andeuten, daß die physische Ebene sehr ähnlich sein kann, wenn es sich dabei um die Bewußtseinsebene handelt, *von der aus wir willentlich leben.* Das gleiche mag wohl auch für die vorhergesagten Katastrophen gelten. Es besteht natürlich keine Notwendigkeit, uns auf diese Bewußtseinsebene zu beschränken. Wir können im *Jetzt* auf einer höheren Ebene leben, wie ACD es ausdrückt. Das Besondere an Conan Doyles Durchgaben ist die Vision der himmlischen Welten (in denen wir jetzt schon wirken können), die unvergeßlich bleibt. Und, wie er sagt: *»Der Mensch vermag alle Ebenen geistigen Lebens zu erreichen.«*

»Von der himmlischen Sphäre schreiten wir zu der sogenannten Christus-Ebene weiter (die ich lieber die kosmische oder Universalebene nennen möchte). Dort wohnen jene Wesenheiten, die sich, befreit von physischer Wiedergeburt, nicht mehr nur um die Erde, sondern um das kosmische Leben des Universums kümmern. Von dort gehen kreative Meister hervor, die die Verantwortung für das Seelenleben auf anderen Planeten und anderen geistigen Existenzebenen tragen.

Es vergehen Tausende von Jahren, bevor das Ich sich vollkommen ausdrückt und entfaltet. Erst wenn alles, was die Erdensphäre zu lehren hat, erlernt worden ist, schreitet es weiter, durch die Hallen des Wartens und die himmlischen Bereiche, in eine noch höhere Ebene. Wie soll man sie nennen? *Die Christus-Sphäre!* Die Einheit mit Christus! Die Verzückung vollkommener Liebe, eine absolute Erfüllung.«

Doch Worte allein besagen nicht viel. Man muß zwischen den Zeilen lesen und die »dahinter« verborgene Wahrheit hören. Dann können Conan Doyles Botschaften wohl die Verbindung zur eigenen inneren Wahrheit bekräftigen.

Seine wunderbare Vision ist nicht allzu weit entfernt von der unsrigen. ACD erinnert uns daran, daß wir Gott durch Freude, nicht nur durch Leiden finden können. Diese Bewußtseinsebene zu erreichen, mag eine Herausforderung sein, doch ich kann mir keine wunderbarere vorstellen.

Minesta in Wales, im Juni 1930, einen Monat vor dem Tod von Arthur Conan Doyle.

In der Umgebung von Bagnaia, April 1994.

Minesta auf dem Podium der Pembroke Hall, der ersten Heimat der White Eagle-Loge im Londoner Stadtteil Kensington. Das Bild datiert aus der Zeit der ersten Botschaften, die in diesem Buch veröffentlicht sind.

Eine Postkarte am Lordat, von Minesta an ihre Töchter gesandt, als sie mit den Polaires dort zu Besuch war. Datiert ist die Karte auf den 13. Juli 1931.

Gegen den Uhrzeigersinn von links oben: Minesta am Lordat, 1931; nochmals mit Mrs. Caird Miller und zwei Polaires; Rückkehr zum Lordat 1956.

Kapitel 2

Der Junge, der weltberühmt wurde [15]

Jeder Strom besitzt Nebenflüsse, die zu seinen Wassern beitragen und von denen einer oder mehrere als seine eigentliche Quelle bezeichnet werden könnte.

Das gleiche gilt wohl auch für eine Geschichte, wenn einige kleinere Abschnitte eigenständig ihres Weges ziehen, um schließlich in einer Hauptgeschichte zu verschmelzen. Vorliegende Erzählung kann mit dem seltsamen Bericht des Eremiten von Bagnaia im Jahre 1908, mit dem späteren Lebensweg des Sir Arthur Conan Doyle oder aber mit der frühen Arbeit des bekannten Mediums, der Autorin und Seherin Grace Cooke, beginnen. Die Leben dieser drei Personen sind in unserer Geschichte untrennbar miteinander verwoben. Wir wenden uns natürlich zunächst der Hauptfigur des vorliegenden Buches zu, Sir Arthur Conan Doyle, Arzt, Roman- und Bühnenschriftsteller, Schöpfer von »Brigadier Gerard« und Sherlock Holmes, Kriegshistoriker, Patriot, Reisender, Sportler, Humanist und schließlich Führer der Spiritualistischen Bewegung und ihr Repräsentant innerhalb der Englisch sprechenden Welt. Sein vielseitiges Leben, seine ungeheure Aktivität sowie seine außergewöhnliche Persönlichkeit führten nach seinem Tode im Jahre 1930 zu drei Biographien. [16]

Man scheint seine Vielseitigkeit und Leistung vergessen zu haben, nicht jedoch die Tatsache, daß er die moderne Detektivgeschichte ins Leben rief!

Als Junge wartete ich jeden Monat gespannt auf das Erscheinen eines Monatsmagazins, dessen Titelblatt ein Bild der Strand, Londons Prachtstraße, mit einer zweirädrigen Kutsche im Vordergrund und einer langen Reihe anderer Pferdewagen zierte. Den Schluß des *Strand Magazins* bildeten die bezaubernden Märchen von E. Nesbit, die manchmal von einer sowohl zu Wasser als auch zu Lande unsichtbaren Kreatur mit Namen »Psammead« erzählten. An dieser Stelle erschienen ebenfalls die Geschichten eines gewissen Arthur Conan Doyle, die angeblich von einem Dr. Watson berichteten Abenteuer des Sherlock Holmes. Damals war ich mir dessen kaum bewußt, daß es sich dabei um die ersten und mit Sicherheit besten Detektivgeschichten überhaupt handelte, die in ihrer unnachahmlichen und unübertroffenen Art die nachfolgende Flut von Detektivgeschichten hervorrief. Auch der Name Arthur Conan Doyle sagte mir wenig, bis ich in späteren Jahren seine STARK

MUNRO LETTERS, eine mehr oder weniger autobiographische Abhandlung, las. Der Autor schien in seiner kompromißlosen Wahrheitsliebe und Aufrichtigkeit, seiner Begeisterung für Sport und Bewegung sowie seiner Liebe zum Land durchaus britisch zu sein. Außerdem besaß er die Kunst, bereits mit dem ersten Satz die Aufmerksamkeit des Lesers zu fangen und zu halten und eine Romanfigur in ein, zwei Sätzen ins Leben zu rufen. Erst Jahre später erkannte ich, daß diese Lebendigkeit auf die Tatsache zurückzuführen war, daß der Autor selbst in seinen Charakteren lebte. Er war für diesen Beruf geboren. In seinen Büchern, die überdies aufgrund ihres geschickten Aufbaus äußerst gut zu lesen waren, brachte er sich selbst zum Ausdruck. Conan Doyle bemerkte einmal, daß seine Schriftstellerei bestenfalls reines Englisch sei. Doch wie klar war sein Englisch, wie wirkungsvoll und unverfälscht sein Stil! Nicht von ungefähr begrüßte man Geschichten wie »Silver Blaze« und die »Brigadier Gerard« Serie als Meisterwerke ihrer Zeit.

Arthur Conan Doyle wurde am 22.Mai 1859 in Edinburgh geboren. Er starb am 7. Juli 1930. Im Laufe seiner einundsiebzig sehr aktiven Lebensjahre schrieb er etwa vierzig Bücher, mehrere Theaterstücke, je eine Abhandlung in sechs Bänden über den Südafrikanischen Krieg sowie den Ersten Weltkrieg (zwei Hauptwerke, die einen weniger guten Schriftsteller wohl jahrelang beschäftigt hätten) und unzählige Kurzgeschichten von gleichbleibender Qualität. Seine athletischen Leistungen erwiesen sich als ebenso bemerkenswert. Er zeichnete sich im Boxen aus, spielte Kricket für den M.C.C. in Lords, war einer der ersten Autofahrer, Experte im Billardspiel und führte den norwegischen Skilauf in der Schweiz ein. Es schien, daß dieser Mann, im Vergleich zum nur halb gelebten Leben des Durchnittsmenschen, seine Tage mit hundertprozentiger Vitalität und Begeisterung durchlebte. Selbst während seiner letzten Krankheit beschäftigte sich Sir Arthur. Er entwarf eine Bleistiftskizze, die er »Das alte Pferd« betitelte. Diese Selbstdarstellung zeigt ein altes Pferd, das die ungeheure Last seiner Lebensarbeit eine Straße entlangschleppt, deren Meilensteine für die herausragenden Ereignisse seiner Laufbahn stehen. Dazu gehören seine Schul- und Universitätsjahre, seine Abenteuer als Walfänger, seine ärztliche Tätigkeit und Bergsteigerabenteuer, Vortragsreisen in Amerika, Aktivitäten im Burenkrieg, Wahlpropaganda und Kampf für den Spiritualismus. Auf dem Wagen türmt sich ein riesiger Stapel seiner Bücher, Kurzgeschichten, Theaterstücke und so fort, zusammen mit etwa fünfhundert Vorträgen. Das Ganze krönen eine stattliche Anzahl an Golfschlägern, Boxhandschuhe, ein Kricketschläger, Billardstöcke, Skier und andere Geräte, die seine Liebe zum Sport symbolisieren.

Das Bild gibt eine Darstellung seines Lebens, über das, wie wir bereits erwähnten, nicht weniger als drei Biographien erschienen sind. Doch die von dem Pferd geschleppte Last entbehrt weitgehendst jene Aktivität, in die er den größten Teil seiner Energie, Gesundheit und Gelder einfließen ließ und die schließlich sein Leben verkürzte. Diese Mission führte dazu, daß er fast allem Erreichten entsagte. Zugunsten einer unpopulären Überzeugung, die ihm alles, was er dem Leben zu geben hatte, abverlangte, verzichtete er auf Wohlstand, Annehmlichkeiten, Behagen, häusliches Leben, Anerkennung und Ruhm, ja sogar auf die Erhebung in den höheren Adelsstand. Aus seinen Büchern erfahren wir, daß er sich seit vielen Jahren für die Erforschung des Übersinnlichen interessierte. Er hatte mehrere Spukhäuser und einige Fälle von Poltergeistern untersucht und dabei verblüffende Erfahrungen gemacht. Von einer verhältnismäßig praktischen Einstellung ausgehend, war er zumindest zu einer Offenheit gelangt und setzte die Untersuchung psychischer Phänomene während der Mußestunden eines sehr geschäftigen Lebens fort.

> »Doch der Erste Weltkrieg ließ uns ernsthafter werden und unsere Glaubensinhalte näher betrachten und ihre Werte neu beurteilen. Angesichts einer gequälten Welt, der täglichen Nachricht vom Tod der hoffnungsvollen Blüte unseres Volkes, der Frauen und Mütter, die nicht einmal wußten, ob ihre Liebsten lebten, schien ich plötzlich ganz klar zu sehen. Bei jenem Thema, mit dem ich so lange geliebäugelt hatte, handelte es sich um weitaus mehr als das bloße Studium einer außerhalb der wissenschaftlichen Gesetzmäßigkeit liegenden Kraft. Etwas Ungeheures lag hier vor, ein Durchbruch zwischen zwei Welten, eine unmittelbare, unbestreitbare Botschaft aus dem Jenseits, ein Ruf der Hoffnung und Führung für die Menschheit in einer Zeit tiefster Not.«[17]

Diese Zeilen bringen das furchtlose Glaubensbekenntnis des Schreibers zum Ausdruck sowie seine Überzeugung, daß hier das entscheidende Arbeitsfeld lag. Später kam die innere Gewißheit hinzu, daß es sich hierbei um eine Art grundlegender Offenbarung handelte. Wenn der Tod für jeden das vollkommene Ende bedeutete, dann hatte der Mensch umsonst gelebt, da alle seine Ideale, Hoffnungen, Leistungen, Neigungen, Sehnsüchte und der Ruf nach Gott aus der Tiefe des Herzens in Auslöschung endeten. Das träfe für die Scharen zu, die in Flandern ihr Leben geopfert hatten. Denn wenn der einzelne umsonst lebte, dann hatte auch Christus umsonst gelebt, war umsonst gestorben, da der Mensch keine Seele besaß, die er hätte retten können. Ebenso verhielt es sich mit den anderen Weltenlehrern. Die verschiedenen von ihnen inspirierten Religionen wären zwecklos. Der Ruf des Hl. Paulus: »Oh Grab, wo ist dein Sieg? Oh Tod, wo ist dein Stachel?« wären bedeutungslos. Ohne ein Fortleben bliebe dem Menschen nur die Ausübung irgendeines Moralsystems (wie das des Konfuzius). Sittenlehren sind ein kalter Trost für den Verlust von Millionen von Männern im Krieg, einem Krieg, der in sich selbst den Zusammenbruch internationaler Moral darstellte.

Diese Erkenntnisse spornten Arthur Conan Doyle an. Damals war er der bestbezahlte Kurzgeschichtenschreiber, mit zehn Shilling pro Wort. Doch sein Einkommen sollte schwinden. Abgesehen von einer gelegentlichen Kurzgeschichte, durften nur noch Bücher über übersinnliche Dinge mit dem Thema eines Weiterlebens nach dem Tode geschrieben werden. Unerschrokken und energisch beteuerte er seinen neuen Glauben. »Conan Doyle?« erhob sich der erstaunte Ruf der Öffentlichkeit. »Ausgerechnet er glaubt an derartige Dinge?«

Die Meinung der Leute spielte kaum eine Rolle. Er mußte seinem Ruf folgen und kämpfen. Dann begannen (begleitet von seiner Familie) jene Reisen, auf denen die frohe Kunde überall auf der Welt verbreitet werden sollte. Elf Jahre lange unternahm er ausgiebige Vortragsreisen durch Australien, Südafrika, Amerika und Britannien. Er schonte sich nie und schenkte am Ende den Warnungen seiner Ärzte keine Beachtung. Niemand in seinem Alter könnte diese Überanstrengung verkraften. Schließlich raffte er sich noch an der Spitze einer Abordnung zum Innenminister nach London auf, um das jahrhundertealte Gesetz anzufechten, demzufolge spiritualistische Medien verfolgt wurden. Dann kam das Ende. Innerhalb von wenigen Tagen hatte der Krieger aufgegeben und sein geistiges Schwert niedergelegt.

Man bettete seine Überreste[18] in den Garten seines Hauses in der Nähe von Crowborough, nahe jener Hütte, in der die meisten seiner Geschichten entstanden waren.

Es heißt, die Versammlug hätte eher einer schweigenden Gartenparty als einer Beerdigung geglichen. Man trug Sommerkleidung, und nur wenige trauerten. Eine riesige Menschenmenge hatte sich eingefunden, und zahlreiche Telegramme waren angekommen. Ein Spezialzug brachte Blumen. Es schien, als habe er Freunde auf der ganzen Welt besessen.

So legte man ihn zur letzten Ruhe. Die Blumen bedeckten das ganze Feld. Später gravierte man auf seinem Grabstein seinen Namen, sein Geburtsdatum sowie die folgenden Worte ein: »Echter Stahl, ungebogene Klinge«.

John Dickson Carrs Buch THE LIFE OF SIR ARTHUR CONAN DOYLE schließt mit den Worten: »Niemand soll seinen Totengesang schreiben. Er ist nicht tot.«[19]

Das trifft zu. Sowohl sein Name als auch sein Ruf haben überlebt. Sammelbände seiner Kurzgeschichten, insbesondere die *Sherlock Holmes*-Serie, kann man in fast allen Buchläden finden. Häufig werden seine Bücher in Fortsetzungen über den Äther geschickt. Nur Bücher wie THE WHITE COMPANY und SIR NIGEL und jene über das Thema Spiritualismus sind in den Hintergrund getreten, Arbeiten, die dem Schriftsteller so sehr am Herzen lagen. Es sieht so aus, als ob seine Unterhaltungsromane auch weiterhin Anklang finden werden, weniger jedoch seine tiefsinnigeren und zum Nachdenken anregenden Schriften.

»Er ist nicht tot.« Er lebt in diesen Seiten fort. Das ist seine letzte Botschaft.

Kapitel 3

Minesta

Das ausgehende achtzehnte Jahrhundert kann man wohl als die Tage der großen Familien bezeichnen. Fünf Jahre nach der Geburt des letzten Kindes erblickte in einer von ihnen ein kleines Mädchen als neuntes Kind das Licht der Welt. Es zählte erst sieben Jahre, als die Mutter starb. Die bittere Erfahrung des Todes in solch zartem Alter und der persönliche Verlust hinterließen unauslöschliche Erinnerungen. Es hatte den Stachel dieses Schmerzes verspürt und empfand daher stets eine große Sympathie für Menschen in ähnlicher Lage und war von dem Wunsch erfüllt, zu helfen und zu trösten.

Es scheint, daß die Mutter während ihrer langen Krankheit mit ihrem Mann die Möglichkeit eines Fortlebens nach dem Tode erörterte und versprach, nach ihrem Übergang, wenn möglich, Verbindung zu ihm aufzunehmen. Für zwei Nonkonformisten der Viktorianischen Tage beweist diese Tatsache eine gewisse Aufgeklärtheit.

Einige Zeit nach dem Heimgang seiner Frau brachte ein Freund den Ehemann zum Haus eines bekannten Mediums – Annie Boddington. Die beiden Männer nahmen hinten im Raum Platz. Sie hörten der Ansprache zu, in deren Anschluß die Hellseherin verschiedenen Zuhörern »geistige Botschaften« übermittelte. Der hinterbliebene Eheman erfuhr nichts. Doch als er den Raum unauffällig verlassen wollte, bat ihn das Medium zu bleiben. Später berichtete sie ihm, daß sie seine verstorbene Frau im Zimmer habe warten sehen. Sie wollte mit ihm sprechen, sobald die anderen gegangen waren, ein für sie charakteristischer Ausdruck von Scheu. Dann begann das Medium zu sprechen. Die Ehefrau gab ihrem Mann für jedes einzelne Kind, das sie mit Namen nannte, eine Botschaft. Außerdem lieferte sie Beweise dafür, daß sie mit allem, was sich nach ihrem Tode im Hause abgespielt hatte, vertraut war. Was jedoch in so seltsamer Weise überzeugend wirkte, zeigte sich in der Tatsache, daß die Hände des Mediums während des Sprechens das Taschentuch in der Brusttasche des Ehemannes sorgfältig zurechtrückten, eine Angewohnheit der Ehefrau.

Kein Wunder, daß der Ehemann wie auf Wolken nach Hause ging. Es bestand kein Zweifel, seine Frau hatte ihr Versprechen gehalten und zu ihm gesprochen. Seine Kinder, von denen die meisten inzwischen zum Teenager herangewachsen waren, teilten seine Gewißheit. Die gesamte Familie wandte sich umgehend dem Spiritualismus zu, und der Vater wurde ein glühender Verfechter und Mitarbeiter dieser Bewegung. Im Laufe der Zeit sprach er jede Woche in der einen oder anderen ihrer Kirchen oder Hallen. Das Bekenntnis zum Spiritualismus erforderte in jenen Tagen besonderen Mut. Es konnte geschehen, daß ein Anhänger dieser Bewegung auf der Straße belästigt oder sogar beworfen wurde. Durch das Fenster fliegende Steine oder auf das Dach geschleuderte Ziegel unterbrachen häufig die Gottesdienste. Spiritualistische Medien wurden sogar aufgrund einer ins Mittelalter zurückreichenden Maßnahme zur »Abschaffung von Hexen« ununterbrochen verfolgt.

Das kleine Mädchen, Grace, wandte sich natürlich ebenfalls dem Spiritualismus zu. Früh besuchte sie die Sonntagsschule der Bewegung und schwankte seither niemals in ihrer Überzeugung vom Weiterleben und der Wiedervereinigung nach dem Tode.

Doch diese Gewißheit basierte nicht auf Durchgaben seitens anderer Medien, obwohl ihr dieser Vorgang, den sie als natürlich und normal erachtete, vertraut war. Manche Menschen sind geboren für Musik, Drama, Malerei oder Gesang. Diese innewohnenden Gaben und Fähigkeiten müssen ihren Ausdruck finden, damit sie nicht verkümmern und sich verlieren. Grace verfügte über die wohl seltenste aller Fähigkeiten. Sie war medial veranlagt und besaß die Gabe der Hellsichtigkeit und Weissagung beziehungsweise das sogenannte Zweite Gesicht. Hinzu kamen geistige Feinfühligkeit und das Vermögen, Krankheiten zu diagnostizieren und zu heilen.

Ihre Familie sowie ihre eigene Vertrautheit mit dem Spiritualismus, unterstützten diese naturgegebene Veranlagungen. Wäre sie in einer mehr nüchternen und materiell ausgerichteten Familie geboren worden, hätten diese leicht erdrückt werden können. So aber bediente sie sich ihrer ebenso leicht, wie sie atmete, und sie kamen ganz spontan zum Ausdruck. Bereits im Alter von dreizehn Jahren übermittelte sie einer Frau (die sie nie zuvor gesehen hatte) eine Beschreibung und die Botschaft von einer verstorbenen Person. Sie erinnerte sich, daß sie der verblüfften Zuhörerin von ihrer Seefahrt in ein entferntes Land erzählte, wo sie in einem Haus leben werde, das an drei Seiten von einer breiten Veranda umgeben war. Später berichtete man der kleinen Grace, daß sie eine verstorbene liebe Angehörige der Frau beschrieben und ihr eine Botschaft gegeben hatte, die sie niemals vergessen würde, zumal da sie sich gerade auf dem Heimweg nach Südafrika befand. Man kann sich vorstellen, welchen Eindruck diese Kommunikation aus dem Munde eines fremden Kindes gemacht haben mußte.

Das Leben der kleinen Grace gestaltete sich nach dem Tode ihrer Mutter nicht einfach. Die Brüder und Schwestern hatten inzwischen das Haus verlassen, und die zweite Ehe des Vaters war nicht sehr glücklich. Das äußerst sensitive Kind fürchtete sich oft während der vielen Stunden, die es alleine in dem großen, in einer etwas einsamen Gegend des südlichen Stadtteils von London gelegenen Haus zubrachte. Doch in diesen Zeiten erhielt sie gelegentlich Besuch von einem, wie sie ihn nannte, »alten Mann«, der mit ihr sprach und sie tröstete. Sie erinnert sich, daß er nicht einer gewöhnlichen Person glich, sondern eine Art Licht in sich trug, das nach außen strahlte und ihn erhellte. Nachdem er gegangen war, fiel sie gewöhnlich in einen von glücklichen Träumen begleiteten Schlaf. Der Besucher erschien dem Kind so natürlich, daß sie erst später erkannte, daß er dieser Welt eigentlich nicht angehörte.

Sie besaß nur wenige Freunde ihres Alters, und eine andere Existenzebene ersetzte ihr die fehlende menschliche Gesellschaft. Sie lernte, diese andere Welt zu lieben, und der Wunsch, deren Interessen zu dienen, wurde zum Hauptfaktor ihres Lebens. Bereits in ihren späten Teenagerjahren hielt sie einen Vortrag in der Spiritualistischen Bewegung und bewies ihre Hellsichtigkeit. Ihre Schlichtheit und Jugend riefen eine Art Sensation hervor, und man bat sie in den darauffolgenden Jahren, auch in anderen Zentren zu sprechen. Schließlich verging kaum eine Woche ohne mehrere derartige Verpflichtungen.

Das war harte Arbeit, da sie Reisen quer durch London und Umgebung sowie in Provinzorte oder Städte, wie Birmingham, Edinburgh und Glasgow, mit sich brachte. Die meisten dieser Verpflichtungen bedeuteten im Grunde genommen eine ermüdende sonntägliche Anreise, einen Vortrag mit anschließenden, auf ihrer Hellsichtigkeit basierenden Durchgaben und die noch erschöpfendere Heimfahrt. Die materielle Entschädigung betrug kaum mehr als die Ausgaben. Das erforderte die jahrelange Hingabe an eine selbst auferlegte Pflicht. Es lohnte sich, da die Mühe Mut und Durchhaltevermögen entwickelte, was sie für ihre zukünftige Arbeit befähigte und sie sogar ihrem geistigen Lehrer und Führer näherbrachte.

Es heißt, der Besucher, der die kleine Grace tröstete, wenn sie sich fürchtete und einsam fühlte, war nicht von dieser Welt. Es handelte sich in der Tat um ihren Führer und Mentor, der aus unsichtbaren Welten wirkte und von ihrer Geburt an die Verantwortung für sie trug. Später erfuhr sie seinen Namen – White Eagle.

Was ihn selbst, seine Vergangenheit und seine Aufgabe betrifft, so hat sich White Eagle immer sehr zurückhaltend geäußert. Er bezeichnet sich als Freund aller Menschen, als alten Mann, der vorbeischaut, um Leuten in Schwierigkeiten zu helfen. Womöglich ist er weiser als so mancher von uns, denn er steht ein wenig höher und vermag ein wenig weiter zu blicken und weiß daher, was geschehen wird.

White Eagles Kontakt mit seinem Medium entsteht immer mittels Projektion. Er lebt, wie wir erfuhren, in den Bergen des Ostens. Er kann sich selbst oder seinen Einfluß um die halbe Welt auf sein Medium projizieren, wobei er, wie andere Eingeweihte, in seinem Ätherkörper wirkt. In einem physischen Körper lebend, vermag er in der Ätherwelt, die die Erdkugel, ein Ebenbild des Ätherischen, durchdringt, zu wirken. In der Ätherwelt (der wirklichen, *lebendigen* Welt, in der unsere Sinne ruhen) gibt es weder Zeit noch Raum in unserem Sinne. Daher braucht er nicht *wirklich* um die halbe Sinnen-Welt zu reisen, um irgendwohin zu gelangen. Er kann sich augenblicklich an irgendeinen Ort begeben oder Verbindung zu irgendeiner Person aufnehmen oder einen Hilferuf beantworten. Nur unter Wiederaufnahme des physischen oder Sinnenkörpers übernimmt der Weise unsere sterblichen Begrenzungen und Bürden wieder, wenn auch nicht in demselben Grad wie der Mensch. Der Körper des Weisen ist vervollkommnet und nicht mehr länger Müdigkeit, Krankheit oder Tod unterworfen.

White Eagle gibt seinen Freunden gerne einen neuen Namen, der wohl besser zu ihnen paßt als der Taufname. Manchmal nimmt er ihn aus der Bibel, wie Peter, Matthäus oder Lukas, oder aber aus THE PILGRIMS PROGRESS. Manchmal deutet er auf einen herausragenden Charakterzug der Person oder aber regt irgendeine Eigenschaft an, derer sie bedarf. Diese »Seelen«- oder »Charakter«-Namen weisen außerdem darauf hin, was von der betroffenen Person zu erwarten ist. Ein Peter, Lukas oder Johannes wird Fähigkeiten, Unzulänglichkeiten oder Tugenden an den Tag legen, die denen jener Apostel ähneln. Oft ersetzt der neue Name den alten.

White Eagle gab seinem Medium den Namen »Minesta«, was »Mutter« bedeutet. Wir werden später sehen, wie zutreffend dieser Name war. Im folgenden werden wir also von Minesta sprechen, wenn wir uns auf das Medium Grace Cooke beziehen.

Etwa zwanzig Jahre lang hatte Minesta im Namen der Spiritualisten jeden Sonntag, häufig auch an Wochentagen, Gottesdienste gehalten und auf ihrer Hellsichtigkeit basierende Auskünfte gegeben. Ihre hellseherischen und visionären Kräfte überzeugten wohl einige tausend Menschen. Ihre Arbeit hatte ein weites Gebiet beeinflußt.

Um mit der höheren Intelligenz in Berührung zu kommen und ihr zu dienen, muß ein Medium über eine ungewöhnliche und dem Zweck entsprechende, verfeinerte Sensitivität verfügen und Charaktereigenschaften in bezug auf Denkungsweise, Motivation und Gefühl besitzen, ohne die die naturgegebene Gabe nicht wirksam sein könnte. Daher bedurfte es einer solchen langen Periode harter Arbeit und Geduld, um ihren Charakter zu stärken und gleichzeitig zu veredeln, während im Zuge ihrer Arbeit ihre Sensitivität zunahm.

Minesta hatte gegen Ende dieser Periode, man könnte von Vorbereitungszeit sprechen, ihre mittleren Lebensjahre erreicht. Sie war verheiratet, Mutter von zwei Kindern und führte einen Haushalt. Inzwischen jedoch hatte sich die Art ihrer Arbeit infolge einer Begegnung mit Estelle Stead in gewisser Weise verändert. Die Tochter des berühmten Journalisten W.T. Stead, der mit der *Titanic* unterging, leitete die »Stead Borderland Bibliothek«, eines der wohl bedeutendsten Zentren der Spiritualistischen Bewegung in London, das Minesta mehrmals in der Woche besuchte. Ihre Arbeit bestand nun hauptsächlich darin, den Hinterbliebenen kürzlich Verstorbener zu helfen und sie von einem Weiterleben zu überzeugen. Viele waren so von Gram zerrissen und mitunter derartig verbittert, daß es großer Anstrengung bedurfte, sie aus ihrer Verzweiflung herauszureißen. Die Stead Bibliothek lag im Smith Square, im Stadtteil Westminster. Einige hundert Meter entfernt, in der Victoria Street, befand sich direkt gegenüber der Abtei der »Parapsychologische Buchladen« des Sir Arthur Conan Doyle. Er hatte ihn wenige Jahre zuvor eröffnet, nicht nur, um die allgemeine Öffentlichkeit zu versorgen, sondern in der Hoffnung, der Klerus der Abtei werde hereinschauen und parapsychologische Bücher kaufen. Es ist zweifelhaft, ob das jemals geschah. Der von seiner Tochter Mary geführte Buchladen muß für Sir Arthur mehrere Jahre lang ein beachtliches Verlustgeschäft gewesen sein. Es dauerte nicht lange, bis sich diese nahen Nachbarn, die Stead Bibliothek und der Buchladen – Minesta und Mary Conan Doyle – kennenlernten. Bald entstand eine Freundschaft. Sir Arthur und Lady Doyle luden Minesta ein, sie in ihrem Hause in der Nähe von Crowborough in Sussex zu besuchen. Besonders Sir Arthur erwartete Minesta mit Spannung, da er von ihrer Arbeit für den Spiritualismus, vor allem aber von White Eagle, erfahren hatte.

Dies geschah im Sommer 1930, als Sir Arthur schwer krank darniederlag. Der festgesetzte Wochenendbesuch mußte abgesagt werden, da sich sein Zustand verschlimmert hatte. Bald darauf folgte die Nachricht von seinem Tode, ein großer Schock, da er Teil des Britanniens jener Tage zu sein schien.

Jede der anscheinend nichtigen Einzelheiten hinsichtlich Minesta und Sir Arthur besitzt ihre Bedeutung, da sie auf eine Verknüpfung und ein Näherkommen der beiden noch vor seinem Übergang hinweisen. Eine Begegnung fand nie statt. Aber sie besaßen gemeinsame Interessen und eine ähnliche Zielsetzung. Sie waren wie Fremde, für die Welt und sich selbst. Doch schon damals verknüpften Bande ihre Leben miteinander, die sie in naher Zukunft enger zusammenführen sollten.

Kapitel 4

Der Eremit von Bagnaia

Die dritte der in den Hauptstrom der Ereignisse fließenden Geschichten handelt vom Eremiten von Bagnaia. Bagnaia ist eine kleine Stadt in der Nähe von Viterbo, etwa hundert Kilometer nördlich Roms. Nachfolgende Erzählung wurde dem *Bulletin des Polaires* vom 9. Juni 1930 entnommen.[20]

»Aufgrund der zahlreichen Nachfragen hinsichtlich der Umstände, unter denen das »Oracle de Force Astrale« von Vater Julian auf seinen Nachfolger übertragen worden ist, möchten wir die Episode kurz schildern:

Im Jahre 1908 verbrachte ein junger Mann seinen Urlaub in Bagnaia, einem hübschen ländlichen Ort in der Gegend von Viterbo nahe Roms.

Bereits kurz nach seiner Ankunft erregte ein alter, in grober Mönchstracht gekleideter Mann seine Aufmerksamkeit. Hochgewachsen, asketisch, mit tiefliegenden Augen in dem sonnengebräunten Gesicht, wanderte dieser in Gedanken versunken durch die Straßen.

Der junge Bursche erkundigte sich bei der Bevölkerung nach ihm. War dieser Mann, den sie Vater Julian nannten, ein Gottesmann? Nein. Die Bewohner der kleinen Stadt glaubten, er verfüge über magische Kräfte, er sei ein Zauberer. Obgleich man ihm nichts Konkretes vorwerfen konnte, schienen diese »Vermutungen« schwerwiegend zu sein. Es wäre besser, sich vor dieser seltsamen Person zu hüten, die wie ein Waldmensch in einer alten, zerfallenen Hütte lebte und sich von Kräutern und Früchten ernährte. Jeder gute Christenmensch verachtete ihn, vor allem, weil ihn nie jemand hatte die Schwelle eines Gotteshauses übertreten sehen. Die Dinge hatten sich derartig zugespitzt, daß man ihm in nicht allzu höflicher Weise nahegelegt hatte, sich nicht bei den Weinbergen und Kornfeldern herumzutreiben. Man fürchtete, er verhänge im Vorübergehen einen wirksamen Zauberspruch, der die reifen Trauben verdorren oder das Vieh an einer geheimnisvollen Krankheit eingehen ließ.

Trotz aller Gerüchte von magischen Zaubersprüchen und üblen Verwünschungen, fühlte sich der junge Mann mit einem Empfinden seltsamen Wohlwollens stark zu dem Einsiedler hingezogen. Eines Tages beschloß er, diesen in seiner Hütte aufzusuchen. Der Eremit empfing ihn, als habe er schon sehr lange auf ihn gewartet. Der Bursche bot ihm Geld, Kleidung und eine angenehmere Unterkunft an. Doch der Einsiedler lehnte das Angebot mit seiner eigentümlich tiefen und leicht kehligen, doch sehr angenehmen Stimme ab. Er gab zu verstehen, daß er alles, was er brauchte, in den Wäldern ringsum fände. Kräuter und Früchte boten ihm Nahrung, und das Wasser der Bäche löschte seinen Durst. Außerdem *müsse* er trotz der Feindseligkeiten seitens der Bevölkerung genau an diesem Ort bleiben, bis er eines Tages zu einer langen, sehr langen Reise aufbrechen werde.

Begierig stattete ihm der junge Mann am nächsten Tage wieder einen Besuch ab. Danach verging kein Tag mehr, ohne daß sich die beiden trafen und der Eremit von Güte, wahrer Liebe und Bruderschaft sprach. Obwohl dieser junge römische Bursche stark an weltlichen Dingen haftete, sah er in dem Einsiedler einen Eingeweihten und verstand teils die sanfte Torheit seiner selbstauferlegten Isolation, seine Lebensweise, die nach außen hin hart und schmerzlich erschien, aber auch seinen festen Entschluß, jede fremde Hilfe abzulehnen.

Seine gute, sanftmütige Natur erweckte in dem Jungen Sympathie und tiefes Mitgefühl, so daß er es als seine heilige Pflicht betrachtete, seine täglichen Wallfahrten zu ihm fortzusetzen. Eines Tages fand er auf seinem Weg zur Behausung des Einsiedlers Vater Julian bewußtlos auf der Straße liegen. Sein Knie war stark verwundet. So gut er konnte, verband der Junge die tiefe Wunde und half dem alten Mann, in seine Hütte zurückzukehren. Am nächsten Tag war dieser wieder auf den Beinen und die Wunde innerhalb von drei Tagen völlig verheilt.

Welche geheimnisvollen Kräuter konnten diese völlige Genesung bewirkt haben? Der junge Mann wagte nicht, danach zu fragen. Der Einsiedler hatte viele Male geschwiegen, wenn sein junger Freund etwas unverblümt fragte. Seine großen, dunklen, in die Ferne gerichteten Augen blickten dann traumverloren.

Das die beiden Männer vereinende Band wurde immer stärker, die Besuche häufiger und ihre Unterhaltungen länger und vertrauter. Der alte Mann sprach absichtlich über Schmerz und Opfer, da die Augen des jungen Mannes noch an den Illusionen des Lebens hingen. Schließlich näherte sich das Ende der Ferien. Traurigen Herzens machte sich der Bursche noch einmal auf den Weg, um die Bleibe des Eremiten zu besuchen. Man wird niemals erfahren, was der Einsiedler ihm, den er zum ersten Male »seinen Sohn« nannte, »ins Ohr flüsterte«. Wir wissen nur, daß er ihm beim Abschied einige, im Laufe der Zeit vergilbte Blätter überreichte. Es handelte sich dabei um ein »kleines Fragment aus dem Buch von der Wissenschaft des Lebens und des Todes«.

Der Empfänger dieser geheimnisvollen Seiten wird die letzten Worte des Weisen wohl niemals vergessen: »Solltest du irgendwann einmal Hilfe oder

Rat brauchen, dann folge nur den in diesem alten Manuskript aufgezeichneten Anweisungen. *Du wirst deine Antwort erhalten.* Es kann sogar sein, daß eines Tages *ich selber dir antworten werde.* Doch denke daran, gib den Inhalt dieser Seiten niemals jemandem in der Welt preis. Du würdest dann das Risiko des Wahnsinns und Todes eingehen. Das Gleiche gilt für den Empfänger dieses Wissens.«

Die Seiten enthielten ein Rechensystem, das jede Frage beantworten konnte. Der junge Mann hatte kein Verlangen, sich in okkulte Mysterien zu versenken. Er besaß nicht einmal genügend Neugierde, um dieses wunderbare Orakel zu befragen, und legte das Manuskript an einen sicheren Ort.

Erst zwei Jahre später machte er von der seltsamen Kraft, die ihm Vater Julian anvertraut hatte, Gebrauch, da er sich in geistiger Not befand. Als erstes mußte man sich sehr stark auf seinen Wunsch konzentrieren, diesen dann niederschreiben und mit dem Vor- und Zunamen des Fragestellers sowie dem Namen seiner Mutter versehen. Er formulierte also seine Frage und verbrachte viele Stunden mit den vorgeschriebenen Kalkulationen.

Die erhaltene Antwort erwies sich als äußerst genau und enthielt tiefe Weisheit.

Das Ergebnis verblüffte den Hüter des Orakels so sehr, daß er einige Zeit später einer Gruppe von esoterisch ausgerichteten Freunden von dieser seltsamen Methode, Informationen zu erhalten, erzählte. So entstand die Gruppe. Im Jahre 1923 erfüllte Vater Julian sein Versprechen. Er selbst gab Antwort.

Im April 1930 sandte er »seinem geliebten Sohn« seine letzte persönliche Botschaft.

Und nun hat der erleuchtete Buddha ihm den Pfad des Lichtes geöffnet.«

Hier endet der Bericht darüber, auf welche Weise das »Oracle de Force Astrale« in Gebrauch kam. Doch niemand kennt seine genaue Wirkungsweise. Die Methode war mitgeteilt worden, hatte ihren Zweck erfüllt und ist nun nicht mehr vonnöten. Sie konnte wohl nur von jemandem durchgeführt werden, der über die notwendige seelisch-geistige Schwingung verfügte, die vielleicht einer von Zehntausend besaß und zu denen der junge Mann gehörte. Es besteht kein Zweifel, daß er aus diesem Grunde zu Vater Julian geführt worden war. Alles Weitere muß daher ein wenig skizzenhaft und unzureichend erscheinen. Doch eines ist ziemlich sicher, das Orakel funktionierte. Seine Einzigartigkeit lag in der Überzeugungskraft seiner Botschaft.

Es basierte auf mathematischen Berechnungen. Die alte Wissenschaft der Astrologie geht in gleicher Weise vor, obgleich die Intuition des Astrologen dabei eine wesentliche Rolle spielt, was zweifellos auch für die Arbeit mit der Force Astrale zutraf.

Es heißt, Gott geht nach geometrischen Gesetzen vor. Er ist der große Geometer. Mit anderen Worten, gäbe es einen fähigen Mathematiker, könnte das Universum der Schöpfung Gottes auf eine einzige geometrische oder mathematische Formel reduziert werden. In ähnlicher Weise müssen die Erfindungen des Menschen auf Formeln reduziert werden, um sie konstruieren zu können. Dieses Prinzip lag der Force Astrale zugrunde.

Jeder, der eine Frage an das Orakel richtete, mußte diese zuvor ganz klar durchdenken und in möglichst wenigen Worten niederschreiben. Er mußte ebenfalls seinen vollen Namen, sein Geburtsdatum sowie den Mädchennamen der Mutter und ihr Geburtsdatum hinzufügen. Dann folgte die Übersetzung der Frage ins Italienische, da die Force Astrale nur in dieser Sprache arbeitete. Der Operator, der inzwischen zum Manne herangereift war und den seine engen Freunde den »Mage« oder Magier nannten, mußte als erstes jeden *Buchstaben* der einzelnen Wörter dieser Frage mit den *Namen* des Fragestellers und dessen Mutter in arithmetische Figuren umwandeln. Mit Hilfe von komplizierten Berechnungen und seiner eigenen psychischen Kraft, sandte er diese Frage aus und erhielt eine Antwort. Diese manifestierte sich in einer großen Anzahl von Figuren, die dem Magier zunächst nichts besagten. Er mußte sie in Buchstaben und somit in Wörter zurückübersetzen. Einer kurzen Frage konnte eine lange Antwort folgen und umgekehrt. Manchmal kamen sogar eine ganze Reihe von Anweisungen und Ratschlägen durch. Man behauptete, daß der Verstand des Operators die Qualität der Botschaft in keiner Weise beeinflußte, wie das, zum Beispiel, mit dem Unterbewußten eines Mediums der Fall sein könnte. Das mag sein. Sicher ist nur, daß man die Antworten nicht anzweifelte, sondern einfach akzeptierte.

Man kann sich die Verblüffung des jungen Mannes über diese Entdeckung und sein Bestreben, gemeinsam mit einem Freund erneut Verbindung zu Vater Julian aufzunehmen, gut vorstellen. Das Wie und Warum des Geheimnisses und der Grund, weshalb er ausgerechnet sie damit betraut hatte, interessierten sie nun sehr. Sie verbrachten viele Stunden mit der Verständigung, die sich natürlich aufgrund des langwierigen Prozesses langsam und mühevoll gestaltete.

Eine spätere Botschaft durch die Force Astrale gebot den beiden Männern, nach Paris zu gehen und dort eine Gruppe zu gründen und ihr den Namen Polaire-Bruderschaft zu geben. Fast ohne einen Pfennig Geld erreichten die beiden Fremdlinge die große Stadt. Geheimnisvollerweise stellten sich Leute vor und wurden zu Freunden. Man stellte Geld zur Verfügung, und bald bewohnte die Bruderschaft ein stattliches Haus in der Avenue Junot, am westlichen Abhang des Montmartre. Das *Bulletin des Polaires,* ein Monatsmagazin, erreichte schließlich eine Auflage von zehntausend Exemplaren unter den Anhängern der Polaire-Bruderschaft.

Dies alles geschah wenige Jahre nach dem ersten »Krieg, der den Krieg beenden sollte«. Die Menschen waren damals viel zu sehr damit beschäftigt, ihre Welt wieder zusammenzufügen, um sich über die Möglichkeit eines zukünftigen Krieges zu beunruhigen. Überall löste man die Truppen auf. Es klingt daher sehr verwirrend, daß die frühen Botschaften mittels der Force Astrale von den »Jahren des Feuers« sprachen, die mit Sicherheit die Welt überfallen würden (falls sich diese nicht änderte) und weitaus größere Zerstörung und Not zur Folge hätten, als die soeben durchlebten. Doch nach diesen speziellen Durchgaben erfolgten keine weiteren mehr. Vater Julian, der offensichtlich die Beziehungen angeknüpft hatte, verschwand. Der nachfolgende Kommunikator, später bekannt als der Chevalier Rose-Croix, der Chevalier Sage oder der Weise Ritter, besaß größere Autorität. (Man identifizierte ihn später als den Meister «R«, der einst, wie man weiß, Bruder Francis Bacon gewesen ist). Die Force Astrale war dem jungen Mann in der Absicht der Vorbereitung auf die kommenden Jahre des Feuers anvertraut worden. Fortan sollte der Weise Ritter der Führer und die Force Astrale sein Kommunikationsmittel sein.

Ein Wort zu den »Meistern«. Einer uralten Überlieferung zufolge, herrschte vor langer Zeit im Nordpolgebiet ein warmes, freundliches Klima, was diese Gegend bewohnbar machte. Die Griechen sprachen von der hyperboreischen Region, in der einst höher entwickelte Männer und Frauen, bekannt als Meister, lebten. Die Bemeisterung ihrer selbst, das heißt, ihrer menschlichen Schwächen, befreite sie von den Begrenzungen durch Raum und Zeit. Sie kannten daher weder Alter, Krankheit noch Tod. Sie konnten als Menschen auf der physischen Ebene leben, aber auch ihren irdischen Körper ablegen. Vergleichbar mit einigen indischen Meistern heute, verließen sie ihn während tiefen Schlummers oder in Trance und wirkten in den unsichtbaren Welten. Vor langer, langer Zeit regierten sie die junge, unschuldige Erde mit liebevollem Wohlwollen.

Es herrschte das sogenannte Goldene Zeitalter, über das Volksmärchen oder auch die Erzählung vom Garten Eden berichten. Doch dann, so wird erzählt, verschob eine interstellare Erschütterung die Erde auf ihrer Achse. Eine Woge von Eis und Schnee folgte und hüllte das Polargebiet langsam ein. Gleichzeitig gefror das Goldene Zeitalter und begann sich zum Materialismus zu verhärten. Die Weisen zogen sich in die Gebirge des fernen Ostens zurück, wo sie sich bis zum heutigen Tage in abgeschiedenen Zufluchtsorten aufhalten. Sie begeben sich nicht mehr unter die Menschen, da sie deren gegenwärtige Schwingungen nicht ertragen können.

Gelegentlich erhalten die Menschen des Ostens Botschaften von diesen Meistern, von denen die meisten gehört haben und an die sie glauben. Vor Jahren begegnete der Verfasser einem Professor einer indischen Universität, der Britannien besuchte. Während der Unterhaltung sprach er von seiner Begegnung mit einem Meister. Auf die Frage, wie dieser sei, antwortete der Professor schlicht: »Er ist reine Liebe.«[21]

In dieser Antwort liegt der Grundton eines Meisters oder Eingeweihten. Da sie sich nicht mehr unter die Menschen begeben, findet ihre Liebe in der Projektion von Licht, einem Strahl der Liebe, ihren Ausdruck. Liebe nimmt die Form von Licht an, wenn sie auf die Menschheit oder auch bestimmte auserwählte, verantwortungsbewußte Individuen, die sich mitunter der Verbindung zu den Meistern nicht bewußt sind, ausgestrahlt wird. Mittels dieser ihnen eigenen Projektionskraft vermögen sie solche Menschen (wenn diese bereit sind) zu inspirieren, zu stärken und emporzuheben. Doch niemals nehmen sie ungerechtfertigterweise Einfluß auf den freien Willen einer Menschenseele. Sie zwingen sich nicht auf.

Das den Polaires gegebene Symbol des Polarsterns erwies sich somit als ein uraltes, aus hyperboreischen Zeiten stammendes Zeichen, das immer noch etwas von seiner ehemaligen Kraft besitzt. Das »Oracle de Force Astrale« reicht wohl ebenso weit zurück. Dies mag auch für die Methode und Organisation der Polaire-Bruderschaft selbst gelten. Jedenfalls wurden Anweisungen über den Gebrauch der von den Meistern angewendeten Projektionsmethode gegeben. Doch es bestand ein Unterschied. Die Bruderschaftsgruppen mußten notgedrungen mit einem menschlichen Strahl beziehungsweise einer menschlichen Wellenlänge arbeiten, die sich den mehr weltlich ausgerichteten Männern und Frauen anpaßte. Wenn sie also bei ihren Treffen den Strahl der Meister auffingen, vermochten sie diesen »abzuschwächen« und ihn anschließend mit veränderter Wellenlänge wieder auszusenden.

Der Einfluß, den eine solche, etwa sechzig Mitglieder zählende Gruppe, die ein einziges Ziel beseelte, im Lande ausübte, läßt sich nicht leugnen. Im Laufe jahrelanger Schulung hatten Methoden, die jene Zielsetzung intensivierten, sie harmonisch vereint. Sie gewann ihre Stärke aus den größeren, hinter ihnen stehenden Kräften.

Schon vor Ende der Zwanziger Jahre sahen die Weisen den Ausbruch eines Zweiten Weltkrieges voraus. Sie besaßen wohl auch Kenntnis von seinem Ausmaß und seinen Schrecken. Ihr Plan zu helfen, mußte mindestens solange zurückliegen, wie die Begegnung des Jungen mit Vater Julian, die zur Kenntnis der Force Astrale geführt hatte.

Um den Grund für die Bildung der Polaire-Bruderschaft zu verstehen, müssen wir die eigentliche Natur des Krieges begreifen. Die meisten Menschen glauben, er werde in erster Linie mit Armeen, Marine- und Lufteinheiten geführt, wobei Bomben, Gewehre und alle möglichen teuflischen Geräte, aus denen der Mensch Kapital schlagen kann, eine wesentliche Rolle spielen. Jeder bewaffnete Konflikt beruht jedoch auf tiefer liegenden Ursachen, die zunächst Herz und Verstand des Menschen einfangen und seine Gefühle beherrschen. Wenn sich im Laufe der Jahre die Gemüter erhitzen, die Angst überhand nimmt und sich Mißtrauen, ja sogar Haß anderen Nationen gegenüber verschärfen, dann erreicht das Ganze eines Tages seinen Siedepunkt und endet auf dem Schlachtfeld. Hier zeigt sich ein deutliches Beispiel von Ursache und Wirkung.

Krieg entsteht demnach im Grunde genommen in Herz und Verstand des Menschen und zwar Jahre vor seinem tatsächlichen Ausbruch. Diese These klingt fast unwiderlegbar. Sie läßt auch erkennen, warum die Meister, die das Kollektivbewußtsein einer Nation zu lesen vermögen, vom Einbruch des Krieges überzeugt waren und warum sie eine geschulte Bruderschaft bildeten, die auf jenes Bewußtsein einwirken sollte.

Sie versprachen niemals eine Abwendung des Krieges. Das Weltenkarma machte seinen Ausbruch faktisch zur Notwendigkeit. Sie sprachen nur von einem solch schmalen Spielraum zwischen Sieg und Niederlage der Lichtkräfte, daß die Arbeit der Bruderschaft den Ausschlag geben könnte.

Wie bereits erwähnt, befaßten sich die Polaires mit »guten Werken«, die sich gewaltig von denjenigen der Orthodoxie unterschieden. Sie beteten nicht laut bei ihren Treffen. Sie projizierten das Licht ohne große *mentale* Anstrengung. Entspannt öffneten sie sich für den Strahl des Meisters und ließen ihn durch sich hindurchfließen. Auf wen oder was wurde der Strahl gelenkt? Gelegentlich leiteten sie ihn auf einen notleidenden Menschen, meistens jedoch auf von Unglücken oder Katastrophen bedrohte oder heimgesuchte Gruppen, Gemeinden oder Nationen irgendwo auf der Welt. Bisweilen richtete die Bruderschaft den Lichtstrahl auch auf Individuen oder Gruppen, die für den Frieden, die Freiheit oder eine andere gute Sache wirkten. Sie arbeitete ebenfalls für die verlorenen Seelen nach dem Tode. In diesen Dingen bestand die Arbeit der Brüder, von denen sich jeder einzelne in seinem Alltag bemühte, seiner Verpflichtung, den Mitmenschen zu helfen, nachzukommen.

Die »Forderung« oder »Verpflichtung« eines Polaire bestand zum Teil im Bestreben, *die das Menschenhirn quälende, furchtbare Angst vor dem Tode* zu beseitigen; das *Gehirn* des Menschen, wohl bemerkt, denn sein Herz wußte es sehr wahrscheinlich besser. Das führt uns zum Jahre 1930, als die Nachricht vom Tode Sir Arthur Conan Doyles Frankreich erreichte. Gegen Ende 1930 sandte der Weise Ritter mittels der Force Astrale diesbezüglich eine ausführliche Botschaft. Sir Arthur hatte sich um Hilfe an die Weisen gewandt. Seit seiner Ankunft in der geistigen Welt war ihm klar geworden, daß vieles, was er in bezug auf den Spiritualismus und den Zustand des jenseitigen Lebens bis dahin für wahr gehalten hatte, der Berichtigung bedurfte. Er wünschte sehnlichst, alle von ihm geförderten Irrtümer aufzuklären. Er selbst vermochte zum gegebenen Zeitpunkt nichts zu unternehmen, da gewisse Bande seine Seele noch an die Erde fesselten. Außerdem war es ihm nicht möglich, diese Korrekturen alleine vorzunehmen. Die Wichtigkeit besagter Botschaft verlangte eine genaue Weitergabe. Dies konnte nicht über die Force Astrale geschehen. Man sandte daher einen bestimmten Bruder nach England, um sich mit Lady Conan Doyle in Verbindung zu setzen. Sie sollte ihm das Medium vorstellen, durch das auf Wunsch des Weisen Ritters die Botschaft vermittelt werden sollte. Das Medium war angeblich für diese besondere Aufgabe lange zuvor ausgesucht und geschult worden. Der Polaire Bruder erkannte es sofort, als er ihm begegnete. Man sollte keine Zeit verlieren.

Kapitel 5

Der Bote aus Frankreich

»Der Menschheit sind sicherlich keine glorreicheren Botschaften verkündet worden als diese: Religion auf Fels, anstatt auf Sand zu bauen; die berechtigten Zweifel ernsthafter Denker zu beseitigen; die unsichtbaren Kräfte Wirklichkeit werden zu lassen und nicht nur darüber zu reden; die Menschenrasse von der sie erwartenden Zukunft zu überzeugen und ihr Verständnis für die Möglichkeiten des gegenwärtigen Lebens zu erweitern.«

Arthur Conan Doyle, The Wandering of a Spiritualist

Wir schreiben den 27. Januar 1956. Vor fünfundzwanzig Jahren, ebenfalls an einem 27. Januar, trafen sich Lady Conan Doyle, ihre Familie und drei Freunde, ein Monsieur Zam Bhotiva aus Paris, Minesta und ihr Mann, in der Stead Library in Smith Square, Westminster. Ob eine Beziehung zwischen diesen beiden Daten besteht, hängt ganz davon ab, inwieweit *Zahlen* das Leben des Menschen beeinflussen. Einige Leute müssen erkennen, daß sich ihr Leben in seltsamer Weise mit Zahlen verknüpft. Zum Beispiel, gewisse Dinge ereignen sich an bestimmten Tagen der Woche oder des Monats. Wir schwingen in Harmonie mit der Zahl, die sich aus unserem Geburtsdatum ergibt. Jeder von uns bildet eine Einheit im mathematischen beziehungsweise geometrischen Plan des Universums.

Die Force Astrale, zum Beispiel, basierte auf Zahlen. Ihre Wirksamkeit hing von arithmetischen Berechnungen ab. [22]

Es arbeitete im Einklang mit einer drei-sechs-neun Schwingung. (Neun betrachtete man als die Zahl des Eingeweihten.) Dem Symbol der Polaires, dem sechsstrahligen Stern, lag die *Sechs* zugrunde. Um der drei-sechs-neun Schwingung entsprechend vorzugehen, wählte die Bruderschaft für ihre Hauptaktivitäten gewöhnlich diese Tage des Monats und diese Tagesstunden. Das erste Symbol des *Bulletin des Polaires* stellte ein Diagramm der Figuren »drei-sechs-neun« dar.

Minesta wurde als neuntes Kind am neunten Tag des sechsten Monats geboren. Auch in ihrem Leben offenbarte sich die drei-sechs-neun Schwingung. Arthur Conan Doyle wurde an einem 22. Mai geboren. Mai ist der fünfte Monat des Jahres. Zwei plus zwei macht vier; vier plus fünf gibt neun. Auch in seinem Leben zeigte sich die drei-sechs-neun Schwingung. Ivan Cooke, der Verfasser vorliegenden Buches, wurde ebenfalls an einem 22. Mai geboren. Es könnte von Bedeutung sein! Und nicht zuletzt war es der siebenundzwanzigste Tag des Monats, an dem die Arbeit und die Botschaften Conan Doyles begannen, das heißt, drei mal drei gleich neun, drei mal neun gleich siebenundzwanzig.

Sir Arthur, den wir fortan ACD nennen werden, gab seine erste Botschaft am 27. Januar 1931 durch. Es sollte der Beginn einer langen Reihe von Botschaften sein, in denen er den Spiritualismus völlig neu formulierte. Er erklärte ganz eindeutig, daß der Tod und ein Weiterleben (und die gelegentliche Kommunikation zwischen beiden Welten) als eine normale und natürliche Erfahrung betrachtet werden können und ebenso zum menschlichen Leben gehören, wie die Liebe zwischen Mann und Frau und die Geburt eines Kindes. Diejenigen, die seine Botschaft aufmerksam lesen, sollten die Angst vor dem Tode verlieren.

Einige Tage nach ACDs Heimgang hielten die Spiritualisten in der Albert Hall eine Gedenkfeier für ihr Oberhaupt ab. Mehrere hundert Leute mußte man abweisen. Es wäre interessant zu wissen, wieviele der Tausenden, die sich dort eingefunden hatten, um ihre aufrichtige Trauer und ihre Ehrerbietung für seinen Dienst an ihrer Sache zu bekunden, von einem Weiterleben überzeugt waren. Es mag wohl die Hälfte der Anwesenden gewesen sein, so stark hatte ACD sich für den Spiritualismus eingesetzt. Um diese Zeit trafen sich mehrere Führer der Bewegung, um Vorschläge einer Würdigung der Arbeit ACDs zu besprechen. Es stand eine Million Shilling zur Verfügung, und man sah keinerlei Schranken zur Durchführung. Was tatsächlich geschaffen wurde, darauf wollen wir später eingehen.

Zehn Tage nach ACDs Tod stattete Minesta seinem Heim in Crowborough ihren ersten Besuch ab. Lady Conan Doyle und die Familie hießen sie willkommen. Kurz nach dem physischen Tode kann die Seele der Person leicht von einem hellsichtigen Menschen wahrgenommen werden. Das traf im Falle von ACD zu. Er gesellte sich zur Familie, um Minesta zu begrüßen, konnte aber nur von ihr gesehen werden. An jenem Abend sprach er zu allen durch Minesta. Doch es war nicht so sehr er, der das Medium beherrschte, sondern mehr White Eagle, der als sein Sprecher wirkte. Die Botschaft war persönlichen Inhalts und detailliert. Die Freude der Wiedervereinigung, die die Familie empfand, konnte von keinem der Anwesenden bezweifelt werden.

Jemand, der sich in diesen Dingen noch nicht auskennt, mag die Frage stellen, wie ein »toter« Mann zu seiner Familie sprechen kann. Es handelt sich dabei um einen ganz normalen Vorgang, der aber nur möglich ist, wenn Medium und geistiger Führer eng zusammenarbeiten, was langer Schulung und ständiger Übung bedarf. Die Kommunikation zwischen White Eagle und seinem Medium geschieht in zweierlei Form. Entweder tritt er sehr nahe an sie heran und bringt sie unter einen starken Gedanken- oder Eingebungsstrahl, damit sie die Botschaft, die er durchzugeben wünscht, sprechen wird. Oder aber, er bringt den Körper unter seine Kontrolle, sodaß das Medium in eine Art kindlichen Schlummer verfällt. In diesem Zustand der Trance weiß sie nicht, was sie sagt und erinnert sich später auch nicht mehr an das Gesagte. Dann ist es White Eagle, der durch sie spricht. Ihre Stimme verändert sich, die Tonlage wird tiefer. Sie spricht mit einem leichten Akzent. Vortragsweise und Wahl der Worte sind anders. Geist und Persönlichkeit des Sprechers treten stark hervor. Selbst ihre Gesichtszüge verändern sich; Minestas Persönlichkeit verblaßt völlig.

Aus diesem Trance-Zustand erwacht sie ebenso natürlich, wie aus dem Schlaf. Meistens weiß sie nichts mehr von dem Geschehen. Wenn sie kurz danach eine Aufzeichnung des Gesprochenen liest, huscht ein schwaches Zeichen der Erinnerung über ihre Züge, so als habe sie sich im Wachzustand an einen Traum erinnert. Das ist alles.

Manchmal tritt White Eagle zurück und läßt jemanden anderen durch sein Medium sprechen. Meistens jedoch gibt er die Botschaften selbst durch. Er spielte also eine wesentliche Rolle bei der Vermittlung der ersten Botschaften von ACD an seine Familie. Sie wirkten dadurch nicht weniger überzeugend, denn sie trugen nicht nur persönliche Züge, sondern es kam auch etwas von der Verhaltens- und Ausdrucksweise des Übermittlers durch, was um so mehr als Beweis galt, da Minesta ACD zu dessen Lebzeiten niemals begegnet war.

Zwischen Minesta und Lady Conan Doyle entwickelte sich daraufhin ein, wenn auch unregelmäßiger, Briefverkehr. Sir Arthur wollte offensichtlich die Geschehnisse in seinem Hause im Auge behalten. Seine liebevollen Botschaften an die Familie enthielten so manche Ratschläge und Mahnungen. Lady Conan Doyles Briefe zeigen, wie sehr diese verstanden und geschätzt wurden.[23]

Doch Minesta war nicht recht zufrieden. Sie konnte sich des Gefühls nicht erwehren, daß trotz ihrer detaillierten Genauigkeit den Botschaften der Schwung und die Kraft fehlten, die man von jemandem wie ACD erwartet hätte. Wahrscheinlich fiel es nur Minesta auf. Unterdessen traf sich ein stellvertretendes Komitee der Spiritualistischen Bewegung, um die Bittschrift zu erörtern. Nach Wochen der Debatte, in denen die öffentliche Begeisterung abflaute, geriet man mehr oder weniger in eine Sackgasse.

Zu dieser Zeit verbrachte Minesta einige Tage im Ferienhaus der Familie Conan Doyle in Bignell Wood in New Forest. Während dieses Besuches äußerte sich ACD recht energisch zu dem geplanten Vorhaben und drängte, daß man sich an die Arbeit machen sollte. Dann benannte er die Komitee-Mitglieder. Dazu gehörte auch W.R. Bradbrook aus Ipswich, der zum ehrenamtlichen Sekretär ernannt wurde. Trotz dessen Enthusiasmus und Einsatzes gab es viele Schwierigkeiten, die ein Vorwärtskommen behinderten. Erst am Armistice Day 1930 wurde der Aufruf erlassen. Bei der spiritualistischen Erinnerungsfeier in der Albert Hall lag auf jedem Sitz eine Kopie. Ein Jahr zuvor hatte sich ACD mit letzter Kraft dorthin geschleppt, um der Öffentlichkeit sozusagen seine letzte Botschaft zu vermitteln.

Und das Ergebnis? In mehreren Ländern erschienen Aufrufe in insgesamt sechsundzwanzig parapsychologischen Zeitschriften und weitere vierzigtausend in Zeitschriften, für die ACD häufig geschrieben hatte. Einige hundert Bittbriefe wurden an »Schlüssel«-Personen gesandt und mehrere hundert Spiritualisten-Kirchen Britanniens angesprochen. Sechzehn Monate später stand man bei zweitausend Pfund, zu der eine anonyme Spende von mehreren hundert Pfund zählte. Das bedeutete, daß die Geldmittel nicht ausreichten, um die im Aufruf angekündigten Ziele zu erreichen. Das Unternehmen war fehlgeschlagen. Man darf natürlich nicht vergessen, daß nicht nur eine zu lange Zeitspanne zwischen Sir Arthurs Tod und dem Aufruf lag und sich die Begeisterung gelegt hatte, sondern daß viele Menschen in jenem Jahr von der Wirtschaftskrise heimgesucht wurden. Doch obwohl diese Faktoren zu der spärlichen Reaktion beigetragen haben mögen, bedauerten die meisten in der Bewegung diesen Ausgang und fühlten sich ein wenig beschämt, vor allem in Anbetracht der Tatsache, daß Sir Arthur selbst Unsummen für die Förderung der gemeinsamen Sache ausgegeben hatte. [24]

Bisweilen vermag ein Medium in die Zukunft zu blicken. In Minestas Fall schien diese Fähigkeit dem Zweck zu dienen, ihren Geist oder ihre Empfänglichkeit auf das, was auf sie zukommen würde, vorzubereiten. Einige Beispiele, die dem Buch THY KINGDOM COME entnommen worden sind, mögen diese Gabe und ihre Wirkung verdeutlichen. Die zitierten Worte stammen von White Eagle oder aber von Minesta selbst. Am Morgen des Todestages von ACD hörte eine Freundin seiner Tochter Mary, »daß das Fundament des Buchladens zerfalle« (gemeint war der parapsychologische Buchladen in Westminster). Sie wußte nichts von der schweren Erkrankung ACDs. Erst einige Stunden später, als sie von seinem Tode erfuhr, erkannte sie die Bedeutung. Man könnte sogar sagen, das Fundament des Spiritualismus selbst zerbröckelte, so schwer hatte der Tod von ACD die Bewegung getroffen. Sein Verlust hatte einen traurigen Zerfall zur Folge.

Minestas Geist war sorgfältig auf die Ankunft des Boten aus Frankreich vorbereitet worden. Sie wurde auch über die Existenz der Weisen im Fernen Osten in Kenntnis gesetzt, die White Eagle gewöhnlich als die Bruderschaft bezeichnete. Die folgende Botschaft, die Bradbrook aufzeichnete, wurde am 7. Oktober 1930 von White Eagle übermittelt:

> »Ich möchte erneut betonen, daß die in seinem Andenken durchgeführte Arbeit darauf basieren muß, seinen Namen (den von ACD) zu tragen. Damit soll nicht seine Person gefördert werden, sondern sein Leben, das er der Einführung von Wahrheit und Gerechtigkeit widmete. So wird nach dem Tode des Körpers sein Name den Brüdern die nötige Kraft geben, um einen geistigen Tempel auf Erden zu erbauen. Es scheint sich soviel um einen Namen zu drehen, doch er dient nur einem Zweck. Auch er wirft sich mit Freude und Begeisterung in diese Arbeit, denn er durfte die Zukunft schauen – eine Neugeburt der Erde, eine Offenbarung der Wahrheit.
>
> Und so ist die große Weiße Bruderschaft am Werk. Ihr werdet sehen, Brüder, daß ihre Organisation auch Menschen in anderen Teilen der Erde erreicht hat. *Ihr werdet eine Gesellschaft in Frankreich kontaktieren, die euch stark unterstützen wird.*«

Diese Worte wurden etwa vier Monate vor dem 27. Januar 1931 gesprochen, dem Tag, an dem Minesta dem Boten begegnete. Der Januar ist ein bedeutsamer Monat, da die Kräfte des Todes und der Verneinung mit dem alten Jahr zu Ende gehen und sich mit dem neuen Jahr die Kräfte des Lebens oder der Schöpfung erheben. Am Tage des »Meisters« jenes neuen Jahres begann also die Arbeit. Die Schwingung neun-neun-neun wird gewöhnlich als die eines Meisters betrachtet.

Am 9. Januar 1931 äußerte sich White Eagle einer Gruppe von vier Freunden gegenüber: »Ich bin beauftragt worden, euch erneut zu sagen, daß der Helfer nahe ist.«

Etwa zehn Tage später wurde Minesta gebeten, im Namen von Lady Conan Doyle und ihrer Familie eine besondere Begegnung mit einem Monsieur Zam Bhotiva zu planen. Dieser war einzig und allein angereist, um mit Sir Arthur in Berührung zu kommen. Das Treffen fand am 27. Januar in der Stead Library in Westminster statt. Die Umstände gestalteten sich nicht so gut wie erhofft. Es herrschte eine gewisse Spannung, die möglicherweise auf die große Zahl der Anwesenden oder aber auf die starke Kraft zurückzuführen war, die sich auf die Gruppe zu konzentrieren schien. Minesta betrat den Raum, durchquerte ihn und setzte sich nieder. Sofort erhob sich Bhotiva und ging zu ihr hinüber. (Beide hatten sich zuvor noch nie gesehen) Er sprach: »Ja, ich kenne Dich. Wir haben zusammen gearbeitet, vor langer, langer Zeit, in einem früheren Leben im alten Ägypten. Schau, ich habe Dir diesen kleinen Stern gebracht. Die Weisen haben ihn Dir geschickt, damit Du ihn trägst.« Er befestigte ihn an ihr Gewand, machte eine segnende, schützende Handbewegung und kehrte zu seinem Platz zurück.

Kapitel 6

Der neun-neun-neun Tag und sein Ergebnis

»Die Arbeit war da, und die Arbeit mußte verrichtet werden; wenn nicht ich, dann jemand mit größeren Kräften. Mein eigenes Vermögen war nur schwach. Doch wenn unsterbliche Kräfte hinter dir stehen, dann zählt die Persönlichkeit nicht.«

Arthur Conan Doyle, Our American Adventure

Zunächst mag wohl die Frage von Interesse sein, wer dieser Bote eigentlich war. Es ist schwierig, ihn zu beschreiben. Jemand, der sich mit ihm während der Hauptverkehrszeit an einer Londoner U-Bahnstation traf, bemerkte, daß er aus der Menge herausragte, wie ein »Adler unter Tauben«. Das trifft zu, doch warum, das läßt sich kaum erklären. Er war nicht sehr groß, in seinen Vierzigern, hatte dichtes schwarzes Haar, dunkle, durchdringende Augen und markante Gesichtszüge, die einen sanften, fast Christus ähnlichen Ausdruck annehmen konnten. Verärgerte man ihn aber, dann blickte er wirklich schrecklich drein. Sein Englisch war recht unklar, und es bedurfte einiger Anstrengung, ihm zu folgen. Doch er verfügte über eine solche Kraft, daß er die Bedeutung stets zu übermitteln vermochte, eine Bedeutung, die es immer wert war beachtet zu werden.

Alles in allem handelte es sich um einen geheimnisvollen Mann. Er war Italiener und zusammen mit dem »Mage« einer der Begründer der Polaires. Er empfand eine tiefe Liebe und großen Respekt für sein Oberhaupt, den Rosenkreuz-Ritter im Osten. Er widmete sein Leben der Sache seines Oberen und der Polaires. White Eagle brachte er eine fast gleiche Ehrerbietung entgegen. Er schien schon früh dessen Weisheit und Kraft der Liebe erkannt zu haben, was sich in späteren Jahren einer großen Anzahl von Menschen offenbarte. Während der Conan Doyle-Arbeit kam Monsieur Bhotiva recht häufig von Frankreich nach London, ohne seinen Besuch vorher anzukündigen. Minesta aber spürte fast jedesmal seine Ankunft. Sie konnte sogar, wie sie sagte, die spezielle Zigarettenmarke »riechen«, die er rauchte.

Was brachte ihn überhaupt nach England? An dieser Stelle müssen wir uns einer Botschaft des Meisters zuwenden, die im Polaire *Bulletin* erschien:

»Bruder Conan Doyle ist uns (den »Weisen«) erschienen und gab uns zu verstehen, daß er sich unter anderem für die Gruppe der Polaires interessiert. Er hat seinen Freunden versprochen, handfeste Beweise für ein Weiterleben nach dem Tode zu liefern. Heute bestätigte er durch das Medium des »Weisen Ritters« (Chevalier Rose-Croix), daß er sich an sein Versprechen halten wird.

In seinem wunderbaren Schottland wartet der Geist des Sir Arthur auf die Begegnung der roten und violetten Strahlen, was es ihm ermöglichen wird, sich seinen Freunden zu offenbaren und zu ihnen zu sprechen. Wir benachrichtigen jene, die während der Séance einen dunkelroten Strahl verwenden werden. Das Medium muß einen sechsstrahligen Stern tragen, der ihr die nötige Kraft geben wird.«

Als Minesta diese Worte las, bat sie natürlich um eine Erklärung. Bhotiva erwiderte ihr, daß es seine Aufgabe sei, Sir Arthur zu unterstützen, seine Botschaft und den Beweis seiner Identität der Welt zu übermitteln. Bevor dieser aber mit Kenntnis und Autorität zu sprechen vermöchte, müßte ihm ein umfassender Bereich der himmlischen Welt gezeigt werden, oder er hätte diesen sogar zu durchwandern. Wenn der Durchschnittsmensch stirbt, verbleibt seine Seele für eine lange Zeit in der Astralwelt, eine Welt, die der hiesigen sehr nahe ist. Obwohl sie aus feinerem Stoff besteht, ist sie immer noch »materiell«.

Die Seele von ACD unterschied sich insofern von den meisten Seelen, als sie sich unter bestimmten »Erdstrahlen« von großer Kraft und Bedeutung inkarniert hatte. Einer solchen Seele stand kein einfaches Schicksal bevor, wenn sie sich erst einmal durchgesetzt hatte. Die »fesselnde« Kraft dieser Strahlen blieb bei seinem Tod ungebrochen. Nach Anweisung der Weisen war es daher wichtig, daß Minesta und Sir Arthurs Familie nach Edinburgh (dem Geburtsort von ACD) reisten, um dort am 22. Mai, dem Tag seiner Geburt, ein spezielles Treffen abzuhalten. Durch die Konjunktion der roten und violetten Strahlen, die jenen zur Zeit und am Ort seiner Geburt entsprachen, konnte ACDs Seele von ihren astralen Begrenzungen freigesetzt werden.

Bhotiva fuhr fort:

»Wir in Frankreich kannten Sir Arthur. Er liebte unser Land und unsere Leute. Auch wir wissen, welcher Mann er ist. Die Polaires nennen ihn den »Großen Bruder«, unseren großen Bruder. Doch, wie groß, stark und gut ein Mensch auch sein mag, seinem Schicksal kann er nicht entgehen. Denkt daran, nicht einmal Christus vermochte dem Kreuz zu entfliehen.«

Minesta dachte lange über diese Dinge und über die Tatsache nach, daß Sir Arthur, laut Bhotiva, ernsthaft wünschte, den Spiritualismus neu zu formulieren. Außerdem wollte er zahlreiche Glaubenssätze, zu denen er sich früher bekannt hatte, im Lichte seiner eigenen Erfahrung nach dem Tode korrigieren. Minesta begann zu erkennen, daß ihre Verbindung zu seiner Familie sowie der Kontakt der Polaires und ihres Boten mit dem Weisen Ritter (Chevalier Rose-Croix) auf den inneren Ebenen nur der Beginn einer wichtigen zukünftigen Aufgabe war.

Es muß hervorgehoben werden, daß die Gespräche mit Zam Bhotiva *nach* dem Treffen vom 27. Januar in der Stead Library, wo er Minesta zum ersten Male begegnete, stattfanden.

Die Gruppe wartete, bis das weiße Licht in der kleinen Kapelle aus- und das rubinfarbene eingeschaltet worden war. Die nun folgende Stunde bleibt unvergessen. Zu meiner Rechten saß das Medium, links von mir Estelle Stead. Der rote Schein fiel auf die ernsthaften und ehrfurchtsvollen Gesichter im Kreis, als sich White Eagle erhob. Einige können ohne hellsichtig oder hellhörig zu sein, die wunderbare Transformation und Würde, die sein Medium überkommt, die gleichmäßig tiefe Stimme, mit der White Eagle spricht und seine Sanftmut und Menschlichkeit wahrnehmen.

Im Polaire *Bulletin* beschrieb Bhotiva den Vorgang folgendermaßen:

»Es handelte sich um ein streng privates Treffen. Das Medium war eine den englischen Spiritualisten wohlbekannte Grace Cooke. Sie trug einen Silberstern, das Symbol unserer Bruderschaft, und der Raum war in tiefrotes Licht getaucht.

Das Medium verfiel fast augenblicklich in einen tiefen Trancezustand. Sie erhob sich, durchquerte den Raum und begann mit männlicher Stimme, die einige der Anwesenden als die ihres Führers White Eagle erkannten, eine lange Unterhaltung mit Lady Conan Doyle und deren Söhnen. Sir Arthur sprach durch White Eagle. (In solchen Fällen spricht der Führer im Namen irgendeines anderen Geistes.) Wir werden jene sehr persönliche Unterhaltung nicht wiedergeben. Nach etwa einer Stunde erhob sich das Medium und ging energischen Schrittes und mit geschlossenen Augen auf Zam Bhotiva zu (Z.B. schreibt über sich selbst in der dritten Person) und sagt: »Hier ist ein Herr, den ich nicht in einem Erdenleben gekannt habe, mit dem ich aber jetzt im Hinblick auf eine gemeinsame Aufgabe verbunden bin.«

Erfreut und in männlicher Art, reichte das Medium dem Bruder die Hand: »Ich bin froh, dich zu treffen«, klang es durch den kleinen Raum. Dann fand eine lange, in leiser Tonlage geführte Unterhaltung zwischen dem »Toten« und dem »Lebenden« statt. Conan Doyle stellte sich Zam Bhotiva als »Bruder« vor und sprach, sich wieder an die Anwesenden wendend, von den Polaires als »einer Gruppe, die dazu bestimmt ist, die Zukunft der Welt mitzugestalten … denn die Zeit ist nahe.« Dann wandte er sich an Zam Bhotiva und sprach: »In sieben Tagen muß ich mit dir alleine sprechen. Ich habe Wichtiges mitzuteilen. Die Arbeit, der ich keine Grenze setzen kann, beginnt.«

Ein Mann, den die Welt für »tot« erklärt hatte, traf eine Verabredung mit Zam Bhotiva.«

Als Minesta an jenem Abend nach Hause zurückkehrte, fühlte sie sich wegen des ungewöhnlichen Geschehens leicht beunruhigt. Daraufhin gab ihr White Eagle folgende Anweisung: »Dieser Mann (Zam Bhotiva) hat eine wesentliche Rolle zu spielen. Er ist unser Diener. Es wird nichts Schlimmes geschehen, wenn du dich für unsere Arbeit hingibst. Die Verbindung wird sehr ergebnisreich sein. Die Auswirkungen werden weitreichend sein und die Zweifel vieler zerstreuen, die nicht an ein geistiges Leben glauben können.

Es gibt viele gegensätzliche Einflüsse … dieser Mann ist glaubwürdig und wird dir nicht schaden … *Dieser Bote wurde auf Anweisung aus Tibet gesandt, und (der, der die Botschaft sandte,) er kennt dich von dorther.«*

Der folgende Bericht vom zweiten Treffen mit dem Boten, sechs Tage später, stammt ebenfalls aus dem Polaire *Bulletin.* Die Gruppe bestand aus vier Personen.

»Der Führer des Mediums übernimmt wieder die Kontrolle, und dieselbe männliche Stimme kommt von seinen Lippen. Der Raum liegt in tiefrotem Licht, und das Medium trägt den sechsstrahligen Stern.

White Eagle: »Ich spreche nun von Nobleheart, wie ich ihn früher nannte, und den ihr unter dem Namen Arthur Conan Doyle kennt. Er erkennt nun, daß sein Heimgang einem größeren Zweck diente, als der gewöhnliche Verstand zu erfassen vermag. Er soll der Erde neue Wahrheiten und neues Licht bringen. Er wurde mit seinem Bruder in Paris (Z.B.) in Verbindung gebracht … damit er ein Medium finden sollte, durch das Nobelheart sprechen konnte. Conan Doyle streckt dir (Z.B.) seine Hand in brüderlicher Liebe entgegen. Er ist bereit, deiner Bruderschaft zu helfen. Sein Name besitzt Kraft; wenn es eine Kraft zum Guten ist, bediene dich ihrer und verwende sie zum Guten.««

Dann heißt es weiter: »Ein anderes Wesen (Übermittler) nimmt den Platz von White Eagle ein. Die Stimme wechselt. (Z.B. glaubte wohl, daß es sich nun um keinen anderen als den Chevalier Sage handelte, zögerte aber, es auszusprechen. »Conan Doyle und der Weise Ritter in Harmonie, in Harmonie und brüderlicher Liebe. Conan Doyle ist ein großer Geist und nun befreit vom Fleische, um in allen Lebensebenen zu dienen. Legt die Persönlichkeit beiseite, wenn ihr Verbindung zum Geist aufnehmen wollt. Nur in der unpersönlichen, geistigen Kraft könnt ihr göttliche Inspiration für eure Arbeit empfangen. Der persönliche Aspekt muß göttlich werden.

Der Stern erhebt sich im Osten; er ist das Zeichen des Polaire, das Zeichen der beiden Dreiecke!«

Im weiteren Verlauf der Durchgabe wurden Einzelheiten über die »Jahre des Feuers« oder der Katastrophen, die die Menschheit befallen würden, übermittelt sowie ein Aufruf zur Freundschaft zwischen Frankreich und England, denn »die Verbindung ist nun geknüpft«.

Weiter heißt es im Bericht von Z.B.: »Wir nehmen keine Stellung zu diesen Séancen. Die Polaires berufen sich auf kein Dogma, sondern respektieren die Glaubensrichtungen und Grundsätze aller Menschen. Wir haben die beiden ersten Treffen so getreulich wie möglich zusammengefaßt und wiedergegeben. Wir können nur sagen, daß laut Mitteilung der »Weisen«, die wir durch das Oracle Force Astrale empfangen haben, Sir Arthur zu uns durch die Vermittlung von White Eagle gesprochen hat.

Was diese Treffen anbelangt, so wußten weder das Medium noch die Anwesenden (abgesehen von Z.B. selbst natürlich) irgend etwas über die Polaire Gesellschaft selbst, noch was sie in London suchte. Wir gingen nach London, um ganz bestimmte Beweise zu erhalten und trafen alle Vorsichtsmaßnahmen, diesen Beweis sicherzustellen. Die Weisen ließen uns zudem wissen, daß uns das Medium am Schluß unserer zweiten Séance den unmittelbaren Beweis für die Verbindung zu unseren Oberen geben werde. Als sie aus der Trance erwachte, erzählte sie Bhotiva von einem hochragenden Berg und einem Mann mit leuchtendem dunkelhäutigem Antlitz und großen dunklen Augen, der ihr einen sechsstrahligen Stern entgegenhielt. Das war der Beweis, auf den wir warteten.«

Hier endet der Bericht im Polaire *Bulletin*. White Eagle hatte über Dinge gesprochen, von denen weder das Medium noch ihr Mann, der die beiden Treffen aufgezeichnet hatte, etwas wußten.

Was sie jedoch noch mehr überraschte, war die Tatsache, daß sie, ohne es zu wissen, unter den Strahl oder die Projektion einer speziellen Polaire Gruppe in Paris gebracht worden waren, die ACDs Mission unterstützen sollte. Monatelang traf sich diese Gruppe in bestimmten Abständen, um einen Strahl auszusenden, der sowohl Sir Arthur als auch sein Medium erleuchten sollte.

Eines muß man jedoch beachten, ihre Oberen verboten den Polaires, bei ihrer Arbeit den freien Willen des Menschen zu zwingen oder zu beherrschen. Es war ihnen nicht erlaubt, irgend jemanden zu beherrschen, zu drängen oder zu beeinflussen oder eine bestimmte Verhaltensweise, so bewundernswert sie in den Augen anderer Leute auch sein mochte, anzunehmen. Eine Seele zu erleuchten – denn diese Bruderschaft arbeitete mit ihrer eigenen

Seelenkraft und nicht mit Verstand oder Körper – und ihr so zu helfen, das Licht im Innern zu erkennen und ihm zu folgen, war weiße Magie. Der Versuch, die Willenskraft dieser Seele in irgendeiner Weise zu beherrschen, stellte eine Form schwarzer Magie dar, was furchtbare Konsequenzen für das gegenwärtige und das nächste Leben in sich barg. Es wurde keine Mühe gescheut, jedem Polaire diesen Sachverhalt kristallklar darzulegen.

Nur die Empfänger dieses erleuchtenden Strahls können seine Richtigkeit und seine Kraft bezeugen. Minesta und ihr Mann befanden sich in einer besonders günstigen Lage. Sie trugen jetzt beide den kleinen Polaire Stern, der einen Verbindungspunkt schuf. Beide vermochten sie den Polaire Strahl aufzunehmen. Ihre Reaktion läßt sich nur schwerlich beschreiben. Wir alle haben schon einmal gesehen, wie ein Schauspieler auf verdunkelter Bühne vom Scheinwerfer herausgestellt wird. So etwa fühlten sich die beiden. Sie waren berufen worden. Es erreichte sie etwas, das sie in den folgenden Wochen und Monaten berührte und sie stark unterstützte.

Kapitel 7

»Wunderbarer als alles, was er sich jemals vorgestellt hatte«

Nach der Sitzung, am 2. Februar, wurde es klar, daß bis zum darauffolgenden 22. Mai kaum noch etwas für diese Seele getan werden konnte, die (nach White Eagle) bei ihrer Geburt von den Erdstrahlen »gefangengenommen« worden war. Der Missionar konnte seine Aufgabe noch nicht beginnen. Die kleine Gruppe Auserwählter, die seine Botschaft empfangen sollte, wurde durch den Strahl des Weisen Ritters eingeschwungen, den die Pariser Polaire Gruppe als Projektion weiterleitete. Sie war sich dieses Strahls stets bewußt. Er verknüpfte sie in Zuneigung und Sympathie mit ACD und stellte ein Band der Ehrfurcht und Hingabe zu dem Weisen Ritter her.

Als nächstes folgte in einem kleinen Raum im Obergeschoß von Minestas Haus, der als Kapelle ausgestattet worden war, eine Serie vorbereitender Sitzungen. Im folgenden wird die Botschaft (THY KINGDOM COME entnommen) wiedergegeben, die White Eagle bei der ersten Sitzung, am 20. Februar 1931, in Anwesenheit von Bhotiva gab. Wie die übrigen, ist sie geringfügig abgekürzt.

Zunächst sprach White Eagle:

»Es trifft zu; die Zeit muß ablaufen, bevor ACD die für ihn bestimmte Aufgabe erfüllen kann. Doch der Tag, an dem die beiden Kräfte, die roten und violetten Strahlen (zum Zeitpunkt und am Ort seiner Geburt) sich treffen werden, dämmert herauf. Ihr werdet Arthur lieben. Er möchte euch wissen lassen, daß er darauf wartet, seine gesamte Kraft und seinen Dienst für die Arbeit einzusetzen, die ihm gezeigt wurde ... Es gibt einen sehr großen strahlenden Stern hier, einen sechsstrahligen Stern, und ein großes weißes »Haus« im Osten, aus dem ein großes weißes Licht leuchtet – in diesen Raum leuchtet. Ich sehe eine Schrift – ich vergaß, euch davon zu berichten. Es gibt etwas, das in ein Buch einfließen soll, nicht nur in Englisch, sondern auch in Französisch. Ihr sollt etwas in ein Buch schreiben, das von dem Weisen Ritter stammt. Brighteyes weiß davon nichts.« Damals dachten wir natürlich noch nicht an ein Buch.

Dieser Auszug aus der nächsten Aufzeichnung wurde ebenfalls THY KINGDOM COME entnommen:

»Einige Stunden in jenem kleinen Raum sind so seltsam und wunderbar gewesen, daß sie unauslöschlich im Bewußtsein haften bleiben. Während ich wieder schreibe, fällt der Schein der roten Lampe auf die wohlwollende Gegenwart von Lady Conan Doyle und auf Denis Conan Doyle, kräftig wie sein Vater, aber sein Erscheinungsbild so »südländisch« dunkel, wie das seines Vaters nordisch hell war.

Neben mir sitzt das Medium mit geschlossenen Augen und in tiefer Trance, sehr weiblich für das Auge, doch wenn man wegblickt, vergißt man ihre Weiblichkeit. Wie wunderbar diese Handbewegungen! Sagt man nicht von den Indianern, daß sie ihre Rede so fein durch Handbewegungen unterstreichen, daß man ohne große Kenntnis ihrer Sprache zu folgen vermag? Der geistige Führer weist auf die Bedeutung seiner Worte so anmutig und natürlich hin, wie ein junger Baum sich im Sommerwind neigt.

Er betet zum »Großen Weißen Geist«, dem Urquell, und bittet um Seinen Segen und Seine Gegenwart in unserer Mitte. Dann fährt er fort:

»White Eagle grüßt alle seine Freunde. Er wirkt jetzt *nur* als Sprecher jener, die hier erscheinen, um zu dienen. Die Zahl Sechs wird gegeben, nun kommt die Weiße Wesenheit, der Weise Ritter – er will eine Botschaft übermitteln. Er grüßt dich, mein Sohn (Bhotiva). Du kennst ihn. Er bringt Bruder Nobleheart. Durch White Eagle läßt er jene, die die wunderbare Seele und Persönlichkeit von ACD lieben, wissen, daß er ihm und euch zu dienen bereit ist, meine Freunde. Ich bin der Diener des Weisen Ritters.

Er läßt euch wissen, daß ACD größer ist, als ihr erkannt habt, und eine noch größere Aufgabe zu erfüllen hat. Ihr müßt mehr über seinen genauen Aufenthalt in den geistigen Reichen erfahren. Auch wir lieben ihn und sind ihm zugetan.

Seine bevorstehende Mission übersteigt alles, was er jemals erreicht hat. Er ruft euch, ihr Lieben, auf, ihn in diesem Dienst zu unterstützen.

Er liebt den Spiritualismus, denn sein einziger Wunsch bestand darin, die Leidenden und am Leben Zerbrochenen zu trösten. Deshalb bereiste er die Welt und brachte den Hilflosen Trost und Hoffnung. Befreit vom physischen Körper und dennoch durch bestimmte astrale Gegebenheiten gebunden, verlangt es ihn immer noch, vorwärtszudrängen.

Seiner geliebten Familie übermittelt er seine tiefe und aufrichtige Liebe!

Er wird durch einen reinen Kanal wirken. Er will entgegenwirkende Einflüsse verhindern – sein Wille wird stark sein! Sobald Sir Arthur im Vollbesitz seiner Kräfte ist, wird niemand mehr zweifeln, niemand. Denn er ist kein kleiner Geist und wird sich nur durch den reinsten Kanal offenbaren. Das ist keine persönliche Sache, sondern eine universale.

Wir wiederholen, eine große Traurigkeit wird die Menschheit heimsuchen. Die Menschheit steuert einer Katastrophe entgegen. Ebenso wie dieser

Mann die Wahrheit erkannte, als die Erde am meisten der Hilfe bedurfte[25], bereitet er sich nun darauf vor, der Menschheit eine klare Darstellung des Lebens nach dem Tode zu geben.

Die späteren Jahre seines Lebens verbrachte er damit, die Menschen aus irdischer Sichtweise zu belehren. Nun wird er aus der Erfahrung des geistigen Lebens sprechen. Alle eure Zweifel werden sich verlieren. Ihr werdet einmal verstehen, warum es Schwierigkeiten und Widersprüche gegeben hat. Die Offenbarung wird kommen, seid also vorbereitet. Lebt eure Tage still in seinem Sinne, und alles wird deutlich werden.

Der Weise Ritter, jener in dem strahlenden Gewand, zeigt uns den Stern mit den sechs Zacken. Er spricht von Zahlen ... drei-sechs-neun. Er zeigt das rote Kreuz und das Herz der Rose (Symbol der Rosenkreuzer) und sagt: »*Laßt euer Licht so vor den Menschen erstrahlen!* Oh, es ist das Wunderbarste, das jemals heraufdämmerte, dieses Licht! Der Erhabene selbst wird in einem Körper zu euch kommen, Brüder und Schwestern ... eines Tages.

Arthur ist in engem Kontakt mit jenen gewesen, die er liebt ... eine gegenseitige Liebe. Er steht nun einem anderen geistigen Verständnis gegenüber. Ihm werden herrliche Offenbarungen zuteil, weit wunderbarer als alles, was er sich bisher vorstellen konnte oder begreifen durfte. Werdet ihr versuchen, diese *universalen* Gegebenheiten geistigen Lebens zu erfassen?

Es ist so einfach; jeder vermag es zu verstehen, doch es läßt sich nur schwerlich in Worte kleiden. Es wird keine Offenbarung aus irgendeiner siebten Sphäre kommen, sondern das Rechte in der Menschenseele erwachen, was ihn keineswegs von seinen Lieben trennt, sondern enger mit ihnen verbindet.

Ihr müßt die Kraft, die euch umgebende Liebe, die Wahrheit und Aufrichtigkeit, die hinter dieser Aufgabe stehen, erkennen. Man hat euch von gewaltigen Dingen erzählt. Doch sie bringen kaum die Vernichtung zum Ausdruck, die die Welt treffen wird. An diesem Punkt werden Arthurs Botschaften einsetzen. Die Zeit ist noch nicht reif dazu, aber zur gegebenen Zeit werden sie alle Zweifel beseitigen.«

(*Zu Bhotiva*) »Du hast eine Nachricht aus deiner Quelle erhalten, die Bruder Arthur betrifft. Warte ... Du weißt, daß er mit den Erhabenen in Verbindung steht. Du weißt, daß er darauf wartet, mit Hilfe seiner Freunde die Fähigkeit zu erlangen, jenen klaren Bericht über das Leben nach dem Tode zu geben. Zu diesem Zwecke mußt du jedoch ein besonderes Treffen abhalten. Denke daran, es muß an einem »zwei-zwei« Tag sein (zweiundzwanzigster Tag des Monats), da sein Geist vor langer Zeit an einem »zwei-zwei« Tag von der Erde gefangen worden ist. Vergleichbar mit einem Vogel, muß er an einem »zwei-zwei« Tag wieder freigesetzt werden. Bis jetzt vermochte er nur wenig durchzugeben. Doch alles Weitere wird von einer Fülle und Kraft sein, die eure Herzen jubeln lassen wird.«

(*Wieder an Bhotiva gewandt*): »Ich zeige dir ein Symbol … nun möchte ich auf die Vier aufbauen. Ich baue auf ein Viereck … was die versprochene Offenbarung anbelangt. Diese Arbeit wird sich nicht nur mit dem Leben nach dem Tode befassen, sondern auch mit dem Kommen des Christus-Geistes. Die Denkungsweise wird sich eindeutig ändern und die »Religion«, wie ihr es auf Erden nennt, einen Auftrieb erfahren. Es wird zu einer geistigen Wiederbelebung des Denkens und der Literatur kommen. Eines Tages wird die Regierung des Menschen vom Geiste gelenkt werden. Der Schleier, der euch einhüllt, wird zerreißen. Das heraufdämmernde Licht wird Männer und Frauen die Dinge anders sehen lassen, wahrer.

Das genügt.

Denkt gut darüber nach. Ich kann euch die Bedeutung der heute Abend gesprochenen Worte nicht nahe genug legen.«

Den Freimaurern mag der Gedanke, auf einem Quadrat zu bauen, geläufig sein. Alle Anwesenden (einschließlich Minesta und Silver Star) waren Freimaurer, ebenso ACD. Die Gruppe beschloß schließlich, daß vier Mitglieder die ideale Anzahl ausmachten, wobei Angehörige der Conan Doyle Familie und Zam Bhotiva nur als gelegentliche Besucher auftraten.

Ein bezeichnender Vorfall soll in diesem Kapitel noch erwähnt werden. Im April 1931 wurde im Londoner *News Chronicle* das Photo einer Lichtbildplatte mit einer Botschaft in Sir Arthurs unverkennbarer Handschrift veröffentlicht, die er selbst unterzeichnet hatte.

Sie lautete:

> »Meine Lieben! Ich habe mich so sehr darauf gefreut, aber ich kann den Kontakt nicht so aufnehmen, wie ich sollte. Darin liegt meine Schwierigkeit. Ich grüße euch alle. Ihr verrichtet wirklich Gottes Arbeit.
>
> *Arthur Conan Doyle*«

William Hope aus Crewe, ein äußerst vertrauenswürdiges fotografisches Medium, hatte diese Photographie aufgrund seiner Medialität erhalten. Die meisten Ergebnisse basierten darauf, daß er ein ungeöffnetes Paket mit Lichtbildplatten zwischen seinen Händen hielt. Oder aber er legte eine Platte in seine Kamera, die irgend jemand aus einem neuen Paket genommen, gekennzeichnet hatte und alles, was weiterhin mit der Platte geschah, verfolgte, um jeglichen Fehler oder Schwindel auszuschließen. Der Wert dieses Vorfalls liegt in dem völlig unabhängigen Beweis beziehungsweise der Bestätigung jener Botschaft der Force Astrale: »*Ich kann den Kontakt nicht so aufnehmen, wie ich sollte. Darin liegt meine Schwierigkeit.*« Diese Worte erhärten die Polaire Botschaft.

Kapitel 8

Der neue Mensch in einer erneuerten Welt

Eine später durch die Force Astrale gegebene Botschaft änderte den Plan für den 22. Mai ein wenig. Man hatte es als unpraktisch empfunden, zum Zwecke dieses einmaligen Treffens eine solche große Gruppe nach Edinburgh zu entsenden.

Es sollte daher in einem geräumigen Landhaus nahe Bletchley in Buckinghamshire stattfinden. Am frühen Morgen des angegebenen Tages fuhr Minesta dorthin und verbrachte in den blühenden Gärten und Feldern viele Stunden stiller, hingebungsvoller Vorbereitung auf ihre Aufgabe. Da es dennoch der Verbindung zu Edinburgh bedurfte, sollten sich drei Freunde in dieser Stadt zusammensetzen und auf die Gruppe in Bletchley einschwingen. Unterdessen trafen sich zahlreiche Polaire Brüder, um zum festgesetzten Zeitpunkt ihren Strahl von Paris aus auf letztere zu projizieren.

Vielleicht empfand nur Minesta, welche Zerreißprobe dieses Treffen darstellte, denn sie fühlte, daß sich jedermanns Hoffnungen und Erwartungen auf sie konzentrierten. Sie hingen von ihrer Gelassenheit, Stabilität und geistigen Ruhe ab, ihrer Stärke und ihrem Mut. Und das stimmte. Es wirkte wenig unterstützend, wenn die bereits Anwesenden verspannt und überängstlich zu sein schienen, als zuerst Mrs. Miller [26], Monsieur Bhotiva und das Oberhaupt der Polaire, Monsieur R. Odin, (die eigens zu diesem Zwecke aus Frankreich angereist waren) vorfuhren. Kurz danach erschienen Lady Conan Doyle, ihre Söhne Adrian und Denis sowie Bradbrook, dem wir die Niederschrift verdanken.

Die Gruppe traf sich zur festgesetzten Zeit. Aus THY KINGDOM COME entnehmen wir eine knappe Zusammenfassung der von Bradbrook gegebenen Beschreibung der Szene, gefolgt von den Worten, die gesprochen wurden.

»Ein wunderschöner Raum. Ein Strauß hübscher, zartfarbener Tulpen fängt den Schein der karmesinroten Tischlampe auf. Eine ähnliche Lampe hüllt das offene Klavier in gedämpftes Licht ... Die glühenden Kohlen eines niedrigen Feuers vervollständigen den Rembrandt-Effekt. Dem unbestimmbaren Busch malvenfarbenen Nebels, der sich später als Flieder entpuppt, entströmt ein zarter Duft.

Schweigend und unauffällig nimmt man Platz ... Drei Gestalten scheinen zu dominieren; die beiden Polaire Brüder in der blauen Ordensrobe, die andere in einem tiefblauen Gewand. Die zarten Klänge eines getragenen *Largos* dringen an unsere Ohren ... [27]

Wir treten in die Stille.

Die Gestalt in Blau erhebt sich. »*Großer Weißer Geist, wir nähern uns Dir voller Vertrauen. Möge Deine Kraft über alle Kreatur herrschen; möge die Herrlichkeit Deines Lichtes die Menschheit erleuchten. Mögen diese Deine Diener, die sich vor Dir beugen, von der Wahrheit erfüllt sein, damit sie der Welt das Licht schenken. Möge Dein Licht sie auf den Pfad lenken, der zum Himmel führt. Amen.*«

White Eagle spricht:

»White Eagles Stimme spricht durch Brighteyes, es sind seine Worte. Ihr wißt, er selbst ist White Eagle. Er liebt euch alle, aber der Große Weiße Geist durchleuchtet seine Persönlichkeit.

Viele erhabene Wesen sind im Moment mit euch. Der Weise Ritter ist anwesend. Er sendet das Licht durch White Eagle. Der Weiße Häuptling, Arthur Conan Doyle, freut sich, zu euch zu sprechen. Er bittet, daß zärtliche Liebe jedes Herz hier erfüllen möge. Der geliebte Arthur Conan Doyle wird für sich selbst zu euch sprechen. Es gibt vieles, das verwirrt; doch achtet nicht auf eure Bestürzung und hört nur seine Worte. White Eagle bittet zu schweigen und den Bruder sprechen zu lassen. Er ist euch geistig näher, als ihr annehmt; näher als im Körper, aber in anderer Weise. Er wurde eins mit eurem Geiste. Es ist schwierig für White Eagle, geistige Tatsachen zu erklären, da sie sich kaum in Worte fassen lassen. Eure Herzen müssen seine Botschaft interpretieren. Ihr werdet wissen und verstehen, was sie bedeutet.«

Eine Veränderung geht mit dem Medium vor, schwach und unbestimmbar, doch ein unübersehbarer Wandel der Persönlichkeit. Obgleich immer noch die eines Mannes, verändert sich die Stimmlage. Das Gesicht hat andere Züge angenommen; die zuvor fließenden und ausdrucksvollen Gesten sind jetzt spärlich und ungelenk, wie von jemandem, der sich ihrer nur selten bedient. Die Redewendung als solche ist unterschiedlich, als stamme sie von jemandem, der die Wahl der Worte beherrscht. Die Rede ist fließend, nicht knapp, wie bei der Ansprache des geistigen Führers. Eine Rauheit liegt in der nordländisch klingenden Stimme ... eine Stimme, wie aus einer anderen Welt, erstaunt, gebrochen in Verwunderung, doch allmählich sich fangend.

»Ja ... ja ... ja ... Ich komme ... Ich komme ... Ja ... Gott sei Dank! Eine große Versammlung! (Offenbar begann er, eine Art riesiger Zusammenkunft strahlend leuchtender Wesen im Raum zu erkennen.) Ich scheine mich in einem großen Freundeskreis zu befinden ... das Licht ist sehr hell; das ist wunderbar, einfach großartig! ... Sprecht! Sprecht!« (Ein Gemurmel erhebt sich: »Wir grüßen Dich!«)

»Arthur spricht *wieder* zu dir, meine liebe Frau!« (Ein Teil der Aufzeichnung wird hier ausgelassen.)

»Dank sei Gott! Gott segne dich! Ich bin hier – ich bin hier! Bitte verzeihe meine Emotion. Es gleicht mir nicht, aber es ist so wunderbar, mit dir zu sprechen. Du kannst dir nicht vorstellen, was das bedeutet! Ich bin zurückgekehrt! ... Es kommt alles wieder. Ich habe natürlich vorher gesprochen, aber nicht mit solcher Kraft. Ich habe wunderbare Dinge erlebt. Ich möchte sie dir erzählen. Ich möchte dir *alles* berichten ... es ist schwierig. Ich habe ... (Name ausgelassen) mich rufen gehört. Ich bin so nahe gewesen und doch schien es einige Schwierigkeit gegeben zu haben. Nun ist mir Kraft geschenkt worden. Ich muß ruhig bleiben, da ich eine bestimmte Botschaft zu übermitteln habe, meine Freunde. Werdet ihr mir aufmerksam zuhören?

Ich möchte jenen danken, die mir halfen ... ich schien sehr verwirrt zu sein, als ich zum ersten Mal erkannte, wo ich mich befand. Mein einziger Wunsch war zurückzukehren – und dann ... oh, es gibt so vieles zu erklären und zu berichten! Ich bin in meinem Haus gewesen, ich bin in meinem Haus gewesen, ich habe meine Lieben gesehen. Was hat mich davon abgehalten, das zu tun, was ich beabsichtigte? ... Ich sehe eine Mission. Ich habe euch allen eine Botschaft zu bringen ... Es ist schwierig.«

Das Medium hatte sich erschöpft zurückgelehnt. Einen Augenblick lang schien der Sprecher seine Kontrolle verloren zu haben. Mit zunehmender Sorge beobachteten wir das Geschehen. War dies das Ende? Sicherlich wollte er uns etwas über seine Mission erzählen, einen Hinweis auf seine Botschaft geben. Die Minuten schwanden dahin, fünf ... zehn ... fünfzehn. Als der Geist erneut sprach, glich seine Stimme eher der von White Eagle, so als ob auch der geistige Führer das Medium stützte, eine Klangfarbe, die allmählich schwand, als die Stimme selbstsicherer wurde.

»Immer noch da, sammele Kraft, um mit euch zu sprechen ... Ich habe euch nicht verlassen, aber da ist Verwirrung (in mir), was die Materialisation anbelangt. Ich habe diesbezüglich eine beachtliche Menge in der jenseitigen Welt gelernt. Vieles Irrige muß ausgeräumt werden (aus den bestehenden Überzeugungen). Ein Teil von mir kann sich in geringem Maße an verschiedenen Orten und unter verschiedenen Bedingungen manifestieren. Ich erkenne jetzt, daß sich einige Phänomene im Spiritualismus astraler Projektion und Erinnerungskraft zuschreiben lassen. Man kann also diese Astralerinnerungen, die im Gedankenbereich liegen, aufnehmen und den Erdenmenschen als von ihren Lieben kommend kundtun. Eine Anzahl von Übermittlungen, die angeblich von mir stammten, habe ich nicht bewußt durchgegeben. Daher möchte ich diesen Punkt klären. [28]

Ich habe das Astralleben durchwandert und bin nun aus dieser Lage, die meine Arbeit behinderte, befreit. Es war nicht einfach, die Astralschwingungen zu klären. Doch dieser Zustand soll euch nicht beunruhigen; er ist ein notwendiges Übel. Eine Lösung der astralen Bindungen bedeutet nicht, von seinen Lieben getrennt zu sein. Der geistige Mensch wird frei und vermag nun sein eigenes Wesen vollkommen zu erkennen.

Ihr kennt einander noch nicht in dem Maße, wie wenn ihr in das grenzenlose Gottesbewußtsein eintretet. Die gleichen materiellen Bande, die euch hier auf Erden binden, werden euch nach eurem Übergang noch solange fesseln, bis ihr euch der Herrlichkeit göttlicher Liebe bewußt werdet.

Oder anders ausgedrückt, ein Loslösen des persönlichen und ein Betreten des unpersönlichen Bewußtseins des Schöpfergeistes, Gott genannt, in diesem Bewußtsein liegt die Erkenntnis der »Vollkommenheit« aller, die ihr liebt.

Ich muß arbeiten, ich muß arbeiten. Ich muß vorwärtsgehen. Denn es wurde mir die Aufgabe gezeigt, die wir zu erfüllen haben. Ich sehe jetzt so klar; vorher jedoch erkannte ich alles wie durch ein dunkles Glas, nur undeutlich. Nun sehe ich euch und alle Menschen von Angesicht zu Angesicht. Vor allem aber sehe ich mich *selbst*. Ich danke Gott für die zahlreichen Gelegenheiten, meinen Mitmenschen zu helfen.

Ich erkenne, daß ich mich in manchen Dingen geirrt habe. Niemand kann über die gesamte Wahrheit verfügen. In gewisser Hinsicht habe ich mich getäuscht. Ich hatte vorher schon meine Zweifel an diesen Astralerinnerungen und wußte, daß mehrere spiritualistische Phänomene darauf zurückzuführen waren. Aber ich glaubte, dies gelte nicht für alle Durchgaben, was auch zutrifft. Ich kann euch bestätigen, daß der Geist ... der wahre Mensch, falls er eine bestimmte Aufgabe zum Wohle der Menschheit auszuführen hat ... zurückzukommen vermag, um diese Mission zu erfüllen und die Menschheit in ihrer Evolution zu unterstützen.

Das Fortleben ist eine bewiesene Tatsache, unbestreitbar. Doch die Welt wartet auf einen eindeutigeren Beweis dieser gewaltigen Wahrheit. Die Menschheit muß erkennen, daß ein riesiger Unterschied zwischen jener Kommunikation mit der Astralerinnerung und dem wirklichen Menschen besteht. Der Geist des Erdenmenschen muß auf die Bewußtseinsstufe der geistigen Wirklichkeit erhoben werden, bevor er mit seinen Lieben in der geistigen Welt echte Verbindung aufnehmen kann.

So vieles ist oberflächlich in der heutigen (spiritualistischen) Bewegung. Aber die glorreiche Wahrheit eines Weiterlebens muß der Menschheit in klarer und eindeutiger Weise vermittelt werden.

Persönliche Verantwortung und die erlösende Kraft der Liebe. Persönliche Verantwortung ist unwiderlegbar. Ich sehe, daß nicht nur die Handlungen des Menschen zählen, sondern auch seine geheimsten Gedanken. Die geistige Welt ist eine Welt der Gedanken, eher ein innerer Zustand als eine äußere Lebensbedingung ... Der Gedanke leistet der Handlung Vorschub. Andererseits fördert die Handlungsweise eines Individuums den Gedankengang seines Mitmenschen. So kehren wir wieder zurück zur Gedankenwelt. Es trifft wirklich zu, wenn es heißt: »*Was der Mensch sät, das wird er auch ernten.*«

Weitreichend betrachtet, schlagen sich die Samen (der Gedanken), die er sät, als Handlungen nieder. Doch ich sehe, der Gedanke ist in Wirklichkeit machtvoller als die Handlung. Eines der ersten Dinge, denen der Mensch nach seinem Tode gegenübertritt, ist seine eigene Gedankenwelt.

Wir wollen einen Schritt weitergehen. Es ist nicht immer angenehm, mit all den Gedanken, die man während des Lebens ausgesandt hat, alleine zu sein. Aber Gott ist Liebe, Weisheit und Gerechtigkeit. Ich kann es nicht anders sagen, denn es ist mir in wunderbarster Weise offenbart worden, wie sich die Liebe Gottes tief im Herzen seiner Kinder manifestiert.

Persönliche Verantwortung und die erlösende Kraft der Liebe – diese wunderbare Lektion habe ich gelernt, und ich möchte sie an euch weitergeben. Niemand lebt oder stirbt von Gott getrennt; Gott ... Christus ... Liebe, nennt es, wie ihr wollt. Die Erde hat die höchste Manifestation dieser gewaltigen Macht der Liebe in einer, nein, in mehreren Persönlichkeiten manifestiert.«

Es entstand eine lange Pause. Der Sprecher hatte stark bewegt und erregt gesprochen, und seine Kraft ließ jetzt offensichtlich nach. Er fuhr fort:

»Ja ... Ja ... Ja ... Die erlösende Kraft der Liebe! Damit muß ich meine Botschaft beenden. Liebe! Nicht persönliche ... unpersönliche. Liebe allen Menschen. Ich sehe den großen Bedarf ... der Meister.«

Der geistige Führer (White Eagle selbst) unterbricht: »Ich glaube, White Eagle kann ein wenig helfen, da der Bruder seine Rede nicht zu beenden vermag. White Eagle ist nun der Sprecher. Wenn ihr diese Dinge nicht verstanden habt, so muß ich euch sagen, daß der Bruder sich so sehr über dieses Treffen freut, es ihn so glücklich macht, mit seiner Heartsease (einige Monate zuvor hatte White Eagle Lady Conan Doyle diesen Namen gegeben) in Verbindung zu treten und daß ihr ihn mit solcher Liebe an seinem Geburtstag begrüßt. Es ist in der Tat sein Tag der Geburt – sein zweiter Geburtstag, denn von nun an wird er immer mehr Kraft gewinnen. Er soll euch mehr denn je darin unterstützen, die Wahrheit Gottes auf Erden zu verbreiten. Die Schwingungen sind stark, und er ist außer sich vor Freude. (Obwohl er sagt: »Unsinn, ich habe nicht den Kopf verloren!« Aber wenn ihr mit einer völlig ungewohnten Lebenssituation zu tun habt, werdet ihr verstehen.) Seine Begeisterung und sein Wunsch zu dienen, zu kämpfen und zu siegen, sind übergroß. Er möchte »alles auf einmal«! Er ist sich des Zeichens der Liebe und der Erinnerung an seinen alten Körper bewußt. Er dankt euch für das, was ihr ihm am Morgen gegeben habt.(Das bezieht sich wohl auf die Blumen, die an seinem Grab niedergelegt worden waren.)Ich muß sagen, er wird jünger und besitzt einen neuen Körper, stark und »putzmunter«, wie er sagt.

Dies mag seltsam klingen. Er liebte das Leben in Wald und Garten und die Eichhörnchen. Er schaut ihnen immer noch gerne zu und geht liebevoll mit ihnen um. Sein Herz strömt über vor Liebe für die »Wichtelmänner«. So bubenhaft, so schlicht und doch so groß, so ehrlich und aufrichtig im Verlangen zu helfen. Er würde kein einziges Wort sagen, daß er nicht beweisen kann. Sein einziger Wunsch besteht darin, die Verzweifelten zu trösten und ihnen die Beweise zu liefern. (Er steht zu meiner Linken, umgeben von einem Kreis strahlender Formen). Über die Prophezeiungen hinsichtlich der Katastrophen, die die Erde heimsuchen werden, möchte er sagen: »Seht ihr nicht unsere Verknüpfung mit dem neuen Zeitalter? Eine große Aufgabe liegt vor uns. Wir müssen uns gewaltig anstrengen, um der Menschheit in dieser Krise zu helfen. Wir müssen die Wahrheit verkünden und dann die Seelen vorbereiten, damit sie hier nicht in die Dunkelheit geraten und zurückfallen in ... « Ich werde den Satz nicht beenden.

Dem Großen Geist geben wir unsere Herzen ... «

Dieser kurze Segen bildete den Abschluß der mit allergrößter Anstrengung gesprochenen Durchgabe jenes Tages. Was ACD am meisten am Herzen lag, sogar mehr als die Zuneigung zu seiner Familie, war die unumgängliche Notwendigkeit, diese Mission durchzuführen. Alles andere war zweitrangig.

Es gelang ihm, einen Grundton anzuschlagen. Mit seinem Hinweis: *Was der Mensch sät, das wird er auch ernten,* legte er den Grundstein für alles Weitere. Und er fügte hinzu: »Weitreichend betrachtet, schlagen sich die Samen, die er sät, als Handlungen nieder. Doch ich sehe, der *Gedanke* ist in Wirklichkeit machtvoller als die Handlung. Eines der ersten Dinge, denen der Mensch nach seinem Tode gegenübertritt, ist *seine eigene Gedankenwelt.«*

Kapitel 9

Definitionen und der »materielle Beweis«

An dieser Stelle wäre es wohl angebracht, den weiteren Fortlauf der Botschaften ACDs zu unterbrechen, um einige darin vorkommende Ausdrücke zu erklären, wie »Seele« oder »Astralwelt«.

Was bedeutet das Wort »Seele«? Das wahre *Selbst* ist damit gemeint, der innere Mensch, nicht der physische Körper, den wir mit uns herumschleppen und der fast alle unsere Kraft, Zeit und Energie verbraucht, um ihn zu ernähren, zu kleiden, zu beschützen, von einem Ort zum nächsten zu transportieren, ihn zu unterhalten und zu trainieren. Außerdem braucht er acht Stunden Schlaf, um sich jede Nacht auszuruhen. Die Seele, das sind *wir selbst.* Wir trennen uns nur dann von unserem Körper, wenn wir uns hinreißen lassen oder uns völlig in etwas verlieren. Das kann Musik sein, Poesie, eine Blume oder eine Landschaft, ein Schauspiel oder Ballett, tiefe Meditation, Hingabe oder geistige Erleuchtung. Dann wirken wir auf der Seelenebene. In allen unseren höheren Bereichen sind wir diese Seele, und sie liegt in unseren Erinnerungen und Interessen, unserer Begeisterung, unseren Gedanken, Gefühlen und Bestrebungen. Manchmal erfüllt die Seele unser gesamtes Sein. Doch viel häufiger sind wir Körper, vor allem, wenn dieser krank und traurig ist und klagt. Dennoch, die Seele stellt unser wahres Selbst dar, so, wie wir wirklich sind und nach dem Tode des physischen Körpers zunächst die Astralwelt betreten werden.

Das heißt nicht, daß es irgend etwas Neues in unserer astralen Umwelt gibt, denn wir suchen sie ja jede Nacht während des Schlafes auf. Der Schlaf läßt sich mit dem Tod vergleichen. Wir üben uns also dreihundertfünfundsechzig Tage im Jahr im Sterben. Mit jedem neuen Tag erwachen wir. Mit der gleichen Gewißheit werden wir unmittelbar nach dem Tode aufwachen. Schlafen und Sterben gehören zu den natürlichen Funktionen unseres Seins.

Warum erinnern wir uns denn an nichts aus der Astralwelt, die wir im Schlaf besuchen? Wir erinnern uns, doch wir speichern unser Wissen in einem außerhalb unseres alltäglichen Selbst liegenden Bereich. Wir sind uns des Ausmaßes unserer Unwissenheit oft nicht bewußt. So wissen wir, zum Beispiel, kaum etwas über diesen physischen Körper. Wir wissen nicht, ob es sich bei der physischen Materie um Wirklichkeit handelt oder was Elektrizität ist. (Beides mag recht eng miteinander verknüpft sein, wer weiß. [29]

Wir wissen nicht einmal, wie unsere Welt aussieht. Es gibt Farben, Klänge und Düfte in ihr, die wir aufgrund der Begrenzung unserer Sinne nicht wahrnehmen.

Daher besitzt der Mensch ein verschobenes, unrichtiges Bild von der Welt, in der er lebt. Es ist uns jedoch *bewußt,* daß sich alles in ihr in einem Zustand der Schwingung befindet und wir selbst mit einer Unmenge anderer Schwingungen in Einklang stehen. Diese Tatsache glauben und akzeptieren wir aus wissenschaftlicher Sicht. Wir brauchen daher nur einen Schritt weiterzugehen, um zu glauben, daß wir von anderen, nicht unbedingt physischen, sondern ätherischen und astralen Schwingungen umgeben sind.

Es gibt tatsächlich andere Welten, die unsere umgeben, eine jede von unterschiedlicher Schwingungsrate und Feinheit. Die Betonung liegt auf »umgeben«, denn es handelt sich dabei nicht um ferne Planeten, wie Mars oder Venus, sondern um zusätzliche Bereiche dieser Welt, die sie einschließen, vergleichbar mit den Häuten einer Zwiebel. Gleichzeitig aber durchdringen sie unsere Welt, so wie Wasser in einen Schwamm sickert.

Diese Astralwelten besitzen meistens eine höhere Schwingung als die physische und bestehen daher aus feinerer Materie. Das Leben dort wirkt weniger belastend, da die Astralhülle ihren Träger nicht niederdrückt, sondern Schönheit, Gesundheit und Freude verkörpert. Diese Welt ist das geliebte »Sommerland« der Spiritualisten. Die Seelen (befreit vom materiellen Körper, ansonsten aber unverändert) betreten dieses Reich und bewohnen einen Astralkörper. Sie werden nicht plötzlich weiser und spiritueller. Zuerst müssen sie sich von der Mühsal irdischen Lebens ausruhen und erholen. Sie verweilen in der Astralwelt, und die Zeit verstreicht.

Einige mögen sagen, das ist zu *gut,* um wahr zu sein. Nichts ist zu gut, um wahr zu sein. Man sollte daher nicht absichtlich oder gewohnheitsmäßig an Dinge glauben, die zu *schlecht* sind, um wahr zu sein. Es handelt sich dabei ja doch nur um Schreckgespenster. Aber wenn es jemanden glücklich macht, warum nicht! Wesentlich ist, daß uns die Astralwelten stets sehr nahe sind. Sie durchdringen unsere Ebene und beeinflussen sogar unser tägliches Leben, ob wir uns dessen bewußt sind oder nicht.

Aufgrund dieser Nähe findet eine geistige Verbindung hauptsächlich mit jenen im Astralreich statt, die sich kaum verändert haben, obgleich ihr Dasein heiterer, unbegrenzter, weniger belastend als das unsere verläuft und ihre Welt schöner ist. Sie sind nicht besonders weise, und ihren Botschaften fehlt die Kraft. Von jenen, die sich im erholsamen Sommerland aufhalten, wird nicht viel verlangt.

Doch dieses Bild besitzt auch eine Kehrseite. Wir haben von den höheren astralen Welten (oder Ebenen, um genauer zu sein) gesprochen. Wie aber verhält es sich mit jenen Bereichen, die eine langsamere oder niederere Schwingung besitzen, vielleicht noch geringer als diese Erde? Es sind keine angenehmen Orte, da sie von Menschen bevölkert werden, deren Lebensweise sie auf diese Ebenen herabgezogen hat. Sie sind grau und verschwommen, wie ein nebliger Novembertag und flößen Abscheu ein. Aus diesem Grunde existieren diese Sphären. Ihre Bewohner sollen sie aus eigenem geistigen Antrieb verlassen. Einige Orte sind sogar noch schlimmer. Aber es ist sinnlos, die Menschen mittels Angst zum Guten zwingen zu wollen. Die Kirche hat diese Methode jahrhundertelang erfolglos angewendet, doch diese Höllenfeuer-Predigten sind weniger geworden.

Vielleicht verstehen wir nun ACDs »Geburtstags«-Botschaft besser, wenn er sagt, daß es sich nicht um eine ganz einfache Sache handelt, eine Seele von den Astralschwingungen zu befreien.

In seinem Falle dürfte dies wohl untertrieben sein, bedenkt man sein Vorgehen und seinen Verzicht. In jenem Augenblick muß er sein verheißenes Sommerland der Ruhe, Erholung und Erneuerung, auf das er nach seinem anstrengenden Leben Anspruch besaß, aufgegeben haben. Wenn man dort weilt, gerät der Schmerzensschrei der Menschen in Vergessenheit. Aber ACD wollte nicht vergessen, sich nicht seiner Bürde entledigen und sein Herz verschließen. Eine neue Aufgabe, ein neuer Feldzug lagen vor ihm. Er mußte die Aussagen über die Wahrheit, für die er sich früher eingesetzt hatte, vervollständigen. Daher meinte er: »Weitreichend betrachtet, schlagen sich die Samen, die ihr sät, als Handlungen nieder. Doch ich sehe, der Gedanke ist in Wirklichkeit machtvoller als die Handlung. Eines der ersten Dinge, denen der Mensch nach seinem Tode gegenübertritt, ist *seine eigene Gedankenwelt.*

Der Mensch wandert also zu einem Ort in der Astralwelt, den er sich im Laufe seines Erdendaseins mit seinen eigenen Gefühlen und Gedanken geschaffen hat. In der Bibel heißt es dazu: »Was immer der Mensch auf Erden an sich bindet, an das wird er im Himmel gebunden sein; was immer er auf Erden löset, von dem wird er im Himmel gelöst sein.« Diese Worte bringen dieselbe Wahrheit zum Ausdruck. Unsere Fehler und Mängel werden auf unsere zukünftige Welt ebenso übertragen wie unsere guten Taten.

Man muß bedenken, daß die Botschaft ACDs uns nicht aus einer Astralebene erreichte, die unseresgleichen entspricht, sondern aus einer weiseren, höheren und reineren Quelle stammte und daher größere und bleibendere Kraft besaß. Wie verhielt es sich nun in einem solchen Falle mit dem Medium, das als Instrument der Durchgabe diente? Sie brachte sicherlich Schmerzen mit sich. Minesta mußte tatsächlich auf vieles verzichten. Die Kraft und das

Licht des Weisen Ritters ermöglichten die Verbindung und unterstützten sie laufend. Doch der Kontakt bedeutete jedesmal eine Erschütterung. Minesta war nach dem Bletchley-Treffen tagelang erschöpft. Erschwerend hinzu kamen ihre zahlreichen Verpflichtungen, in spiritualistischen Zentren zu sprechen oder für sie zu arbeiten. Bald mußte sie ihre Arbeit für den organisierten Spiritualismus aufgeben. Man zögert, von »orthodoxem« Spiritualismus zu sprechen, obgleich diese Bezeichnung eher zutrifft.

Nach der Zusammenkunft vom zweiundzwanzigsten kehrten die Polaires nach Frankreich und die übrigen Teilnehmer nach Hause zurück. Die Aufgabe, ACDs Botschaft zu empfangen, lag nun bei Minesta und ihren drei Freunden, mit anderen Worten, bei dem von White Eagle angekündigten »Viereck«.

Dieses »Viereck« sollte sich in den folgenden Monaten bewähren.

Diejenigen, die White Eagle am besten kennen, wissen, daß er niemals ohne Gebet kommt. Er ist stets gelassen und gemächlich, würdevoll und heiter. Gelegentlich bemerkt er: »Warum eilen, wenn dir die Ewigkeit zur Verfügung steht?« Vielleicht ist das der Grund, warum man ihn niemals verärgert, hastig oder gereizt erlebt oder ihn negativ über jemanden sprechen gehört hat. Nur freundliche Worte kommen über seine Lippen.

Es überraschte daher, mit welchem Ungestüm ACD auftrat, um uns zu überzeugen, daß er alleine an jenem 22. Mai gesprochen und seit Tagen versucht hatte, dies zu bestätigen. Es gelang ihm auch, die wesentlichen Punkte jener Botschaft zu bekräftigen, obgleich ihm White Eagle immer wieder helfen mußte. Es war ganz offensichtlich, daß ACD noch vieles zu lernen hatte, um seine Botschaft durchzubringen, und daß sich, im Gegensatz zum spiritualistischen Glauben, eine Kommunikation zwischen den Welten als weitaus schwieriger erwies.

Seit dem letzten Treffen war fast ein Monat verstrichen. [30]

ACD: »Seit Tagen bemühe ich mich durchzukommen. Ich möchte euch, meine Freunde, für eure Hilfe danken. Ich werde kräftiger werden – ich werde nicht aufgeben; ich bleibe dabei. Auch ihr müßt bei der Sache bleiben! Mit einiger Übung werde ich besser werden …

Ich möchte sagen, daß ich es war, der sich am Tage meiner Geburt in Bletchley manifestierte. Mit aller Kraft bemühte ich mich, meine Lieben wissen zu lassen, daß ich anwesend war. Ihr versteht nicht, wie schwierig es ist, durchzukommen … (Ein Hustenanfall folgte.) Nun gut; ich werde darüber hinwegkommen – wartet! (eine kurze Pause, dann:) »Halte es, White Eagle, halte es! Ich möchte es tun!«

Wir beobachteten, wie White Eagle Macht über das Medium gewann. Dann folgte seine Invokation:

»Großer Weißer Geist des freien Himmels, der weiten Steppen und stillen Täler der Erde, der Du in den gewaltigen Himmelssphären wohnst; der Du zum Menschenherzen sprichst, wenn es in stillen Stunden wartet. Oh, Geist der Wahrheit und Liebe, wir kommen zu Dir. Wir lieben Dich; mögen wir würdig sein, Dir zu folgen! Oh, Vater der Liebe, mögen wir es als Dein Geschenk betrachten, daß uns die Gelegenheit gegeben wurde, Dir zu dienen, indem wir das Verlangen dem Dienste opfern.

Oh, Vater Gott, Du kennst Deine Kinder und weinst um sie. Mögen wir Dich stets in unserem Mitmenschen sehen. Wir bringen zu Deinem Thron der Gnade jene Kinder, die blind sind und Deine übergroße Liebe noch nicht sehen können, die durch die Dunkelheit ihres materiellen Lebens wirkt. Mögen sie Erleuchtung finden! Großer Gott, wir bitten um Deine Kraft für unsere Arbeit.

So möge es sein.«

White Eagle fuhr fort: »Bruder Nobleheart ist sehr verwirrt, sehr begierig, mit euch zu sprechen ... (an Bradbrook gewandt:) Arthur Conan Doyle bittet mich, Ihnen zu sagen, sie möchten diese Botschaften durchlesen. Es bedeutet ihm unendlich viel, die neuen Erkenntnisse zu verbreiten; sie ändern die Sachlage vollkommen. Nun, da er die Wahrheit kennt, muß er sie aussprechen. Die Gegner spielen keine Rolle. Gott wird ihm beistehen. Lady Conan Doyle braucht sich nicht zu ängstigen. Er schätzt ihren tapferen Einsatz. Er sucht nach der universalen Wahrheit, jenen höheren Wirklichkeiten, die er zurückbringt. Wenn ihr nur sehen könntet, wie unbedeutend Persönlichkeiten sind! Doch da ein angesehener Mann den Menschenherzen die umfassende Wahrheit bringen mag, wird ACD, insoweit er eingeschaltet ist, diese kanalisieren.

Die (Conan Doyle) Denkschrift liegt nicht in den Händen der heutigen Spiritualisten, sondern im universellen Licht. Fortschritt ist nur möglich, wenn alle vereinigt sind. Sein Werk wird nicht zum Stillstand kommen, sondern sich weiterentwickeln. Da er nun über ein umfangreicheres Wissen in bezug auf ein Weiterleben verfügt, wird er diesen Fortschritt leiten.

Viele können die Lehre des Séance-Zimmers und die Auswirkung der unwandelbaren göttlichen Gesetze nicht miteinander vereinbaren. Als Nobleheart diese Welt hier betrat, mußte er erkennen, daß sich der Kontakt mit der Erde nicht so leicht herstellen ließ, wie er einmal angenommen hatte.

Dort tost ein riesiger Ozean astraler Erinnerungen, den Medien unbewußt zugänglich. Er stellte fest, daß das einzig Wesentliche die geheime Gedankenwelt des Menschen ist. Alles, was er jemals gedacht hatte, war nun seine Welt geworden. Man betritt eine selbst erschaffene Welt, und der Himmel offenbart sich als das, was sich im Innern befindet. Viele Dinge, die als Beweis geistigen Lebens galten, kann man vergessen. Beweis ist nur die geistige Verbindung von *Herz* zu *Herz*. Der Mensch vermag einen Geist nur mit seinem eigenen Geist zu sehen. Gewißheit muß geistig erlangt werden, oder es handelt sich nur um leere Hüllen, um bloße Bilder. Es gibt natürlich Ausnahmen zu dieser Regel. Manchmal vermag ein Geist, der eine göttliche Aufgabe zu erfüllen hat, einen bildhaften Eindruck seiner selbst hervorzurufen.

ACD möchte nun eine Neudarstellung geben. Er wünscht, alles Unwirkliche und Verwirrende aus dem Spiritualismus zu entfernen. Seine Seele ist erfüllt von dieser herrlichen Aufgabe und den klareren Lehren. Im Lichte dieser Lehre soll die Denkschrift aufgebaut werden, sonst gibt es keinen Fortschritt.«

Man fragte White Eagle, ob er genauere Angaben über die zukünftige Arbeit erhalten konnte. Dann sprach ACD. Interessanterweise änderten sich seine Worte und Redewendungen. Aussprache, Auftreten, die gesamte Persönlichkeit unterzogen sich einem Wandel.

ACD: »Es liegt in diesen Worten: *Das Königreich des Himmels ist im Innern.*

Ich sehe die Notwendigkeit eines Meisters. In Christus habt ihr alles. In seiner Lehre ruht das Geheimnis von Leben und Tod. Der Mensch muß sein Kreuz auf sich nehmen und dem Licht der Liebe folgen. Das Kreuz versinnbildlicht die Kreuzigung aller selbstsüchtigen Ziele und Wünsche – die vollständige Unterwerfung der persönlichen zugunsten der unpersönlichen Liebe Gottes, des Schöpfers des Alls. Das ist das Geheimnis des Lebens, vor und nach dem Tode. Der Mensch darf nicht für sich, seinen guten Ruf, persönliche Macht und eigenen Wohlstand oder Erfolg leben, sondern sollte zum allgemeinen Wohl beitragen. Alles zu geben, bedeutet alles zu empfangen. So und nur so wird er in sein Himmelreich eintreten.

Es heißt zu Recht, *der Mensch muß wiedergeboren werden,* nicht im Fleische, sondern im Geiste. Jeder Mensch, inkarniert oder nicht, muß schließlich seinen Tod erfahren und zu neuem Leben erwachen, zur größeren Bewußtheit des einen, alliebenden Gottes. Nur so wird er sich selbst und alle, die er liebt, finden. Von dieser Ebene des Christus-Bewußtseins steigen jene zu euch im Geiste herab, die ihr liebt. Bis ihr euch also auf ihr Licht einschwingen könnt, muß eurer Kommunikation etwas Wunderbares und Reines fehlen.

Denkt an die Kluft, die den reichen Mann von Lazarus trennte, eine unüberbrückbare Kluft, die der Mensch selbst geschaffen hat. Und doch gibt es einen Weg … den Weg der *Liebe*. Doch wohlgemerkt, nicht die persönliche, besitzergreifende Liebe, sondern die unpersönliche Liebe der Selbsthingabe, des Selbstvergessens und der Selbstaufopferung.

Der Mensch kann nicht eher das Himmelreich betreten, als bis er im Geiste wiedergeboren worden ist. Das trifft zu. Dennoch bleiben einige an die Erde gebunden, die Verbindung zu dieser Sphäre durch Kanäle aufzunehmen suchen, die die Medialität zur Verfügung stellt. Auch sie bedürfen der Belehrung. Der Schleier zwischen dieser und eurer Welt ist dünn, vergleicht man ihn mit der Trennung zwischen dem körperlosen Erdenmenschen und dem Menschen des Himmels.

Wir begehen den Fehler, die Bedeutung von Personen und Nationalitäten herauszustreichen, wobei wir vergessen, daß es der Zusammenarbeit bedarf, um die ewige Wahrheit zu verbreiten.

Aus diesem Grund wünsche ich keinen Hinweis auf meine Person in der Denkschrift. Beachtet, ihr arbeitet für ein Prinzip, ein Ideal, nicht für eine Person. Verkörpert christliche Nächstenliebe, die makellosen Prinzipien Christi oder des Großen Weißen Lichts der Wahrheit. Es spielt keine Rolle, ob sie durch Buddha, Krishna oder irgendeinen anderen Meister interpretiert werden.

Meine Frau wird zugeben, daß ich ein Mann strenger Ansichten gewesen bin, von denen man mich nicht so leicht abbrachte. Doch der Spiritualismus zwang mich, gewisse Tatsachen zuzugestehen. Später änderte ich meine Meinung erneut, als ich die Führung Jesu Christi in der Bewegung akzeptierte. Und nun ändere ich meine Ansicht im Hinblick auf den Zustand nach dem Tode. Gewiß, gewiß, meine Freunde erwarten wohl, daß ein Mann, frei von den Fesseln des irdischen Leibes, über ein größeres Wissen und einen klareren Blick verfügt. Wo sonst sollte Fortschritt sein?

Ich bin nicht darauf vorbereitet, mehr zu sagen. Diese Dinge können nicht erzwungen werden. Ich bin zufrieden, die Angelegenheit in Gottes Hände zu legen … Dies ist das für diese Arbeit auserwählte Instrument oder Durchlaßgefäß. Wenn die Zeit reif ist, um diejenigen zufriedenzustellen, die nach mehr materiellen Beweisen verlangen, werden andere Mittel eingesetzt werden.

Der Weise Ritter, mit dem ich in enger Verbindung stehe, hat bald ein weiteres Treffen geplant. Dieses hier aber ist die Versammlung, die ich liebe und die wahrscheinlich die besten Ergebnisse hervorbringen wird.

Ich soll mich bemühen, euch den Beweis auf einer fotografischen Platte zu liefern. (Sich an Silver Star wendend:) Du wirst sehr benötigt. Es besteht eine besondere Verbindung zu dir.

White Eagle nannte mich einmal Bruder Nobleheart – der Name gefällt mir. Dies ist ein machtvolles Dreieck … .Übermittelt den Brüdern in Paris meine tiefe Dankbarkeit. Ich bin mit dem Weisen Ritter zwecks einer besonderen Aufgabe verbunden, die sich zur gegebenen Zeit zeigen wird.«

ACD erwähnte also, daß er bald einen materielleren Beweis seiner Identität liefern wollte. Damals gab es in England nur zwei Medien für übersinnliche Photographie. Mrs. Miller (Silver Star) vermochte für den nächsten Tag eine Verabredung mit einer Mrs. Deane in der Stead Library zu vereinbaren. Zu ihrer großen Freude erhielt sie, wie versprochen, ein Bild von ACD (siehe S.100). Dabei handelt es sich um eine außergewöhnliche Reproduktion, da es sich bei der übersinnlichen Photographie um die unsicherste Form der Medialität handelt. Die Züge des gewünschten Geistes erscheinen vielleicht einmal in sechs oder sogar zwölf Fällen auf der Platte. Sehr viel häufiger taucht das Gesicht eines Fremden oder eines noch auf Erden Lebenden auf. All zu oft gleichen sie leblosen Masken oder Gipsabgüssen. Von ACDs Bildnis hat man behauptet, es sei das beste seiner Art. Wie dem auch sei, es ist es wert, betrachtet zu werden. Es strahlt Lebendigkeit, Humor und Güte aus und unterscheidet sich von allen anderen übersinnlichen Gemälden oder Portraits von Sir Arthur, dem Mrs. Miller selbst niemals persönlich begegnet war. Hinzu kommt, daß das fotografische Medium nichts von Mrs. Millers Verbindung mit der Arbeit ACDs wußte.

Diese Photographie legt nicht nur Zeugnis ab von ACD, sondern auch von dem Weisen Ritter hinter ihm, dessen Kraft dieses Bild ermöglichte. Alle weiteren Versuche Mrs. Millers, ein zweites Bild von Sir Arthur zu erhalten, schlugen fehl. Die Kraft des Meisters verlieh der Botschaft ACDs Leben, eine Kraft, die aus einer Quelle jenseits astraler Bereiche und Verbindungen stammt, wie wir später sehen werden. Mit dieser Photographie unterzeichnete, versiegelte und übermittelte ACD seine Botschaft vom 22. Mai. Es war ein substantieller Beweis, doch nicht der endgültige. Dieser sollte später kommen und, wie Bhotiva sagte, die Kritiker erschüttern.

Ein professionelles Photo von Arthur Conan Doyle, aufgenommen von William Ransford, Belsize Park in London.

Das Geistphoto von ACD, entstanden durch Vermittlung des Mediums Mrs. Deane. Die Person im Vordergrund ist Mrs. Miller.

Kapitel 10

»Ich bin ein glücklicher Mann«

Die Leute fragen mich, warum ich von der Richtigkeit des Spiritualismus überzeugt bin. Wie sicher ich meiner Sache bin, beweist die Tatsache, daß ich eine mir mehr zusagende, lukrative Arbeit aufgegeben und mich allen möglichen Unbequemlichkeiten, Verlusten und sogar Anschuldigungen unterzogen habe, um den Menschen die Wahrheit vor Augen zu führen.

Sir Arthur in einem Brief

Am 22. Juni fand das nächste Treffen statt. Bhotiva nahm wieder teil. Es sei darauf hingewiesen, daß sich die Gruppe, wenn möglich, am zweiundzwanzigsten eines Monats einfand, einem Tag besonderer Kraft, insoweit es die Arbeit ACDs betraf.

White Eagle sprach zuerst:

»(Es mag euch interessieren, daß) ich lange bevor Arthur seinen physischen Körper verließ, von der umfangreichen Arbeit wußte. Als ich vor etwa zwölf Monden in einem Kreis sprach und eine Anzahl wertvoller Informationen gab (Séance in Wales), kannte ich die Aufgabe bereits. Die entsprechenden Aufzeichnungen befinden sich noch in den Händen jener Teilnehmer. Zu verschiedenen Zeiten und an unterschiedlichen Orten müssen Grundsteine gelegt und dann miteinander verbunden werden. Ihr müßt diese Steine finden, denn ihr werdet einen Tempel erbauen. Lange nach dem Verlassen eurer physischen Form wird die Arbeit weiterbestehen.

ACD ist so glücklich … «

Dann sprach ACD:

»Könnt ihr das nicht in meinem alten Gesicht sehen (auf dem Bild)? *Ihr* habt es hervorgebracht! Eure Kraft hat ihnen (der Familie) eine Botschaft gesandt, damit sie, meine Lieben, wissen sollen, wie ich mich fühle. Ich bin ein glücklicher Mann.

Ich möchte, daß ihr den Ausdruck (von mir), den wir auf die fotografische Platte bannen konnten, mit einigen geistigen Photos vergleicht, die vorher von anderen empfangen worden sind. Vergleicht sie ganz genau miteinander. Ihr werdet dabei viel lernen …

Ich möchte, daß ihr den Unterschied zwischen einer »astralen Impression« und der Sache selbst erkennt. Genau das wollen wir klären. Es gibt soviel Unsinn (über die übersinnlichen Dinge) – unabsichtlich, muß ich gestehen. Was die Welt benötigt, ist ein gesundes Unterscheidungsvermögen in bezug auf das Substantielle und das Nebulöse. Das ist es, wofür sich die Kritiker des Spiritualismus, gute Männer im Herzen, einsetzen. Ihr müßt euren Leuten helfen, zwischen dem Wirklichen und Unwirklichen zu unterscheiden. Dadurch vermindert ihr nicht ihre Kraft, sondern stärkt sie vielmehr, zu geistigem Bewußtsein aufzusteigen.

Das bringt mich zum Kern meiner Aufgabe. Ich werde den Unterschied zwischen dem, was töricht und unsinnig ist und dem Kleinod ewiger Wahrheit herausarbeiten. Letzteres wird den Himmel selbst offenbaren; ersteres hingegen den Menschen zum Narren halten. Solange der Mensch in intellektuellem Stolz verstrickt bleibt, wird er die Wahrheit niemals finden. (Ich fürchte, meine Freunde stimmen nicht mit mir überein). Und das führt mich zu einem weiteren Punkt. *Wenn ihr nicht werdet wie die Kinder, könnt ihr nicht in das Himmelreich eingehen.* Ich wiederhole meine Behauptung ... Irgendwelche Fragen?«

Ein Fragesteller: »Kannst du den Ausspruch: *Wenn ihr nicht werdet wie die Kinder,* näher erklären ?«

ACD: »Wenn der Mensch nicht allen Stolz und Egoismus abstreift; wenn er nicht erkennt, daß er *nichts* ohne die Kraft des allmächtigen Geistes ist; wenn er seine Arroganz nicht aufgibt und einsieht, daß *er aus sich heraus nichts ist,* bleibt er abgestumpft für die Herrlichkeit des Himmels.

Jede Seele muß letztendlich bar aller Besitztümer nackt dastehen, ein unendliches *Nichts,* umgeben von einem unendlichen Ozean universeller Kenntnis und Macht. Der Mensch muß das Tal des Todes durchschreiten, nicht hinsichtlich seines physischen Körpers, sondern *seinetwegen,* gänzlich nackt ...

Dann und nur dann kann das Licht heraufdämmern – für ihn. So bricht das geistige Licht auf den Weg hervor, der ebenso die Wahrheit und das Leben ist. Kraft, Friede und Freude nehmen zu, wenn die Seele in das Universelle eintritt, das Baby, das sich anschickt, zum geistigen Manne heranzuwachsen, in den zärtlichen, ewigen Armen ...

Hat es euch nie verwundert, daß mächtige und hochintellektuelle Menschen niemals aus dem Jenseits zurückkehren sollten, um mit der Erde Verbindung aufzunehmen? Die Antwort liegt im vorher Gesagten. Sie können nicht.

Ich schaue auf euch hier, um meine Botschaften zu übermitteln. Je stärker ich mich auf Brighteyes (Minesta) als Durchlaßgefäß einstelle, desto mehr

Energie und Klarheit werden sie zeigen. Ihr erkennt doch, daß ich von euch abhängig bin, um diese Botschaft der Welt mitzuteilen.

Ich kann nur hoffen, daß diese Worte die Zweifel und auch die Leichtgläubigkeit derjenigen beseitigen werden, die die Lehren des Spiritualismus in Frage stellen oder akzeptieren. Kein einziges meiner Worte weicht auch nur um ein Iota von der großen Liebe und wahren Vereinigung ab, die zweifellos zwischen den Erdenmenschen und jenen im Geiste schwingen kann. Nicht einen Augenblick lang würde ich den Glauben von Tausenden erschüttern wollen, die aus dem Wissen um ein geistiges Leben Trost geschöpft haben. *Aber ich möchte eine bessere Vorstellung davon vermitteln,* die nicht nur einen größeren Wert für den einzelnen, sondern für die ganze Gesellschaft besitzt. Wir arbeiten dafür, daß die unpersönliche, mehr göttliche Liebe die Herzen der Menschen erfüllt, damit sie nicht über Brüderlichkeit sprechen, sondern sie vielmehr leben. Ich verspüre keinen anderen Wunsch. Möge Gott ihn gewähren! Ich glaube daran, daß er mir die Kraft verleihen und die Gelegenheit geben wird, diese Botschaft in die entlegensten Teile der Erde zu tragen.

Ich möchte nicht von großer Arbeit oder Erfolg sprechen. Man erwartet von euch, daß ihr euch wie Kinder führen laßt und bereit seid, als Durchlaßgefäße für den Geist zu wirken. Vielleicht ein Idealfall; aber nur darin werdet ihr eure Freude, euer Glück und euer Himmelreich finden. Ihr solltet Gott für diese Gelegenheit danken.

Gott segne den guten alten White Eagle! Er gehört zu den strahlenden Wesen! Für euch ist er nur der gute alte White Eagle. Uns bedeutet er mehr. Doch es möge genügen, daß ihr in ihm nur den guten alten White Eagle seht, euren liebevollen Gefährten.«

Nun folgt die Aufzeichnung des nächsten Treffens (Grove Court, 2. Juli 1931).

White Eagle: »Ihr sollt euch der Kraft in eurer Mitte bewußt sein. Nur die Reinheit des Herzens und eurer Absicht läßt euch dieser Kraft gebieten. Aus euch selbst vermögt ihr nichts, das ist wahr. Doch wenn ihr der reinen Gottesliebe erlaubt, euer Herz zu erfüllen, was nur geschehen kann, wenn das Herz sich dem Dienste Gottes hingibt, erhebt ihr euch und gebietet augenblicklich der Kraft aus den Himmelssphären.

In der Stille eures innersten Herzens wisset ihr um Gottes Liebe! Ihr könnt nicht fehlen. Die hier Versammelten haben eine heilige Pflicht übernommen. Gott sieht die Reinheit des Herzens und die Aufrichtigkeit der Absicht. Trotz der Unreinheit und Schwäche des Fleisches, wird Licht durch diese Kanäle strömen. Wir wünschen, daß ihr periodisch fortfahrt, so wie sich diese Kraft angesammelt hat. Es kann nur eine geringe Menge an Material jedesmal durchkommen. Aber wir werden uns bemühen, der Botschaft Qualität zu verleihen.

ACD wird auf eigenen Wunsch eingesetzt werden, die Wahrheit über jenes Leben weiterzugeben, das unmittelbar nach dem Tode des fleischlichen Körpers folgt.« (Lange Pause.)

Dann sprach ACD: »Wenn ich mich auf das Medium einschwingen kann, werden wir unsere nette kleine Unterhaltung weiterführen. Es bedarf einer gewissen Übung. Ich sehe, daß ich durch sie – das heißt, durch Beherrschung des physischen Körpers des Mediums – aufeinanderfolgende, klare Gedankengänge zu übermitteln vermag. (Trommelt gedankenverloren mit den Fingern der rechten Hand auf der Stuhllehne.) Ja ... ja ... laßt uns einen kleinen Schwatz halten. Ich denke, das ist einfacher. Ja, wir werden uns mit der Materie etwas später vertraut machen – ein freundlicher Schwatz ist wohl der beste Anfang ...

Ich pflegte davon auszugehen, daß sich in der geistigen Welt alles sehr einfach gestaltete. Ich malte sogar hübsche Bilder davon. Ich möchte nicht ein Iota von dem Glauben und der Hoffnung wegnehmen, aber gerne eine klarere Vorstellung des Zustandes geben, in den man nach dem Verlassen des physischen Körpers eintritt. Es ist wirklich sehr schwierig, dem begrenzten Verstand die tatsächlichen Fakten in bezug auf den mentalen Zustand eines Individuums zu schildern, das die Todespforten durchschritten hat. Jeder einzelne erlebt ihn in unterschiedlicher Weise. Man kann keine strengen Regeln festlegen. Zunächst gibt es einen Zustand beziehungsweise einen Zwischenbereich, der vielleicht einige Tage, Wochen, Monate oder viele hundert Jahre anhält. Auf der Astralebene gibt es eine solche Vielfalt an Leben, das euch interessieren würde, daß ich gar nicht weiß, wo ich beginnen soll.«

Ein Fragesteller: »Was war dein erster Eindruck nach dem Übergang?«

ACD: »Alles war völlig anders, als ich es erwartet hatte. Den meisten Menschen, orthodoxen wie Spiritualisten, wird es ebenso ergehen. Sie werden einen ganz anderen Himmel oder ein anderes Sommerland vorfinden, als sie erhoffen. Wir müssen diese Vision berichtigen. Es hängt natürlich weitgehendst von der Einstellung eines Menschen ab, mehr jedoch von seiner Haltung den Mitmenschen gegenüber und der Lebensweise ganz allgemein. Mit anderen Worten, es kann also durchaus geschehen, daß jemand besser dran ist, als er oder irgend jemand erwartet hatte. Andererseits aber kann auch daß Gegenteil eintreten, und er befindet sich in völliger Gefangenschaft.

Jeder Mensch besitzt die Gabe zu erschaffen. Seine schöpferische Kraft ist der springende Punkt in bezug auf Materie. Ein fähiger Mann, der es liebt, Romanfiguren zu erschaffen, Bilder zu malen, Poesie zu schreiben, Schönheit oder das Gegenteil mittels positiver, kreativer Gedanken zu erzeugen, der formt ebenso gewiß eine Welt für seinen Aufenthalt nach seiner Befreiung vom Fleische.

Was meinen ersten Eindruck anbetrifft, nun, ich kann nur für mich selbst sprechen. Man erkennt nicht sofort, daß man seinen physischen Körper verlassen hat. Man scheint sich zu entfernen und ist doch nicht gegangen. Man kann immer noch sehen und bis zu einem gewissen Ausmaß Verbindung zur Erde und den irdischen Bedingungen aufnehmen. Es ist ein eher schreckliches Empfinden, wenn man danach trachtet, sich seinen Freunden mitzuteilen und keinerlei Eindruck hervorruft. Wenn einige Seelen hier erkennen, daß sich ihre Taten in Herz und Verstand anderer böse auswirken, leiden sie unter ihrer Unfähigkeiten, die Kräfte, die sie ausgelöst haben, zum Stillstand zu bringen.

Das ist der Hauptgedanke. Die Schöpfungen des eigenen Gehirns strömen hinaus, wie die Wellen des Ozeans, und schlagen gegen den Verstand vieler Menschen. Wenn es sich um Schöpfungen der Schönheit handelt, dann bedeutet es eine himmlische, unbeschreibliche Freude, den guten Gedanken durch das Universum strahlen zu sehen. Doch wenn das Gegenteil der Fall ist ... ich wage es gar nicht, davon ein Bild zu zeichnen.

Es gibt unterschiedliche Stufen mentaler Aktivität (in der geistigen Welt). Je höher die mentale und spirituelle Entwicklung einer Seele, desto größer die Freude oder der Kummer, die sie abwechselnd ausdrückt, obgleich in niederen Graden Licht und Schatten nicht so auffallen.

Astrale Erinnerungen und Gedankenwellen: Ich beabsichtige, mich mit dieser Frage ausführlich auseinanderzusetzen, da es im Spiritualismus diesbezüglich viel, ich möchte nicht sagen Unwahres gibt, aber tatsächliche Fakten fehlgedeutet werden. Ihr besitzt natürlich bereits gewisse Kenntnisse über die Gedankenkraft und seid euch bewußt, daß sich ein Gedanke in eurem eigenen Verstand photographieren läßt ... Wenn ihr ein kürzlich veröffentlichtes Photo von mir (in einer parapsychologischen Zeitschrift) mit dem vergleicht, das ihr selbst empfangen habt, werdet ihr feststellen, daß ersteres Intelligenz, Vitalität und Leben entbehrt; letzteres hingegen – ich schmeichele mir nun selbst – eine intelligente Wiedergabe darstellt.

Derartiges läßt sich im gesamten Phänomenbereich des Spiritualismus finden – sei es mittels des Ouija-Brettes, der Materialisation oder durch direkte Stimme. Diese Phänomene gleichen Blasen. Stich sie an, und sie fallen zusammen, denn es fehlt ihnen die tragende Intelligenz. Beobachtet und überzeugt euch selbst davon. Ihr werdet einen riesigen Ozean ätherischer Eindrücke vorfinden, der noch über gewissen Orten, die mit Szenen aus dem früheren Leben der Seele verbunden sind, schwebt und ihnen anhaftet. Derartige Gedankenformen werden, wenn sie sehr intensiv sind, weiterleben, ohne daß der Mensch davon weiß. Zum Beispiel, in einem Haus, das der vorherige Besitzer sehr liebte, mögen die Leute »Wesenheiten« spüren, die auf der Stiege an ihnen vorbeihuschen, »Geflüster« in den Räumen vernehmen oder sogar eine Erscheinung mag die Bewohner erschrecken. Bei diesen Phänomenen handelt es sich natürlich nicht um Geister, sondern um lebendige Erinnerungen, die noch anhaften. In Kirchen und alten Gebäuden mit einem gespeicherten Kraftfeld wird man viele derartige Formen und Überbleibsel finden. Hellsehende Menschen können sie oft wahrnehmen und beschreiben sie als Geister. Keineswegs! Es sind bloß die Gedanken-Schwingungen eines vergangenen Tages.

Ich möchte den Wert der spiritualistischen Phänomene durchaus nicht schmälern. Es besteht kein Zweifel, es gibt echte Manifestationen. Dennoch bleibt vieles, bei dem es sich bloß um Schattengespenster handelt. Man muß die zahlreichen Gedanken- und Manifestationsebenen in Betracht ziehen. Andererseits darf man nicht vergessen, daß ungezügelte Geistwesen astrale Gedankenkraft zu manipulieren vermögen, um ihre persönlichen boshaften Absichten zu verfolgen.

Der springende Punkt bei der ganzen Sache ist die geistige Einstellung, das Bestreben des Übermittlers. Wenn er in Einklang mit der geistigen Sphäre von Liebe und Intelligenz schwingt, wird sich eine einfach wunderbare intelligente Kommunikation abspielen. Sollte sich sein Geist aber in einem verschwommenen, ungeschulten und, spirituell gesehen, verständnislosen Zustand befinden, dann gerät er in Schwierigkeiten ... «

Von seiner Persönlichkeit sprechend, fuhr ACD fort: »Das ist nicht der Teil von mir, den ich in der geistigen Welt leben möchte. Ich möchte Persönlichkeiten vergessen, Persönlichkeiten, wenn uns allen auch sehr lieb, müssen eine untergeordnete Rolle spielen. Es ist das strahlende Christuslicht, dem wir folgen, um dies durch die Herzen der Menschen klar und vollständig zum Ausdruck zu bringen. Wenn ich an vergangene Fehler denke, wenn ich die Folgen dieser Fehler sehe, welche Qual, welche Verzweiflung! Wie sehr möchte ich anderen eine klare Vorstellung von der Wahrheit geben! Nur eines spielt im Leben des Menschen eine Rolle und das ist, die erlösende Kraft der Christus-Liebe zu erkennen. Wenn der Christus-Geist erwacht ist, wenn er in ihm wohnt, dann lebt er! Alle Phänomene, das ständige Gerenne zu medial veranlagten Personen, um mit den Toten in Verbindung zu bleiben, ist falsch. Der Mensch sollte vielmehr nach dem lebendigen Licht der Wahrheit trachten, der erlösenden Liebe. Die Darstellung eines Lebens nach dem Tode wird ihm helfen zu verstehen. Nur mit diesem Ziel im Auge, sollte er den Schleier lüften.«

Kapitel 11

Kommunikation und Kommunion

Bei der nächsten Zusammenkunft[31] *griff ACD dieses wichtige Thema erneut auf:*

»Verwirrung – das ist es, was wir manchmal erleben. Wir sehen diejenigen, die medial veranlagt sind, wie ein Licht durch den Nebel leuchten, und wir nehmen Verbindung zu diesem Licht auf. Um etwas von der Schwierigkeit zu erahnen, stellt euch vor, ihr befändet euch in nächtlichem Nebel auf einer Londoner Straße. Doch es ist nicht immer so. Manchmal kehren wir zurück, und die Dinge sind glasklar und genau. Wir finden den Geist des Mediums glücklich und heiter vor, frei von jeglicher Depression oder Sorge, die ein Empfangen stören könnten. Wir vermögen also hineinzugleiten und dem Gehirn einen klaren Eindruck zu übermitteln.

Es gelingt jedoch relativ selten, eine klare, eindeutige Botschaft durchzugeben, da gewöhnlich noch ein Rest von geistigen Spuren verbleibt, die wir durchstoßen müssen. Medialität ist eine edle Kunst. Da die Menschheit erst im Begriff steht, zu geistigem Leben zu erwachen, sind sich die Medien ihrer Kräfte noch nicht bewußt. Ein Medium muß ausgeglichen, aber auch flexibel und beeinflußbar sein. Es ist nicht einfach, diese Kombination von Selbstkontrolle einerseits und Empfindsamkeit eines Visionärs und Idealisten andererseits zu erlangen und beizubehalten. Doch diese Faktoren spielen eine wesentliche Rolle, damit sich ein vollkommen eingeschwungenes Instrument öffnet, um die vollkommene Botschaft zu empfangen.

Die meisten Mitteilungen, die der Spiritist aufnimmt, stammen von den Bewohnern der höheren Astralsphären, von Seelen mit guter Absicht und reiner Motivation, obgleich ihrem Wissen und ihrem Überblick Grenzen gesetzt sind. Vergeßt nicht, sie übermitteln mehr oder weniger nur ihre persönliche Meinung und Erfahrung. Aus diesem Grunde finden wir in spiritualistischen Kreisen so viele Machtbereiche, die nur ihren eigenen Standpunkt ausführlich behandeln und ihre eigenen Vorstellungen darlegen. Der Astralbewohner engt die Erfahrung ein, so wie jemand festgesetzte politische oder religiöse Ansichten kundtut. Vielleicht nimmt er an, er besitzt die vollständige Wahrheit, und seine Überzeugungen sind endgültig. Doch jede Seele muß schließlich jenen Pfad betreten, auf dem sie von allen Behauptungen gründlich befreit wird. Von dieser himmlischen Welt möchte ich heute Abend sprechen.

Der Spiritist soll nicht verkünden, daß er, wenn er mit der dritten, vierten oder sogar siebten Astralebene in Verbindung getreten ist, alles gefunden hat. Er hat noch einen weiten Weg zu gehen. Hinzu kommen die zahlreichen Fallen, Fußangeln und Illusionen, die seine Fühlungnahme begleiten. Die übersinnlichen oder magnetischen Kräfte im menschlichen Umfeld sind oftmals für Phänomene verantwortlich, die allzu leicht als offensichtliche geistige Kontaktaufnahme anerkannt werden. Es findet sich so manches im Mentalbereich und Magnetismus der Anwesenden, auf das sich derartige Dinge zurückführen lassen. Hinzu kommen jene Geister, denen ein Täuschungsmanöver großes Vergnügen bereitet, indem sie höhere Persönlichkeiten verkörpern. (Ich habe es selbst mit einiger Sorge beobachtet.)

Manchmal erschafft das Medium eine Gedankenform, die so lebendig wird, daß sie sich an das Medium haftet – was sich hellseherisch wahrnehmen läßt – und tatsächlich Botschaften vermittelt. Auch das habe ich gesehen.

Dabei handelt es sich nicht unbedingt um bewußten Betrug. Viele, die mit dem Spiritualismus sympathisieren, beseelt der starke Wunsch, als Medium zu wirken. Zirkel werden um die Person gebildet, der man mediale Fähigkeiten bescheinigt hat, und ein Zustand der Selbsthypnose findet statt. Ein Gedanke kann derartig »zusammenbacken« und Gestalt annehmen, daß er Wirklichkeit wird. Astralwesen sind nichts weiter als tote Dinge oder Masken, die leicht entlarvt werden können. Die echte geistige Kommunikation klingt stets wahr.

Ihr begeht sicherlich keinen Fehler, wenn ihr mit jenen in der geistigen Welt Verbindung aufnehmen wollt. Es ist auch nicht falsch, euren Freunden die Möglichkeit zu bieten, zurückzukehren, um sich mitzuteilen. In vielen Fällen erweist sich eine derartige Kontaktaufnahme für beide Seiten als höchst wertvoll. Doch wenn dies geschehen ist, dann sollten beide erkennen, daß es Arbeit in der jenseitigen Welt gibt, die nicht erledigt werden kann, wenn der Geist unaufhörlich von den um ihn Trauernden zurückgehalten wird.

Vielleicht könnt ihr es besser verstehen, wenn ich von meiner eigenen Erfahrung der medialen Übermittlung spreche. [32]

Es fällt mir leichter, mich dieses speziellen Mediums nicht über seinen unterbewußten, sondern über seinen subliminalen Geist zu bedienen. [33]

Wie bereits erwähnt, vermag der Mensch gewöhnlich mit zwei Ebenen der geistigen Welt Verbindung aufzunehmen. Wenn er sich nur auf die niederen Astralstufen einschwingt, kann er nicht erwarten, höheres Wissen zu erhalten. Doch falls sich das Bewußtsein eines Mediums anheben läßt, um diesen subliminalen Kanal zu öffnen, dann kann ein wahrer geistiger Kontakt hergestellt werden.

Meine beste Arbeit durch dieses Instrument (Minesta) ist stets über ihr subliminales Selbst erfolgt, nicht über das Gehirn. Obgleich ich sie nicht automatisch oder hypnotisch kontrollieren kann, vermag ich Fakten und Lehren durch die geistige Intelligenz dieses Mediums zu gießen. Aus diesem Grunde bitte ich euch, verwirrt ihren bewußten Geist nicht mit Vorstellungen. Laßt sie alleine und beeinflußt sie nicht. Dann kann ich meine Arbeit verrichten.

Ein Hellseher könnte den Schein wahrnehmen, der in einem Abstand von etwa zwei bis drei Metern ihren Kopf umgibt und dessen oberer Teil trompetenartig in einem goldenen Lichtstrahl ausläuft.

Zahlreiche Kommunikationen über ein Medium verlaufen automatisch oder werden gesteuert. Manches mag an verstorbene Freunde erinnern, kurze Sätze in ihrem Stil und ihrer Vortragsweise vertraut klingen, somit als sicherer Beweis gelten. In solchen Fällen liegt eine automatische Trance-Kontrolle vor, (eine Art) Hypnose von Körper und Geist. Bei einem derartigen mechanischen Vorgehen wird der Inspirationsfluß eindeutig gehemmt.

Andererseits jedoch kann durch eine Kontrolle des subliminalen Selbst des Mediums eine klare und zufriedenstellende Reflexion von Wesen und Persönlichkeit des sich mitteilenden Geistes und nicht bloß seines Benehmens erlangt werden.

Der Prozentsatz des sogenannten »unterbewußten Zeugs«, das spiritualistische Kommunikation vermittelt, ist gering. Dieses »Unterbewußte« gehört eher zum *bewußten* Geist des Mediums und wirkt störend auf die Kontrollnahme seitens des Geistwesens. Der Kern, das innere Leben des subliminalen Selbst, bleibt stets in Verbindung mit dem universellen Leben und kann daher von höheren Wesenheiten beeinflußt werden, die gewöhnlich als Gruppe und weniger einzeln arbeiten.

In unserem persönlichen Falle [34] ... werden die Botschaften durch die Sphären hinabgesandt. Manchmal erreichen wir einen klaren Kanal und vermögen den entsprechenden Gedanken exakt auszudrücken. Bei anderen hingegen scheinen sich Strömungen und Schwingungen zu überschneiden, so daß wir Unzufriedenheit und Traurigkeit empfinden, wenn wir die Botschaften lesen. Unsere Gedanken haben euch offensichtlich nicht mit der Klarheit erreicht, wie wir es wünschten. Bisweilen ist es uns unmöglich, unsere Absicht genau zu übermitteln. Trotz dieser Hindernisse wird der Schleier zwischen den beiden Welten dünner. In den kommenden Jahren wird der Beweis für ein Weiterleben nach dem Tode weniger von Kommunikationen durch anerkannte Medien abhängen, als vielmehr akzeptiert werden, weil die Mehrheit der Männer und Frauen den unsichtbaren Kräften, die sie umgeben, offen gegenüberstehen. [35]

Ich betone, daß unter gewissen Umständen nur ein heller Lichtstrahl durchkommen wird.[36] Medialität kann zweifellos entwickelt werden, doch ich möchte es nicht jedem anraten. Sie gilt nur für auserwählte Durchlaßgefäße. In diesem Punkt begeht die spiritualistische Bewegung einen Fehler, und zwar hinsichtlich der Massenbefürwortung einer Entwicklung medialer Fähigkeiten. Wie in früheren Zeiten, so gibt es auch heute die Auserwählten. Die Gefahren, die eine erzwungene Entfaltung übersinnlicher Kräfte mit sich bringt, können nicht stark genug hervorgehoben werden.

Einige glauben, das Medium verwandelt sich in ein leeres Gefäß, sobald es in den Trancezustand verfällt. Das trifft nicht zu. Obwohl sein Körper dem sich mitteilenden Geist als Instrument dient, bleibt ein Rest seiner eigenen Persönlichkeit und Geisteskraft zurück, der geläutert werden muß. Im Laufe dieses Reinigungsprozesses wird die gegebene Botschaft mehr oder weniger gefärbt. Das Medium kann also ebenso eine große Hilfe, wie auch ein großes Hindernis bedeuten.

Wenn das Medium seine Geisteskraft und Spiritualität kultiviert, kann es von großem Nutzen und enormer Wichtigkeit sein. Es stimmt nicht, daß sich ein völlig unwissendes Medium als das beste Instrument bewährt. Falls ein ungebildetes oder unwissendes Medium für eine spezielle Aufgabe gewählt wurde, dann basiert diese Wahl auf irgendeiner innewohnenden geistigen Eigenschaft oder Fähigkeit. Doch beachtet, Intelligenz darf niemals zu Arroganz führen. Sie muß fügsam sein und sich dem geistigen Boten hingeben. Ein unwissendes Medium hemmt zwar die Durchgabe von Gedanken nicht, ist aber andererseits unfähig, diese klar und eindeutig zu übermitteln.

Wir behandeln nur Gedanken, die sich in Worte fassen lassen und kleiden sie in die Sprache des jeweiligen Mediums, das heißt seiner Denkungsart und seinem Verständnis angepaßt. Ihr seht nun, wie wichtig ein gut geschulter Geist ist, damit wir eine klare und korrekte Lehre übermitteln können. Wir hoffen, uns dieses Mediums zu bedienen. Brighteyes möge es einem alten Mann verzeihen zu gestehen, daß es sich nicht einfach gestaltet, einen reinen Ton auf einem Instrument mit einer Saite zu spielen. Sie könnte sehr hilfreich sein.

Bei späteren Gelegenheiten werde ich manche Themen, die ich zu Beginn unserer Zusammenkünfte angeschnitten habe, weiter ausführen. Darin läßt sich das Werk eines einzelnen, von außerhalb kommenden Botschafters erkennen. Urteilt nicht, bevor ihr das Ganze gesehen habt. Vor meinem Übergang verstand ich die Schwierigkeiten der Kommunikation nicht, ließ mich aber von nüchterner Beweisführung überzeugen, die, wie ich nun erkenne, wohl nicht so stichhaltig ist, wie ich einst annahm. Wenn ich zurückkehre, versuchen sich hunderte von Gedankengängen durchzudrücken. Ich muß lernen, diese Überfülle zu steuern ...

Es fällt mir hier auf, daß sich der menschliche Verstand nur schwerlich dazu bewegen läßt, aufzunehmen, obgleich er schließlich den Gedanken annimmt. Ich möchte euch gerne miteinander verknüpfen, denn es gibt so vieles für euch zu lernen.«

Bhotiva nahm an dem Treffen vom 9. Mai 1932 teil, aus dem die folgenden Auszüge stammen. Lady Conan Doyle und ihre Familie »schalteten« sich von ihrem Haus in Sussex aus ein.

ACD: »Mein Freund (Bhotiva), du hast um einen Beweis gebeten, daß es Conan Doyle ist, der sich mitteilt, Conan Doyle, der zurückgekehrt ist, um seinen Freunden die frohe Botschaft von einem Leben nach dem Tode zu verkünden. Die Beweise liegen auf der Hand. Sie zeigen sich nicht nur in meinen Worten, in meinen Reden, die ich hinsichtlich eines Lebens nach dem Tode gehalten habe. Greifbarere Beweise werden folgen. Ich habe den Wunsch geäußert, daß meine Freunde zuerst die Lehren empfangen sollen, bevor ihnen Beweise physischer Natur geliefert werden.

Die Leute werden meine Lehre akzeptieren, sie werden – sie müssen – denn es hängt so viel von ihnen ab. Conan Doyle wirkt als Sprecher der erhabenen Wesenheiten. Sobald meine Aufgabe abgeschlossen ist, werde ich die Erdsphäre verlassen und weiterschreiten. Ich habe meine eigene Familie in dieser Angelegenheit nicht gedrängt, denn ich weiß, es fällt ihnen schwer, den veränderten Mann, der ich nun bin, zu akzeptieren. Eines sollt ihr jedoch beachten, es handelt sich nicht nur um Conan Doyle allein, sondern um die dahinterstehenden Kräfte, die es mir ermöglichen, diese Beweise und diese Botschaft zurückzubringen. Obwohl gute Kräfte hier herrschen und alle mir ihr Wohlwollen entgegenbringen, bereitet es mir gewisse Schwierigkeiten, mich auf die zusätzlichen Schwingungen heute Abend einzustellen ... «

(Eine längere Pause.)

»Die Gedanken meiner Familie bringen mich auf die persönliche Ebene zurück. Ich vermag die Schwingung der Himmelssphäre nicht aufrechtzuerhalten, meine Freunde ... « (ACD hatte die ganze Zeit über recht erregt gesprochen.) »Doch das Gefühl der Wiedervereinigung mit ihr ist gut. Welche starke persönliche Bindung ich heute Abend hier im Raum verspüre – recht unterschiedlich, recht unterschiedlich.

Denkt daran, meine Freunde, ich habe euch erzählt, daß wir auf diesen verschiedenen Seinsebenen wirken. Selbst von der Erdsphäre aus könnt ihr die astrale, mentale und universelle Ebene berühren. Ich habe diese Dinge erklärt; in irdische Bedingungen zurückkehrend, empfinde ich genau dasselbe. Wir schwingen uns auf die verschiedenen mentalen Abstufungen derjenigen ein, die wir kontaktieren. Manchmal spreche ich von astraler Ebene, manchmal aus der Mental- oder Himmelssphäre. Aber ich muß mich stets auf die Gegebenheiten einschwingen...

Heute Abend soll ich über die zukünftige Arbeit sprechen. Seit Jahren seid ihr vorbereitet worden, ebenso wie ich selbst, obwohl ich damals meine Aufgabe nicht erkannte. Ich sah nicht, daß ich in das geistige Leben hinüberwechseln mußte, um der Weißen Bruderschaft zu dienen. Ich stehe unter der Führung der Weisen. Ich bin ihr Diener, ihr Instrument, und ich muß diese Gruppe organisieren, diese Arbeit in London. Diese Lehren, diese Botschaften sollen die Grundlage bilden. Ich komme zurück, um die Lehren, die ich zu Lebzeiten verbreitet habe, zu erweitern. Ich soll das subtilere Leben offenbaren, einen edleren Pfad, als ich es auf Erden jemals erahnte. Alles muß richtig dargelegt werden. Die Menschen müssen die Wahrheit über ein Leben nach dem Tode erfahren. Ich habe sie vermittelt. Sendet sie hinaus in die Welt!

Niemand, der mich, meine Gedanken und meine Schriften kennt, wird diese Worte anzweifeln. Man wird mich darin erkennen; man wird verstehen; die Menschen müssen verstehen.

Warum haben mich die Prophezeiungen von Unglücken und Katastrophen, denen die Menschheit entgegengeht, einst überschwemmt? Weil ich nun sehe; ich war der Angelpunkt, der Mittelpunkt. Tausende klammerten sich an meine Worte. Aus diesem Grunde bin ich dazu bestimmt worden, der Weißen Bruderschaft zu dienen, indem ich ein klareres, wahreres und genaueres Bild des Lebens nach dem Tode darlege.

In diesem Zusammenhang mag es verwundern, warum das »Conan Doyle-Memorial« in der Schwebe gehalten wurde, warum sich eine solche Organisation nicht rascher fortbewegt hat. Nun, es hätte in die falschen Hände fallen oder falsch gelenkt werden können. Der Menschengeist muß vorbereitet werden. Die Kommunikation besitzt ihren Stellenwert, der Beweis für ein Leben nach dem Tode ist notwendig, doch man darf keinen Mißbrauch treiben.«

White Eagle erklärte hinterher: »Offenkundigkeit ist nicht immer das, was der Menschenverstand als Beweis betrachtet. Die geistigen Bruderschaften besitzen ihren eigenen Weg der Beweisführung. Der menschliche Geist muß bereit sein, sie aufzunehmen, ansonsten bedeutet sie ihm nichts ... Die Grundlage der englischen Gruppe der Weißen Bruderschaft liegt in euren Aufzeichnungen. Wenn die Botschaft hinausgetragen wird, werden viele diese Lehre akzeptieren. Die Leute werden erklären: »Sie klingt wahr, wir werden ihr folgen.« Alle Menschenklassen werden sie annehmen.

Euer Vertrauen und eure Loyalität werden sie durchbringen. Ihr werdet niemals fehlgehen – niemals fehlen.«

Kapitel 12

Rückblick

I

Die vorangegangenen Kapitel haben die Umstände, unter denen die Botschaften ACDs – der Hauptteil dieses Buches – vermittelt wurden, geschildert und einen Vorgeschmack von ihnen gegeben. Jeder, der ACD persönlich gekannt hatte – seine Familie, Estelle Stead, W.R. Bradbrook (der Sekretär des Memorial Fonds) – sahen an den Zügen seiner Persönlichkeit, seinem Verhalten, seiner Energie und Männlichkeit, seiner Charakterstärke und seiner warmherzigen Begeisterung und Zuneigung, daß es sich um denselben Arthur Conan Doyle handelte, obwohl die Erfahrungen sein Wesen geläutert hatten. Das Medium, ihr Mann und ihre Freunde waren Conan Doyle vor seinem Tode niemals begegnet. Die durch das Medium sprechende Persönlichkeit besaß ein Wissen, eine Ausdruckskraft und einen literarischen Stil, der diesem recht fremd waren. Allen Anwesenden fiel sofort das sich verändernde Erscheinungsbild des Mediums auf, sowohl in den Gesichtszügen als auch in der Gestik. Es stand außer Frage, daß es sich hier um eine Gedankenübertragung handelte. Hier war ein Mann, der Einzelheiten vortrug und am Schluß seiner Abhandlungen auf jeden Einwand und jede Nachfrage einging. Es bestand auch kein Zweifel, daß es sich um das höhere Selbst des Mediums handelte, das sprach und antwortete. ACDs Persönlichkeit wurde ebenso stark wahrgenommen wie seine Gegenwart, sein Charakter und die geistige Kraft und Erhebung, die ihm verliehen wurden, damit er seine Botschaft durchzubringen vermochte. Es war dieses Empfinden von *Leben,* das so überzeugend wirkte – von einem freien, ungebundenen Leben voller wunderbarer Möglichkeiten und ohne körperliche Begrenzungen. Dieses Gefühl erhob den Vortrag über die allgemein weltliche oder mentale Ebene hinaus. Hier lag weder ein Phantasiegebilde noch eine ätherische, vorübergehende Projektion des Geistes vor, die seinen inneren, geheimen Winkeln entstammte. Die Arbeit erstreckte sich über einen langen Zeitraum hinweg, und der Mann zeigte sich währenddessen äußerst lebendig und wirklich. Sein Naturell übertraf das aller irdischen Anwesenden an Stärke; es zeigte sich kraftvoll, überzeugend, integriert und besaß doch größeres menschliches Verständnis und Mitgefühl. Das war nicht länger der kranke, erschöpfte und alternde Doyle, der 1930 starb, sondern ein Mann, dessen Kraft und Vitalität auf jeden im Raum einwirkte.

Was sollten wir von Verstorbenen erwarten, wenn sie zurückkehren? Erinnerungen aus ihrem früheren Leben? Man könnte sicherlich erwarten, etwas über ihre neuen Erfahrungen zu hören. Wenn dieser ehemals kompetente, furchtlose und aufrechte Mann alles, was er für seicht und unwahr hielt, geringschätzte, dann sollte man wohl einen genauen Bericht seiner Erlebnisse erwarten. Falls er zudem eine falsche Auffassung vom Leben nach dem Tode besessen hatte, würde er dann nicht danach trachten, sie richtigzustellen, insbesondere wenn sie sich auf diejenigen Menschen auswirkte, die seinen früheren Glaubensansichten zugestimmt hatten? Er würde gewiß alles versuchen, seine Botschaft durchzugeben. Mit anderen Worten, wenn der Mann lebte, dann sollten seine Gültigkeit und sein Charakter den Tod überleben. Dies sind, wie es heißt, die einzigen Merkmale, die einem Menschen auf seinem Totenbett bleiben.

Das also war der Conan Doyle, der zurückkehrte; einige seiner Ansichten geändert, voller neuer Erfahrungen, schwungvoll und im wahrsten Sinne des Wortes lebendig und doch vom selben Charakter, den alle, die mit ihm verbunden waren, kannten. Für seine Familie blieb er der Vater. Aber er war entschlossen, seine Botschaft der gesamten Welt zu verkünden, eine Botschaft, die selbstverständlich sein sollte.

Jemand kann nicht vor Gericht erscheinen und behaupten: »Ich besitze unumstößliche Beweise für die Tatsache, daß Arthur Conan Doyle noch lebt; hier ist er; laßt ihn den Zeugenstand betreten und es beweisen.« Dennoch, der körperlose Conan Doyle begab sich in den Zeugenstand, nicht vor Gericht, sondern vor der ganzen Welt – oder zumindest vor denjenigen, die innehielten, um seine Zeugenaussage anzuhören. Anders ausgedrückt, erklärte er folgendes: »Das bin ich, Conan Doyle. Ich kann vor euch nicht in einem materiellen Körper wie dem eurigen erscheinen, vermag aber auf gewisse Weise meine Beweisführung zu liefern. Diese soll aufgezeichnet und verlesen werden. Ich lege meine eidesstattliche Erklärung in Gegenwart all jener ab, die mich kannten und die meine Identität bestätigen würden, wäre ich in einem physischen Körper. Ich liefere euch einen zwingenden und annehmbaren Beweis. Und falls ich es bin, dann hört mich unvoreingenommen an.

Diese Zeugenaussage, nämlich daß die Toten leben und daher eine Identität besitzen, konnte ich natürlich nicht liefern, als ich noch einen materiellen Körper besaß. Doch nun, bedingt durch die Umstände, ist es mir möglich. Urteilt selbst, ob es sich um das Werk eines Fälschers oder Nachahmers handelt. Sollte es jedoch andererseits nicht mit den Ansichten der Leute von einem Leben nach dem Tode oder mit ihren religiösen Vorurteilen übereinstimmen, könnt ihr nicht von mir erwarten, als einzigen Beweis eine Reihe von Fakten anzubieten, die mir und anderen bereits zu meinen Lebzeiten bekannt waren. Es muß tatsächlich etwas Neues geben, sollte ich an Erfahrung gewonnen haben. Jede Neuheit, die ich verkünde, kann im richtigen Licht gesehen werden, wenn ihr die Schriften der Weltreligionen oder Mystiker studiert. Oder aber, wenn ihr euch der Erkenntnis öffnet, daß Gott ein Gott der Liebe ist und im Universum Harmonie, Ordnung und Vernunft herrscht. Dann werdet ihr erkennen, daß sich die Weiterentwicklung des Menschen durch den Tod zu einem Leben danach auf seiner Natur und seinem eigenen Verdienst gründet, sein Zustand sich als eine logische Folge seines eigenen Wachstums und der Entfaltung seines inneren Lebens ergibt und er nach dem Tode in einem realen, nicht unwirklichen Universum weiterlebt, wo Fakten immer noch Fakten bleiben.«

Ein weiterer sehr interessanter Beweis wurde einem Vertreter der Polaires in Paris gegeben. White Eagle diktierte bestimmte verschlüsselte Figuren, die nur von den Polaires verstanden werden konnten. Diese Tatsache an sich bildete einen objektiven und mathematischen Beweis für die Richtigkeit seiner Aussagen, bemerkenswert im Rahmen und in der Geschichte des Spiritualismus.

Abgesehen von diesem Beweis, sind noch andere Dinge in Betracht zu ziehen. Wie bereits erwähnt, erhielten die Polaires ihre Kenntnisse von dem Weisen Ritter und seinen Brüdern – zusammen mit der Anweisung, an der Durchgabe der Botschaften Conan Doyles teilzunehmen – nur über das »Oracle de Force Astrale«. Dieses operierte allein durch Zahlenreihen, die sich nach einem strengen Zahlencode aufschlüsseln ließen. Die Antwort auf eine Frage ergab eine Reihe von Zahlen, die in orthographisch einwandfreie Wörter übertragen werden konnten. Diese waren noch zusammenhanglos, und es bedurfte einer weiteren Berechnung des Operators, sie sinnvoll zu ordnen. Das Ergebnis stellte eine klare Botschaft dar.

Sowohl Frage als auch Antwort waren notgedrungen in Italienisch, da der Entzifferungsschlüssel nur für diese Sprache allein galt. Die Polaires selbst besaßen ihn nicht. Er verblieb bei dem ursprünglichen Besitzer, der sein Geheimnis hütete.

Die Polaires, die im November 1930 durch das Orakel genaue Anweisungen hinsichtlich der bevorstehenden Botschaften Conan Doyles erhalten hatten, forderten nun einen Beweis dafür, daß White Eagle mit den geistigen

Führern, die die Polaire Bruderschaft leiteten, in Verbindung stand und seine Worte bezüglich Conan Doyle Gültigkeit besaßen. Er erbrachte diesen Beweis, indem er zunächst ihren Leiter und dann eine Vision beschrieb, deren Bedeutung die Polaires klar erkannten. Schließlich diktierte er eine Reihe von Zahlen, die nur für sie und sonst niemanden der Anwesenden einen Sinn ergaben.

Die Zahlenreihe an sich enthielt einen zweifachen Beweis. Um einen Sinn zu ergeben, müssen Zahlen, im Gegensatz zu Wörtern, alle ganz exakt sein.

Der Code, der, um den Ausspruch der Polaires zu zitieren, ein »sehr präzises Kontrollverfahren« darstellte, gehörte mit ziemlicher Sicherheit zum »Oracle de Force Astrale«, denn die von den Weisen gegebenen Antworten bildeten als erstes eine Zahlenreihe. Da White Eagle selbst, wie sich später herausstellte, ein tibetischer Weiser war, dürfte diese Hypothese nicht völlig unrealistisch sein.

In jenem speziellen Falle versiegelten die Polaires die Durchgaben, die sie selbst durch das Orakel empfangen hatten und hinterlegten sie bei einem Notar in Paris. Nachdem sie die nötigen Beweise erhalten hatten, veröffentlichten sie die Ergebnisse in ihrem Magazin, dem die folgenden Auszüge entnommen wurden. [37]

(*White Eagle spricht von den geistigen Führern der Polaire Bewegung und von ihrem Oberhaupt, dem Weisen Ritter, dem Rosenkreuzer):*

»Die erhabenen Wesenheiten sind mir nahe. White Eagle steht nun in Verbindung mit dem Chevalier Sage. Welch herrliche Wesenheit! White Eagle erkennt seine großen dunklen Augen und das weiße, von einem roten Kreuz gezierte Gewand. Er ist es, der die Polaire-Bewegung führt. Er ist es, der Liebe und Brüderlichkeit auf die Welt herabstrahlt.

Nun werde ich euch eine Vision schildern. Ich muß euch auf die Zahlen 3 und 9 hinweisen. Sie besitzen große Bedeutung: 3x3=9. Ein Höhleneingang wird sichtbar. Auf den dunklen Felsen leuchtet der sechsstrahlige Stern. Auf dem Boden liegt ein Schwert in seiner Scheide. Eine Schlange windet sich um einen Stab. Die Kreatur spricht: *Der Mensch ist freiwillig in den Sumpf hinabgestiegen. Nun muß er aus seinem Kreis des Leidens und der Dunkelheit herausbrechen. Sein eigener freier Wille ließ ihn sein Paradies »verlieren«, und er wird es nicht zurückgewinnen, es sei denn durch seinen eigenen Willen und ungeheure Anstrengung.*

Mein Bruder, du kennst den Grund, warum White Eagle dir gewisse Zahlen diktieren soll. Das ist keine einfache Sache, doch ich werde mein Bestes tun, diejenigen zu übermitteln, die ich für dich niedergeschrieben sehe. Ich muß sie dir zu einem bestimmten Zweck, den nur du verstehst, weitergeben.

Schreibe XXV, danach XV, als nächstes IV und dann III. Nun notiere V und II, danach C und LV; schließlich eine V und eine I.«

»B.M.« (Zam Bhotiva) bemerkte zu den Zahlen 3x3=9: » Diese *Ziffern beziehen sich auf die später gegebene Reihe römischer Zahlen.«* Und zu dieser sagt er: *»Diese Zahlen wurden zum Zwecke einer genauen Überprüfung durchgegeben, die uns die Quelle dieser Kommunikationen in Betracht ziehen ließ.«* Die unter diesen römischen Ziffern verschlüsselte Botschaft wurde nicht veröffentlicht. Eines aber sei verraten, White Eagle wirkte in enger, harmonischer Zusammenarbeit vom selben Zentrum aus, wie der Chevalier Sage.(Und sie arbeiten immer noch gemeinsam). Das ergab sich aus jenen Zahlen, die Bhotiva erhielt.

Der letzte Teil des ersten Kapitels in Teil II dürfte von besonderem Interesse sein, da ACD hier den Schlüssel zum Wesen der anderen Welt gibt. Er heißt »Objektivierung«. Im Hier und Jetzt verkörperlichen wir uns selbst unaufhörlich in allem, was wir unternehmen, und dies von frühester Kindheit an. Daraus ergibt sich, daß unser Zuhause, unsere Familie, unsere Freizeitbeschäftigung unsere Angewohnheiten und unser Beruf eine Ausdrucksform von uns selbst darstellen. Das gilt auch für unsere Gesichtszüge, unseren Gesundheitszustand, unseren Körper in Gangart und Haltung, unsere Gedankengewohnheiten, unsere Sprache und unser Benehmen. Sie projizieren nach außen, was wir im Innern sind. Diese Binsenwahrheit wird häufig übersehen. Was jedoch unbeachtet bleibt ist die Tatsache, daß wir in gleicher Weise auch in der unsichtbaren Welt um uns herum Form annehmen. Auf diese Weise erschaffen wir nahezu automatisch die Bedingungen und das Umfeld unseres Daseins nach dem Tode. Der Mensch gestaltet tatsächlich seinen eigenen Himmel oder das Gegenteil, wenn er so will.

Und was öffnet uns die Pforte zur nächsten Welt? Es ist die Liebe. Unter Liebe versteht man jene liebende Güte, die man nicht nur einigen wenigen Menschen entgegenbringt. Sie muß ein ganz natürlicher Ausdruck von uns selbst sein, und zwar allen lebendigen Kreaturen der Welt, in der wir leben, dem Leben selbst und Gott gegenüber. Nur eine solche Liebe vermag die Kluft zwischen dieser und der jenseitigen Welt zu überbrücken und die Qualität der Kommunikation und Kommunion zu bestimmen. Denjenigen, die mit ihren Lieben »dort drüben« über ein Medium Verbindung aufnehmen wollen, gelingt dies nur, wenn sie ein liebendes Herz besitzen, voller Wärme und weisen Verständnisses. Dann öffnen sich die Tore, denn nur wahre Liebe erhebt, nicht mentales Bemühen.

»Objektivierung« heißt also das Schlüsselwort, daß die Umstände des nächsten Lebens bestimmt. Wir projizieren uns selbst in dieses Leben hinein. Es reflektiert zurück auf unser Erdendasein; wir berühren also beide Welten. »Liebe« heißt das zweite Schlüsselwort, sie bestimmt letztendlich den Unterschied zwischen Himmel und Hölle in diesem und im nächsten Leben. Doch wir sollten diesen Tatbestand nicht allzu düster betrachten, denn alle Welten werden von einem Element der Gnade und des mitfühlenden Verständnisses durchdrungen. Wir können uns selbst strenger beurteilen als Gott es tut. Jene beiden Worte enthalten die Essenz der Botschaften, die ACD überbrachte. Deshalb sollen sie hervorgehoben werden.

II

Die Veröffentlichung der Conan Doyle-Botschaft in THY KINGDOM COME, im Dezember 1933, bildete keineswegs den Abschluß der Geschichte, sondern nur einen Teil. Die nachfolgenden Ereignisse, die an dieser Stelle nur zusammengefaßt werden können, begannen nach dem »zwei-zwei Tag« Treffen am 22. Mai 1931. Der Grund hierfür lag in einer weiteren Botschaft durch das »Oracle de Force Astrale«. Die Polaires erfuhren, daß sich in einer Burgruine in den französischen Pyrenäen ein gewisser »Schatz« verberge. Der Hügel, auf dem die Burg stand, war einst ein heiliger Tempel, ein geheimes Heiligtum der Albigenser Bruderschaft gewesen. Diesen Schatz sollten sie bergen.

Die Geschichte hat die »Albigenser« oder »Katharer« nahezu vergessen. Im frühen elften Jahrhundert kam dieses Volk aus dem Osten und breitete sich westlich über Südeuropa aus. In Südfrankreich erhielten sie den Namen Albigenser. Obgleich ihre Herkunft immer noch weitgehendst im Dunkeln liegt, vermuten Mystiker, daß es sich bei ihrem ursprünglichen Begründer (wenn auch viele Jahrhunderte zuvor) um Johannes handelte, dem das Buch der Offenbarung und das vierte Evangelium zugeschrieben werden – jenes Evangelium, das Mystiker als das des neuen Zeitalters bezeichnen. Maurice Magre widmete sich viele Jahre lang dem Studium der Geschichte der Albigenser. Seinem Buch THE RETURN OF THE MAGI ist der folgende, teils zusammengefaßte Bericht entnommen.[38]

> »Die mystische Revolution fand in Albi, Toulouse und Carcassonne statt … (Während der folgenden anderthalb Jahrhunderte verbreitete sich die Lehre über Südfrankreich nach Italien und Deutschland und fand zahlreiche Anhänger.) Die buddhistische Entsagung wurde zum Sittengesetz und breitete sich mit erstaunlicher Geschwindigkeit unter den Anhängern aus.

Von Bordeaux bis zu den Grenzen der Provence, im strengen Languedoc, unter den Kastanien des Albi-Distrikts und in den Mooren von Lauragais füllten sich die Wege mit barfüßigen Asketen, die ihren Brüdern voller Eifer erzählten, was der Geist ihnen offenbart hatte. Es war stets der geistig Bescheidene, der inspiriert wurde ... In der Pappelallee und dem Steinkloster, wo hundert kahlköpfige Mönche einherwanderten, lag oftmals eine solche ansteckende Kraft, daß sich die Tore schlossen und der Garten und die Kapelle sich selbst überlassen wurden ... Sich stets weiter vom Gott der Kirchen entfernend, dem Gott der reichen Prälaten und mitleidlosen Adeligen, verehrten die Albigenser den inneren Gott, dessen Licht immer heller leuchtete, je reiner sie lebten und je mehr ihre Nächstenliebe wuchs.«

Innerhalb der Sekte gab es Abstufungen. Zu den gewöhnlichen Anhängern gehörte unter anderem der Adel Südfrankreichs. Sie entsprachen jenen, die den »mittleren Pfad« beschritten, den der Buddhismus der Mehrheit empfahl. Die *perfecti* oder Adepten gaben alle Annehmlichkeiten des Körpers zugunsten des Geistes auf.

Durch das *consolamentum* [39] verfügten die Adepten über die Macht, sich Zugang zu den himmlischen Welten zu verschaffen. Sie waren Erben eines verlorengegangenen Geheimnisses, das aus dem Osten kam und den Gnostikern und frühen Christen bekannt war. Paulus gründete die äußere Kirche; sie galt den Massen. Doch einige Mystiker glauben, daß Jesus Christus eine innere Gruppe oder Bruderschaft um sich versammelte, die Johannes, der Lieblingsjünger, leitete. Ihm wurde zuerst das *consolamentum* anvertraut, dessen Geheimnis in der Transmission der allerhöchsten Kraft der Liebe bestand, wobei der Ritus an sich das materielle und sichtbare Mittel darstellte, diese Kraft zu projizieren. Dahinter verbarg sich die geistige Gabe, die der Seele des Sterbenden half, die Todeskluft ohne Leiden zu überqueren, um dem Schattenreich der Astralwelt zu entfliehen und in das Licht einzugehen.

Der Autor fährt fort: »Zu keiner Zeit ist ein Volk jemals so bewandert in magischen Todesriten gewesen. Das *consolamentum* hat wohl eine Macht besessen, die der heutige Mensch nicht zu erfassen vermag. Die Erleuchtung des Sterbenden muß den Zuschauern tatsächlich sichtbar gewesen sein, denn die Adepten besaßen ein Wissen, das heute verlorengegangen ist ... .«

Der Kult der Albigenser drehte sich um den Heiligen Geist, den göttlichen Parakleten, das heißt, das *Prinzip,* das es dem Menschengeist ermöglicht, in die wahre Welt zu gelangen (deren Schattenseite diese Welt ist) – die Welt reinen Lichts, die »ewige, unveränderliche Stadt«.

Etwa zweihundert Jahre lang gewannen die Albigenser immer mehr Anhänger. Doch die Bewegung nahm ein tragisches Ende. Anfang des dreizehnten Jahrhunderts unternahm die Kirche von Rom einen Feldzug gegen sie, den der König Nordfrankreichs mit seinem Heer, zusammen mit Söldnern aus anderen Ländern, unterstützte. Anhänger und Adepten, alle mußten sie sterben, denn sie waren »Ketzer«. Zu Hunderten wurden sie in Höhlen eingemauert, um vor Hunger und Kälte zu sterben; man warf sie in die Flammen oder schleuderte sie in Abgründe. Männer, Frauen und Kinder erlitten einen grausamen Tod. Sie begegneten ihm, ohne mit der Wimper zu zucken und mit gelassenem Heldenmut. Selbst die, die eines natürlichen Todes gestorben waren, blieben nicht verschont. Sie wurden ausgegraben und geschändet. Nachdem alles vorüber war, nach einem zwanzigjährigen Blutbad, wurden sogar die wenigen überlebenden Kinder der »Ketzer« ausgestoßen und in einer Weise gekleidet, daß jeder von der Schmach ihrer Eltern erfahren sollte. Soweit bekannt, handelte es sich bei dieser Verfolgung um das grausamste Massaker des Mittelalters.

Angeblich konnte keiner der Adepten entfliehen, wohl aber einige Anhänger. Denn immer wieder manifestierte sich etwas von dem Glauben und der Gedankenfreiheit, die ursprünglich die Brüder des Ostens gebracht hatten. Und immer wieder wurde die Bewegung grausam unterdrückt und, wie man annimmt, durch die heilige Inquisition ausgemerzt. Einige glauben, daß die Anfänge des Protestantismus in der Ankunft der Albigenser liegen. Eines jedoch steht fest, keine einzige Religion, das Paulinische Christentum eingeschlossen, hat der Menschheit in bezug auf den Tod und das Leben danach jemals eine solche Kunde und solchen Trost gebracht, wie die Offenbarung der Albigenser. Weder der Spiritualismus noch der Okkultismus vermögen einen derartigen Beitrag zu liefern. Es heißt, daß sich selbst jenen Albigensern, die in den Höhlen oder in den Flammen starben, der Himmel offenbarte und sie in seine Herrlichkeit aufnahm.

Die Mörder besaßen keine Macht über die Seelen der Adepten, vor allem nicht über die erleuchteten Seelen. Ihr persönliches Selbst engte sie während ihres Erdendaseins ein. Doch dann wurde jeder in seinem Maße freigesetzt (so wie Jesus frei wurde), um in tieferer und umfassenderer Weise zu dienen.

Die Seelen dieser Adepten leben, wenn auch unsichtbar. Ihr Einfluß läßt sich immer noch in jenen Gebirgsländern verspüren, die sie einst bewohnten. Sie segnen sie mit ihrer unsichtbaren Gegenwart. Das Vorübergleiten der Zeit bedeutet ihnen kaum etwas. Trotz der Jahrhunderte, erreicht ihr Einfluß immer noch die Menschheit. Sie beobachten, denn sie besitzen die Macht, dem Menschen gelegentlich beizustehen. Eine solche Gelegenheit war zweifellos gegeben, als ACDs Botschaft übermittelt werden sollte. Die unsichtbaren Kräfte wirken stets in Konjunktion. Vielleicht haben sie die ursprünglichen Instruktionen durch das »Oracle de Force Astrale« inspiriert. Vielleicht haben sie in Zusammenarbeit mit dem Weisen Ritter, dem Rosenkreuzer, gewirkt. Sicherlich kann man in der gesamten Botschaft ACDs eine Verwandtschaft zum *consolamentum* erkennen sowie eine Vorbereitung auf dessen Neubelebung.

Demnach kann man davon ausgehen, daß es nur allzu natürlich und logisch war, wenn sie nach Minesta sandten, um jenen Hügel aufzusuchen, der einstmals ihr Heiligtum barg. Dort sollte sie gesegnet und in die niederen Mysterien eingeweiht werden, damit durch das auf diese Weise vermittelte Wissen und die Kraft die Durchgabe der Botschaft ACDs bezüglich des himmlischen Lebens erleichtert werden konnte.

Minesta glaubte an die Weisen und reiste daher zu jenem Hügel, der sich etwa tausend Meter über einem Tal erhob und von hohen Bergen umgeben war, die selbst im Sommer eine Schneekuppe trugen. [40]

Als sie die Burgruinen auf dem Bergkamm erreicht hatte, fühlte sie, daß sie sich von den anderen trennen mußte. Die Gruppe brannte darauf, den Schatz zu finden. Sie glaubte nicht an die Existenz eines materiellen Schatzes. Während die Gruppe Tag für Tag auf die Suche ging, wurde sich Minesta der Gegenwart und Wirklichkeit der Brüder auf jener Höhe immer stärker bewußt. Viele Albigenser waren dort umgekommen. Nur etwa einen Meter unter der Erdoberfläche fand man vereinzelte Menschenknochen.

Aber die *perfecti* oder Adepten wachten noch über dieses Heiligtum. Sie sprachen zu Minestas Seele und erzählten ihr, woher sie gekommen und für welchen Glauben sie gestorben waren. Johannes, der Lieblingsjünger, war ihr Meister gewesen, der Johannes des vierten Evangeliums, dem die gnostische Weisheit anvertraut worden war und den man geheißen hatte, die innere, mystische Bruderschaft oder Kirche Christi zu gründen, so wie Paulus aufgerufen war, die äußere Kirche des Petrus zu erbauen. In den folgenden Jahrhunderten sollte die Botschaft des Johannes in die Herzen der Menschen dringen und sie inspirieren. Das Geheimnis aller Geheimnisse, das ihnen gehörte, war das *consolamentum* für die Sterbenden gewesen. Es allein besaß die Macht, die Menschen buchstäblich von der Erde in den Himmel zu erheben, indem es den Himmel selbst vor ihnen enthüllte. Das geschah durch ein Wort, einen Blick oder die Berührung eines Adepten. Doch dieses Geheimnis konnte nicht nur durch Worte mitgeteilt werden; vielleicht ließ es sich niemals in Worten niederschreiben. Die Macht, dieses Geheimnis zu enthüllen, konnte nur durch ein Leben der Entsagung gewonnen werden, ein Leben, wie sie es gelebt hatten.

Sie teilten ihr mit, daß sie ihrer Seele dieses Geheimnis in gewissem Maße anvertraut hatten und sie es hüten müsse. Sie war einer niederen Einweihung in ihre Mysterien unterzogen worden. Es blieb abzuwarten, wie sie in der modernen Welt Gebrauch davon machen würde. Sie war gerufen und eingeweiht worden, da es der ACD-Botschaft helfen würde, mit größerer Klarheit und Kraft durchzukommen.

Unterdessen grub die restliche Gruppe eifrig an mehreren Orten. Man fand viele seltsame Dinge, nicht aber einen Schatz. Minesta mußte nach Hause zurückkehren. Die Expedition war scheinbar gescheitert. Doch war es wirklich ein Fehlschlag gewesen? Das »Oracle de Force Astrale« hatte nur vorhergesagt, daß Minesta den Schatz finden sollte. Sonst war niemand erwähnt worden. Was hatte sie nach Hause mitgebracht?

Die nachfolgenden Jahre sollten es beweisen. Wir Sterbliche glauben gewöhnlich, daß wir es sind, die jede Entscheidung im Leben treffen. Das mag gelegentlich zutreffen. Doch in wichtigen Fällen fühlen wir uns *veranlaßt,* in dieser oder jener Weise zu handeln. So erging es jedenfalls Minesta. Als erstes fühlte sie sich gedrängt, für ACD zu arbeiten. Dann sah sie sich gezwungen, das Schloß aufzusuchen, wo Schwierigkeiten und Gefahren lauerten. Nach ihrer Rückkehr mühte sie sich monatelang mit den ACD-Botschaften ab, einem inneren Zwang folgend, dem sie sich nicht zu widersetzen vermochte.

Kurz nach ihrer Heimkehr aus den Pyrenäen wurde ein Zweig der Polaire-Bruderschaft in England unter Minestas Führung gegründet. Später änderte man Titel und Arbeitsmethoden, die wohl eher in Einklang mit den uralten Methoden der Albigenser standen. Zwei Jahre danach entstand mit der Veröffentlichung von THY KINGDOM COME ein beachtliches Problem.

Nur die ACD-Botschaften herauszugeben, das genügte nicht. Jedes Buch ist rasch vergessen. Wie konnte die ACD-Botschaft lebendig erhalten werden? Es schien nur einen Weg zu geben. Man mußte sie, wie das mit der Botschaft früherer Lehrer bereits geschehen war, in einen grundlegenden Glauben für eine Gemeinschaft gestalten und herausfinden, ob sie sich bewährte. Unter White Eagles Führung wurde ein bescheidener Anfang gemacht. Die Eröffnung der »White Eagle Loge« fand 1936 in einem kleinen Saal im Westen Londons statt. Das Wort Loge (Lodge) bezeichnete einen Ort, an dem sich eine »Familie« treffen konnte. Die treibende und unterstützende Kraft, die hinter der Arbeit stand, stammte von White Eagle, unter dessen Führung und Mitwirkung die ACD-Botschaften durchgegeben wurden und auf dessen nachfolgenden Lehren die Arbeit sich weiterentwickelte. Doch die Grundlage bildete die ACD-Botschaft jener frühen Tage.

III

Seit ihrer Gründung, im Jahre 1936, ist die White Eagle Loge in einer Weise gewachsen, wie wir es uns damals niemals erträumt hätten.[41] So manches »Wunder« hat die führende Hand der Weisen erkennen lassen.

Als Bomben im Jahre 1940 die ursprüngliche Niederlassung zerstörten, fand man neue, der sich immer weiter ausdehnenden Arbeit eher angepaßte Räumlichkeiten. Später suchte man auf Anweisung White Eagles ein geistiges Zentrum auf dem Lande. Mit seiner Hilfe wurde es in New Lands in Hampshire gefunden. Die Londoner Loge, New Lands und der rasch wachsende dritte Zweig der Arbeit, die White Eagle-Bücher, wurden als »Gemeinnützige religiöse Stiftung« eingetragen, um nicht nur die Zukunft der Arbeit zu sichern, sondern auch jeglichen Privatgewinn zu verhindern.

Gleich von Anfang an war es völlig klar, daß ACD mit seinen Botschaften ein weites Feld geöffnet hatte. Zahlreiche Themen waren nicht intensiv genug behandelt worden. Doch mit der Veröffentlichung der »White Eagle-Lehren«, die die ursprünglichen Aussagen ACDs erweiterten, wurde diesem Zustand abgeholfen. Alljährlich werden Tausende von »White Eagle«-Büchern von New Lands, dem administrativen Zentrum für die Arbeit der Loge und den Verlag, versandt. Es gibt wohl kaum ein Englisch sprechendes Land, in dem diese Bücher heute nicht gelesen werden. Man spürt den Einfluß, den sie in sich tragen, vielleicht ist es ein Strahl des Magus oder der Brüder des Berges.

Wir begannen mit einem Wagnis, doch das Vertrauen hat uns nie verlassen. Heute gibt es nicht nur die Logen in London und New Lands, sondern Tochterlogen und kleine Gruppen in allen Ländern der Welt. Das geistige Heilen, das auf ACDs Botschaft über die »Heilung aller Krankheiten« basiert, bildete stets einen wesentlichen Aspekt der Arbeit. Heute behandeln »White Eagle-Heiler« alljährlich Hunderte von Patienten mit teils hervorragenden Ergebnissen.

Die Botschaften Arthur Conan Doyles konzentrierten sich vor allem auf die Tatsache, daß der Mensch ein Leben nach dem Tode zu erwarten hat. Man mag sich nun fragen, inwieweit die White Eagle Loge dieses Thema aufgegriffen hat. In den frühen Tagen wurde zahlreichen Leuten der individuelle Beweis für ein Weiterleben gegeben, besonders jenen, die erst kürzlich einen geliebten Menschen verloren hatten. Doch im Laufe der Jahre stellte sich heraus, daß White Eagle und die Brüder den Menschen helfen wollten, durch Meditation und geistige Kommunion selbst eine Verbindung zur Geisteswelt herzustellen. Individuelle Botschaften werden nur noch selten gegeben.

Aber zahllose traurige Hinterbliebene haben ihren eigenen Trost und eine Art Gewißheit gefunden, daß ihre Lieben mit ihnen sind. Dieses Wissen, das wir sicherlich das *consolamentum* nennen können, und die Gewißheit von der Einheit allen Lebens, ist in der Loge, im Leben seiner Mitglieder und Freunde und jener, die die Bücher gerade erst gelesen haben, stark ausgeprägt. Minesta war damals zu jenem Berg geführt worden, um eine Verbindung zu dem uralten *consolamentum* herzustellen. Das war der Schatz, den sie barg.

Jenen Ereignissen, der Übergabe der Force Astrale, der Bildung der Polaire-Gruppe, ihrer Verknüpfung mit Arthur Conan Doyle, seiner Botschaft durch Minesta und der Gründung der Loge lag ein perfekter Plan zugrunde. 1966 offenbarte sich eine weitere Stufe dieses Plans. Die Weisen ordneten den Bau eines Weißen Tempels auf dem Hügel bei New Lands an. Dieser Tempel sollte den Brennpunkt bilden, um von dort aus das geistige Licht und die Lehren in die Welt hinauszusenden. Am 9. Juni 1974 öffneten sich seine Tore für die Öffentlichkeit. Die Vorbereitungen für dieses Unternehmen (wenn auch niemandem auf Erden bewußt) begannen bereits Jahre zuvor. 1956 besuchte Minesta, einem verborgenen geistigen Plan folgend, noch einmal die Pyrenäen.

Wieder erklomm sie die Hügelkuppe – nahezu ein kleiner Berg in sich selbst – und fand den Schrein der Adepten wie damals vor, trotz der veränderten Umgebung ebenso fern und abgeschieden. Es gab immer noch Spuren von den Ausgrabungen der Polaires, die fünfundzwanzig Jahre zurücklagen. Doch es gab kein Zeichen ihrer Ruhelosigkeit und Hast mehr. Tiefer Friede breitete sich über dem Ort aus. Auch dieses Mal warteten die Brüder auf sie. Für Minesta, mit ihrer geschulten Vision, schienen sie realer zu sein als Sterbliche.

Sie sprachen zu ihr und durch sie zu einer Gruppe von Brüdern, die sie begleitet hatten. Sie erklärten, daß in den umliegenden Bergen Luftströmungen vorhanden seien, die ein Durchdringen kosmischer Strahlen erleichterten und daß die heiligen Devas, die jene Höhen hüteten, ebenfalls über die Menschenevolution wachten. Weiter wiesen sie darauf hin, daß die Menschheit als solche im Begriff stand, zu einer höheren Lebensstufe aufzusteigen. Die Wächter des Himmels hielten sich daher bereit. Es traf tatsächlich zu, daß Johannes, der Lieblingsjünger, den heiligen Ort auf den Höhen besucht hatte. Hier ruhte die Quelle der Kraft, die einst die Loyalität der Albigenser selbst bis in den Tod hinein gestützt hatte. Es war die Quelle des *consolamentum*, des »Trostes«, der die dunklen Schleier zwischen der physischen und der himmlischen Welt zu überwinden vermochte.

Die Menschen hatten sich schon lange nach dem Wissen und der Macht dieses *consolamentum* gesehnt. Sie suchten danach und gaben ihm viele Namen. Die Mystiker erwarben es im »heiligen Gral«. Es war das »verlorene Wort«, das den Freimaurern fehlte und nach dem sie schmachteten. Doch es konnte nur denjenigen gegeben werden, die ein reines und wahrhaftes Leben führten. Alle anderen waren für seine Bedeutung blind und taub.

Jene Brüder aus alter Zeit hatten die Durchgabe der Botschaften ACDs und deren Auswirkungen in London beobachtet. In der unsichtbaren Welt, die die unsrige durchdringt, sahen sie, wie diese in Form eines großen ätherischen Gebäudes bereits Gestalt annahmen. Sie hatten diese Arbeit fortwährend in ihrem Strahl der Liebe und des Mitgefühls gehalten, die die Todesangst von jenen nahmen, die darauf zu reagieren vermochten.

Bei dem riesigen Massaker an den Albigensern, vermochten ihre Feinde lediglich den Körper zu töten. Das führte manchmal dazu, daß Seelen freigesetzt wurden, die eine größere Kraft und ein aktiveres Leben erwarben. Diese Kraft behielten sie bei, um sie selbst in der heutigen Welt dienend einzusetzen. Sie vermochten Minesta ebenso zu unterstützen, wie sie allzeit hinter jedem aufrichtigen und hingebungsvollen Bruder standen.

Vieles mehr wurde gesagt, doch diese Worten geben die Botschaft im Wesentlichen wieder. Erhobenen Geistes kehrte Minesta zurück. Dennoch handelte es sich lediglich um eine Vorbereitung des Bevorstehenden. Als sie 1966 in Italien die schlichte Kapelle eines ehemaligen Klosters besuchte, fand wieder eine Kontaktaufnahme mit den Weisen statt, und die Pläne für den Tempelbau wurden offenbart. Das 1956 von den Brüdern beschriebene »ätherische Gebäude« sollte physische Form annehmen. Und so geschah es im Sommer 1974.

Die Geschichte der Loge läßt sich nur schwerlich auf wenigen Seiten zusammenfassen. Dieser kurze Überblick mag jedoch zeigen, daß der von ACD angekündigte handgreifliche Beweis tatsächlich geliefert wurde. Die ACD-Botschaft hat sich bestätigt. Jeder geheilte Patient legt ein lebendiges Zeugnis ab für den Heilungsplan, den er aufzeichnete. Jeder Mensch, der findet, daß die ACD-Botschaft eine wirksame Lebensphilosophie darstellt, eine praktische und tatkräftige Religion, die seine Fragen beantwortet und seine Zweifel beseitigt, bezeugt deren Wahrheit. Die Existenz der Loge, ihre Verzweigung in zahlreiche Tochtergruppen und nicht zuletzt der Bau des Weißen Tempels liefern handgreifliche Beweise.

Der Weiße Tempel, eine Verschmelzung von klassischer und moderner Architektur, ein Symbol der Uralten Weisheit, für das neue Zeitalter neu formuliert, stellt sicherlich ein passendes Denkmal für die spirituelle Arbeit des Arthur Conan Doyle dar. Die Conan Doyle-Botschaft legte den Grundstein zur White Eagle Loge und deren Lehren. In Gebet, Meditation und dem Heilen von Individuen wird tagtäglich das Licht ausgesandt (Brennpunkt ist der Tempel). Auf diese Weise lebt seine Botschaft fort. Eines Tages werden die Menschen vielleicht auf diese Botschaften zurückblicken und sie für das größte und bedeutendste unter den Werken des Arthur Conan Doyle halten.

Diesem Bericht bleibt nichts weiter hinzuzufügen als die Tatsache, daß ähnliche Tempel, die dem gleichen Zweck dienen, eröffnet worden sind, und zwar 1990 in Australasien (in Maleny, Queensland) und 1992 in Amerika (in Montgomery, Texas), ein Zeichen der weltweiten Ausbreitung der Arbeit.

Teil II

Die Botschaft des Arthur Conan Doyle

Vorwort

Bisher ist nur wenig über die Atmosphäre während der Zusammenkünfte gesagt worden, bei denen ACD seine Hauptbotschaft durchgab. Der folgende, wenn auch leicht gekürzte Augenzeugenbericht entstammt THY KINGDOM COME.[42] Er beschreibt den als Kapelle hergerichteten Raum, in dem die Treffen stattfanden, die ungeheure Kraft, die ihn erfüllte und die geistige Erhebung der Anwesenden, wenn White Eagle die tief empfundenen Eröffnungsgebete sprach, die die Zuhörer in staunende Ehrfurcht versetzten.

»Wie bereits erwähnt, bestand die Gruppe aus vier Personen. Zu unserem Bedauern erlaubte es der Gesundheitszustand von Mrs. Miller nicht, regelmäßig teilzunehmen. Mr. Bradbrook, ein langjähriger Freund Brighteyes, der alle Durchgaben aufzeichnete, nahm ihren Platz ein.

Man stelle sich den winzigen Raum im Obergeschoß eines Vororthauses vor. Das Medium ist gen Osten gewandt. Zu ihrer Linken steht eine abgeschirmte Lampe. Ihr Schein fällt auf Bradbrooks Notizbuch, sein aufmerksames Gesicht und die stille Gegenwart des Freundes uns gegenüber. Das Medium sitzt neben mir. Es ist seltsam zu beobachten, wie Brighteyes Alltagspersönlichkeit langsam dahinschwindet, während sie in Trance fällt. Sie verliert die Herrschaft über ihren Verstand und ihren Körper, der kraftlos und leer in den Stuhl sinkt. Und dann überschattet sie ihr geistiger Führer, White Eagle, und eine Transformation findet statt. Es mutet seltsam an, einer Frauenstimme zu lauschen, die nun eher männlich klingt. White Eagle strahlt Würde aus, als er sich erhebt und betet: »*Erhabener weißer Geist, Herr der weiten Steppen, der windgepeitschten Himmel, der stillen Gewässer, der schweigenden Nacht.*« Niemals habe ich jemanden mit solcher Tiefe, Aufrichtigkeit und staunender Gottesehrfurcht beten gehört.

Dann tritt eine erneute Veränderung ein. White Eagles Gegenwart zieht sich von dem Medium zurück, und es sitzt wieder regungslos da. Es wird von der Persönlichkeit eines anderen erfüllt. Die Gestalt setzt sich im Stuhl zurecht, die Hände in vertrauter Weise entspannt. Bisweilen hebt sie die eine Hand und streicht gedankenverloren über die Oberlippe, so als ob sich dort ein dicker Schnurrbart befände. Das Gesicht ist völlig verändert und zeigt, insoweit das für ein weibliches Gesicht möglich ist, die Züge von ACD. Die Stimme unterscheidet sich von der White Eagles. Sie klingt nordisch rauh. Brighteyes spricht gewöhnlich klar und etwas abgehackt. Nun aber ist ihre

Sprache ein wenig undeutlich, wie unter einem schweren Schnurrbart hervorgepreßt.

Die Sätze kommen zuerst langsam, einer nach dem anderen. Wie stille wir sind! Bradbrooks Bleistift folgt den Worten mit kleinen Kringeln, Strichen, Punkten und Linien. Der Lichtschein beleuchtet ein Bildnis unseres Herrn. Wie wunderbar die Kraft, die sich innerhalb dieser vier Wände aufbaut! Die Stimme fährt fort, ungestüm, im nächsten Augenblick versonnen, und dann folgen die Gedanken Schlag auf Schlag. Nach einer Weile die Ankündigung eines neuen Gedankengangs, eine kurze Pause, und dann fließen die Worte nur so dahin. Bisweilen ertönt ein scharfes: »Halt – streiche das durch!« Oder aber die Stimme beginnt von neuem, wenn sie nicht die richtige Ausdrucksweise gefunden hat.

Doch ich konnte mich des Gedankens nicht erwehren (fügte Ivan Cooke später hinzu), wie seltsam förmlich und geschäftsmäßig diese Treffen doch verliefen. Abgesehen von einigen Begrüßungsworten, schien der Sprecher das Thema an der Stelle wieder aufzunehmen, an der er es etwa eine Woche zuvor beendet hatte, jedes Atom an Kraft und jeden Augenblick voll ausnutzend. Wenn sich die Treffen dem Ende näherten, war die Kraft verbraucht. Der Sprecher schloß mit ein paar Dankes- und Segensworten und einem kurzen Lebewohl.

Niemals werde ich seinen leidenschaftlichen Ernst vergessen, seine entschlossene Stimme, seine überzeugenden Handbewegungen, mit denen er die Bedeutung mancher Worte zu unterstreichen suchte. Es war wirklich ein wunderbares Erlebnis.

Die Durchgabe dieser abschließenden Botschaften erstreckte sich über einen Zeitraum von sieben Monaten und endete am 1. Juni 1932. Es waren fast zwei Jahre seit der ersten Kontaktaufnahme mit ACD nach seinem Tode vergangen. Der zweite Teil dieses Buches enthält nur die Botschaften selbst. Die kurzen Begrüßungs- und Abschiedsworte wurden im allgemeinen weggelassen und die Belehrungen an sich in logischer, doch nicht unbedingt chronologischer Folge angeordnet. Einige der Gebete, mit denen White Eagle die Zusammenkünfte eröffnete bevor ACD übernahm, sind den einzelnen Kapiteln vorangestellt worden. Ansonsten stammt alles von ACD. Er ist der einzige Sprecher.

Kapitel 1

Selbsterkenntnis und ewiges Leben

25. Nov. 1931

»Wir rufen die Quelle der Liebe, Weisheit und Macht an und huldigen ihr zu Füßen des Kreuzes, dem Symbol der Aufopferung und Entsagung aller persönlichen Ziele und Wünsche. Wir trachten nach der Einheit mit Dir, göttlicher und lebendiger Christus – dem Großen Weißen Licht. Wir erwarten Dein Kommen, Geist der Liebe. Wir verehren Dich. Möge der Mensch durch Deine Liebe die Wahrheit eines Lebens nach dem körperlichen Tode erkennen, damit die Todesangst von allen Wesen genommen werde. Mögen sie eine klare Vision von dem Fortschritt und der Schönheit erhalten, die sich vor ihnen zeigen. Möge der Mensch seinen Bruder erkennen und ihn so lieben, wie Du alle geliebt hast. So sei es!«

I

18. Nov. 1931

Zur Zeit befinde ich mich in einer unbeschreiblich schönen »Himmelswelt«. Ich möchte meinen Freunden diese Wirklichkeit vermitteln, erkenne aber, daß dies nur möglich ist, wenn sie den »Himmel«, in den ich eingetreten bin, verstehen. Ich fühle mich jetzt noch stärker dazu gedrängt, die Wahrheit bezüglich eines Weiterlebens zu verbreiten. Ich vermute, ich habe ein gewisses Ansehen als Missionar gewonnen. Ich führe meine Erdenarbeit fort, aber mit unterschiedlichen Mitteln und Wegen. Oh, die Schwierigkeit, mit der physischen Ebene in Berührung zu treten! Alles ist so anders, als ich es erwartet hatte. Der Mensch muß erst zur wahren Vorstellung des geistigen Lebens erwachen. Gott sei Dank, die Nebel weichen, und ich vermag klarer zu sehen als zuvor. Meine Freunde erwarten, daß ich über die Trivialitäten irdischen Lebens spreche. Doch seit ich die Wirklichkeit gefunden habe, bin ich damit fertig. Ist es möglich, mit der mir in diesem Medium zur Verfügung stehenden Sprache die Herrlichkeit und Schönheit des Himmels zu beschreiben? Nun, ich werde es versuchen.

Es trifft zu, daß wir nach Durchwandern der sogenannten Astralwelt eine »Schale«, ein »Kleid« oder eine »Hülle« abstreifen, die einst die Seele enthielt und die in diesem astralen Umfeld verbleibt, von der aus wir sterben, um uns wieder zu einem wahren geistigen Leben zu erheben. Psychische Kräfte vermögen diese »Hülle«, dieses »Gewand« vorübergehend neu zu beleben oder auferstehen zu lassen. Ein solcher Vorgang ist rein künstlicher Natur, mag einem Medium aber als Wirklichkeit erscheinen. Wir wollen die Menschen für das wahre Geistesleben öffnen, in dem allein sie Verbindung zu ihren Verstorbenen aufnehmen können. Es sei jedoch darauf hingewiesen, daß ein großer Prozentsatz derjenigen, die sich in der geistigen Welt aufhalten, durchaus nicht danach verlangen, in die Erdsphäre zurückzukehren und sich weder für deren Fortschritt noch die Menschen interessieren, die sie zurückgelassen haben. Es ist nicht jedermanns Sache, sich um eine Verbindung zwischen den sogenannten Toten und den Lebenden zu bemühen.

Wie gesagt, ein Verkehr zwischen den beiden Welten gestaltet sich in diesem neuen Leben nicht so einfach, wie ich angenommen hatte. Doch bei einer Vereinigung mag es sich um eine echtere und wunderbarere Wirklichkeit handeln, als es je erfaßt worden ist. Kommunikation muß zur echten geistigen Kommunion werden. Auf persönlicher Ebene mögen Zuneigung und eine gewisse Verhaltensweise einen Freund besonders liebenswert machen, was aber auch zum Fallstrick für die Freundschaft mit seinem Bruder werden kann. Es gibt zuviel oberflächliche Beziehungen und nicht genügend echtes Verständnis für die Bedürfnisse des menschlichen Geistes.

Das ist die Grundlage, auf der sich der zukünftige Spiritualismus größtenteils entwickeln wird. Es darf nicht mehr um die unbekümmerte Verbindung persönlicher Erinnerungen, irdischer Freuden und Wünsche gehen, sondern um Wachstum, das zu tieferem Verständnis und Erkennen (der geistigen Bedürfnisse jeder einzelnen Seele) führt. Das muß der Grundstein des Spiritualismus werden. Dieser unbeschwerte Kontakt der Persönlichkeiten genügt einfach nicht. Spiritualismus und geistige Verbindung müssen sich zu einer dauerhaften Wirklichkeit entwickeln. Wenn eine solche Realität zum wesentlichen Bestandteil des Seelenlebens wird, verschwindet die Furcht vor Tod, Krankheit und Armut. Derselbe Geist, der Geist des lebendigen Christus, vermag alle Leiden zu heilen. *Denn er wird alle Tränen trocknen … und es wird kein Trauern, Wehklagen oder Zähneknirschen mehr geben.*

Mit der ganzen Kraft meines Geistes möchte ich meinen Freunden den neuen Mann (der ich bin) offenbaren. Irdische Belanglosigkeiten interessieren mich nicht länger, es sei denn sie beeinflussen die geistige Entwicklung des davon betroffenen Individuums. (Das heißt nicht, daß ich der Person zu helfen vermag, es sei denn, sie die Grundbegriffe geistigen Lebens zu lehren.)

Ja, der alte Doyle scheint hinüberzugehen. Aber ich werde euch beweisen, daß ich sterbe und doch weiterlebe! Wenn der Mensch seinen Zweiten Tod durchschritten hat, besitzt er keine Verzierungen mehr. Es bleibt nur der reine Geist! Oh, dieses zweite Erwachen! Ich war mir nur des Einsseins bewußt, der Unendlichkeit und wunderbaren Liebe Gottes. In diesem erhabendsten aller Augenblicke gab es keine Getrenntheit des Daseins. Die Persönlichkeit war gestorben, doch die Individualität war neu geboren worden. Jene, die in Einfalt und Selbstvergessenheit lebten, sind in diese erhabenen Heerscharen pulsierenden Geisteslebens eingekehrt. Männer und Frauen, die den Erdentod durchschritten haben, *leben* und wirken für den Plan Gottes.

25. Nov. 1931

Ihr sollt nicht einen Moment lang glauben, ich wolle den Glauben des Spiritualismus zerstören. Keineswegs! Ich möchte vielmehr ein umfangreicheres, einsichtigeres und genaueres Verständnis für diese herrliche Realität der Unsterblichkeit übermitteln. Einige, auf mentaler und geistiger Ebene ermattet, wechseln in einen Zustand der Verträumtheit hinüber, in dem sie für lange Zeit sozusagen nur atmen. Andere durcheilen die niederen Sphären und streifen jenen dichten Körper ab, der ihnen nach Verlassen des viel dichteren physischen Körpers verbleibt und gehen in die himmlische Welt ein. Beachtet – nur in *diesem* Bewußtseinszustand steht der Mensch direkt vor »Gericht«, vor Gott. Wenn er diesem »Gericht« gegenübertritt – wobei es sich lediglich um die Erkenntnis *seiner selbst* handelt – vermag er ein für allemal in die Tiefen seines Innern zu blicken. Erkennt er schließlich seine eigene Schwäche im Vergleich zu dem strahlenden und glorreichen Gottesleben, ist seine Seele erfüllt von Mitgefühl für die gesamte Schöpfung, erfüllt von Liebe, der erlösenden Christusliebe.

Nun öffnen sich ihm die Wege. Die Erdsphäre weit hinter sich lassend, vermag er in immer höhere Bewußtseins- und Verständnisbereiche voranzuschreiten und sich der Fülle geistigen Lebens hinzugeben. Oder aber der Schrei der Menschheit hält ihn gefangen, die Qual jener, die sich verzweifelt in Dunkelheit und Schmerz auf der Erdebene abmühen. Kann er den Herzensschrei der Menschheit ignorieren?

Ruhe in Frieden! Ja, meine Freunde, nun verstehe ich ... Wenn ihr den Frieden erlebt hättet, diese Stille und Schönheit der himmlischen Welten, würdet ihr verstehen, daß viele in diesem Frieden ruhen möchten. Ruht sich der Mensch nicht auch nach einer anstrengenden Arbeit aus?

Ich mag das persönliche Fürwort nicht so gerne, denn es ist zum wir geworden – *wir.* Jeder, der in das geistige Leben eintritt, in dem das Getrenntsein nicht existiert, wird dies so empfinden. Obgleich die Individualität größer wird, als ihr es aus irdischer Sicht erfassen könnt, wird sie in ihrer Größe eins mit dem Ganzen. Daher spricht kein Individuum von sich in der ersten Person, denn es ist nicht länger »Ich«, sondern »wir«. Diese Tatsache wird in das Herz der Menschen eindringen – *das Wir-Gefühl.* Er wird dann erkennen, daß er niemals völlig aus sich heraus denken, sprechen oder handeln kann, denn jeder Gedanke, jedes Wort und jede Handlung muß auf die ganze Gemeinschaft einwirken.

Wir – WIR! Hat nicht Christus gesagt: *»Aus mir selbst heraus vermag ich nichts?«* Will er damit nicht ausdrücken: »Ich bin nichts?« Und nichts zu sein bedeutet, alles zu werden – das Unendliche! Spricht hier nicht Bescheidenheit? Darin besteht eine der ersten Lektionen, die der Mensch lernt, wenn er den Zweiten Tod durchschritten hat.

Aus diesem Grunde verkündet der Spiritualismus eine sehr wesentliche Botschaft. Für Tausende von Seelen, die ihren physischen Körper abgelegt haben, besteht die Notwendigkeit, kurz nach ihrem Übergang mit ihren Lieben auf Erden Kontakt aufzunehmen. Zu diesem Zeitpunkt ist eine Vereinigung richtig und echt. Das darf aber nicht dazu führen, an dieser Seele, die eigentlich weiterschreiten sollte, festzuhalten. Um eine echte Vereinigung herbeizuführen, muß der Mensch nach der rein geistigen Verbindung trachten, die sich niemals auf dem Wege der eher groben, übersinnlichen Phänomene erreichen läßt.

Ich hoffe, wir überbringen eine Botschaft des Glücks und der Schönheit. Macht geduldig weiter, und ihr werdet einen tiefen Einblick in die Wahrheit dieser Botschaften gewinnen. Trefft euch bald! Gott segne euch!

II

22. Mai 1932

Oh, dieses unsagbare Verlangen in meinem Herzen, die herrliche Wirklichkeit dieser Himmelssphäre und der Welt der Körperlosen zu verkünden!

Der Tag, an dem ich meinen Körper ablegte, scheint ein Zeitalter zurückzuliegen. Doch heute verspüre ich eine zunehmende Kraft. Ich glaube, es war mein irdischer Geburtstag. Obwohl man ihn der Vergangenheit zurechnet, scheint die Verknüpfung mit der Erde tatsächlich zu bleiben. Eine besondere Kraft erfüllt den Tag, an dem sich der Geist inkarniert. Sie kann zum Guten oder Bösen verwendet werden. Am Jahrestag eines Todes, einer Geburt, eines Mordes oder Selbstmordes beziehungsweise irgendeines tragischen oder sonstigen Ereignisses, das die Seele des Menschen entscheidend beeinträchtigt, treten die gleichen geistigen Schwingungen in der Erdsphäre wieder auf.

Ich scheine mich von irdischen Erinnerungen weit entfernt zu haben, das heißt, bis zu einem gewissen Punkt. Spirituell belanglose Erlebnisse verblassen. Nur solche Situationen, die mich geistig nachhaltig beeindruckten, bleiben. Einiges, das ich geschrieben habe, verschwindet, wohingegen andere Arbeiten aus meiner Feder und meiner Imagination weiterleben; sie leben, um zu betrüben oder zu inspirieren. Gott sei Dank verweilt so manches meiner Werke als leuchtende Erinnerung des Glücks und der Freude in meinem Herzen!

Während ich spreche – oder sollten wir besser sagen, während ich meinen Geist durch diesen Kanal strömen lasse, der für diese spezielle Aufgabe lange vorbereitet worden ist – nimmt mich erneut ein Kraftstrahl auf, und ich vermag euch meine Erfahrungen nach meiner Befreiung lebendiger zu schildern.

Es trifft zu, daß *ein Mann nicht in einen Honigtopf fällt, wenn er in die Geisteswelt hinüberwechselt!*

Es hängt natürlich alles von der Mentalität und spirituellen Entwicklung des Menschen zum Zeitpunkt seiner Befreiung ab. Hat er ein grob materielles, sinnenfrohes oder selbstsüchtiges Leben geführt, wird er »in der Tinte sitzen« (das heißt, Schwierigkeiten haben). Meine Freunde, versteht folgende Tatsache. Die Seele muß jeden Zustand und jede Phase des Verlangens, die sie einst gefördert und befriedigt hat, durchleben. Sie durchlebt sie als das bewußte, so vertraute Selbst. Die unbändige Sehnsucht, den Hunger nach ähnlichen Erlebnissen zu stillen, quält den gerade freigelassenen Astralkörper. In den meisten Fällen läßt sich keine Erleichterung finden. Getrieben von seinem unstillbaren Verlangen, bricht der Mensch schließlich förmlich zusammen und erkennt allmählich, daß die graue Astralwelt ihn nicht zufriedenstellen kann. Das gehetzte Leben in der Unterwelt läßt sich einfach nicht darstellen oder beschreiben.

Irgendwann erreicht er natürlich den Punkt völliger Erschöpfung, wenn das Feuer seines Seins verglüht ist. Die Seele schreit nach Gott. An wen sonst könnte sie sich in tiefster Verzweiflung wenden?

Gott, mein Gott, warum hast Du mich verlassen? Das ist die Wende. Je nach Vermögen erwacht ein winziger Gottesfunke, der die Sehnsucht nach mehr entfacht.

Er steigt die Unterwelt empor. Jeder Schritt in Richtung auf Erlösung muß verdient werden. Selbst in der nächsten Sphäre, obgleich lichter, klarer und heller, wirkt das Gesetz Erlösung durch Bemühung. Auch dort erlangt er keine Befriedigung, doch es drängt ihn vor- und aufwärts.

Meine Freunde, es gibt immer zwei Seiten. Obwohl der Mensch sowohl auf Erden als auch in dieser Welt geistige und körperliche Höllenqualen erleiden mag, gibt es immer Zeiten, in denen wir die Höhen erreichen, ihr dort (in der eurigen), wir in der unsrigen Welt.

Wir kehren stets aus eigenem Entschluß zurück (aus der geistigen Welt). Aufgrund des *Rechts zu wählen,* akzeptieren wir, das Selbst, das wahre Innere des Menschen, Bedingungen, von denen wir wissen, daß sie höchst wertvolle Erfahrungen bringen werden. Glaubt nur nicht, daß Zeit und Ort der Geburt sowie der Geburtszustand des Menschen Zufall sind. Das gesamte Erdenleben muß mit dem endgültigen göttlichen Plan übereinstimmen. Ich spreche von »Erdenleben«, da dieses den Brennpunkt bildet, von dem aus sich das nachfolgende geistige Leben entfaltet.

Wie treffend drückte es doch der Meister aus, wenn er erklärte: »*Es fällt kein Sperling vom Dach, um den dein Himmlischer Vater nicht weiß. Selbst die Haare auf deinem Haupte sind gezählt.*« Das ist die Wahrheit. Alles ruht im Herzen Gottes. Denn Er hält dich in Seiner Hand.

Der Mensch muß lernen, sich mutig und aus eigener Anstrengung aufrechtzuerhalten. Er muß nicht nur sich selbst finden, sondern Kontrolle über sein gesamtes Sein gewinnen. Erst dann vermag er sein ungeheures Potential zu erkennen, eine Erkenntnis, die den Sinn der Lebensdisziplin an sich bildet.

Mit dem Wort »Leben« meine ich nicht ein Leben aus sterblicher Sicht. Ich bezeichne damit das Leben als Ganzes, als eine einzige riesige Erfahrung, das vom Scheitelpunkt ausgehend zu diesem zurückkehrt.

Ja, ja; mir wurde ein kurzer Einblick in diese Himmelswelten gewährt. Manchmal schien ich emporgehoben zu werden, um wie auf Engelsschwingen getragen, einen flüchtigen Eindruck von den unbeschreiblichen Wundern gewinnen zu dürfen.

Doch mißversteht mich nicht. In vielen Fällen werden jene Zustände der niederen Welten, der Unterwelt, niemals erlebt. Der von seinem physischen Körper befreite Geist vermag diese Ebenen unbewußt zu durcheilen, vergleichbar mit dem nächtlichen Traum. Für ihn bleibt es ein Traum. Gott sei Dank! Viele erwachen auf einer Ebene, die die Spiritualisten als »Sommerland« kennen. Dort finden sie einen angenehmen Ort, einen sehr guten Ort und warten ...

Zu diesem Punkt mögt ihr Fragen haben. Ich werde versuchen, sie klar zu beantworten.

Frage: *»Deiner Lehre entnehme ich, daß es sich bei der siebten Astralstufe, der dichteren, um die Unterwelt der Wünsche und Begierden handelt.«* [43]

Die niedere Astralebene stellt das brennende, anhaltende Verlangen dar, das der Mensch während seines Erdendaseins genährt hat. Sie wird von jenen aufgesucht, die weder Zuneigung noch Liebe für irgendeine Kreatur empfinden, außer für sich selbst.

Die darüberliegende Ebene? Nun, dort finden wir ein etwas lichteres Leben vor. Obwohl immer noch dunkel, herrscht hier eher das Grau eines englischen Novembertages. Sie wird von einem fahlen Licht durchdrungen, da die Bewohner eine Art Zuneigung und Liebe entwickelt haben, wenn auch kaum für die Natur und die Tiere. Das Licht auf der Reise durch die Sphären entstammt nur dem erwachenden Innern. In diesem Grau sieht man verkrüppelte Bäume und eine verkümmerte Vegetation. In Grau gehüllte menschliche Formen leben und wohnen in feuchten, dicken Nebeln. Sie sind so sehr in sich selbst verstrickt, in ihre Ichbezogenheit, daß sie eine unangenehm kalte und abstoßende Atmosphäre um sich her aufbauen.

Eine solche Ichbezogenheit verwirklicht sich nach außen hin in vollkommen logischer und natürlicher Weise.

Frage: *»Wie verhält es sich mit der auf diese folgenden Astralstufe* (der fünften) *?«*

Hier finden wir lichtere Gegebenheiten vor, das Verlangen, seinem Nachbarn zu helfen, ein waches Interesse für ihn. Irdische Situationen neigen dazu, sich fortzupflanzen. Wir versammeln uns zu öffentlichen Gottesdiensten und wohnen in unschönen, baufälligen und mitunter nicht gerade gesunden Häusern. Der spirituelle Zustand der Bewohner verwirklicht sich auch hier nach außen hin. Doch die Seele strebt dem Licht entgegen, was die Gegebenheiten allmählich schöner und hoffnungsvoller gestaltet.

Wir betreten die vierte Sphäre. Hier sind die Dinge entschieden besser. Wunderschöne Landschaften eröffnen sich uns. Es herrscht eine glücklichere und harmonischere Atmosphäre. Familien wohnen unter einem Dach. Wir sehen die in zahlreichen spiritualistischen Büchern beschriebenen Häuser, Seen, Flüsse, Berge, Blumen und Tiere, insgesamt eine recht strahlende »zweite Ausgabe« oder Fortsetzung eines komfortablen Erdenlebens. Hier entwickelt sich die Seele in mentaler und spiritueller Hinsicht und schafft somit die äußeren Gegebenheiten von Harmonie und Schönheit, bei denen es sich im Grunde genommen lediglich um einen Abglanz ihrer mentalen und geistigen Ebene handelt.

Diese Atmosphäre scheint sich aufzubauen, weil der mentale und geistige Fortschritt des Geistes diese Dinge *für sich selbst, aus sich heraus* schafft, ähnlich wie der Erdenmensch seinem häuslichen Leben entweder Harmonie oder Disharmonie verleiht. Nur unsere Schönheit, Heiterkeit und unser Wohlergehen manifestieren sich in den geistigen Reichen.

Frage: *»Wenn es sieben Astralstufen gibt, wie läßt sich das mit der Hauptzahl Zwölf in Einklang bringen? Du hast uns sieben Astral-, drei Mental- und drei Himmelsstufen, also insgesamt dreizehn, gegeben.«*

Tatsächlich gibt es nur zwölf Stufen. Die unterste oder siebte Stufe der Astralebene verbleibt so eng mit der Erde verwoben und identifiziert sich so stark mit deren Interessen und Einflüssen, daß man sie dazuzählen kann. Um mathematisch genau vorzugehen, sollte man diese niederste Stufe mit der physischen Ebene verbinden, denn die Bewohner sind noch Erdenmenschen. Die erste geistige Stufe beginnt mit der ersten grauen Sphäre. Ist das klar? [44]

Es gibt also zwölf Sphären, sechs astrale und sechs himmlische. Die letzte Mentalstufe kennzeichnet einen Halteplatz oder *Nirvana,* wo die Seele meditiert, kontempliert und die Erfahrungen der Vergangenheit in sich aufnimmt. Es ist der Ruheort nach Abschluß einer jeden Inkarnation, bevor die Seele zurückkehrt, um neue Erfahrungen zu sammeln.

Jenseits dieser Mentalstufen, jenseits des *Nirvana,* wartet – wir wollen es nicht den »dritten Tod« nennen – doch die endgültige Befreiung von der Wiederverkörperung. Danach schreitet die Seele weiter, durch die »Hallen des Wartens« zum himmlischen oder kosmischen Bewußtsein.

Kapitel 2

Die Harmonie, Vollkommenheit und Herrlichkeit himmlischen Lebens

13. April 1932

»Licht, Wahrheit und Liebe, Du höchste, unendliche Kraft des Universums; Du, die Süße einer jeden Blüte der Liebe im Menschenherzen, des vom Wind gepeitschten Himmels, der brausenden Wellen und des Lebensatems!

Du, unser Vater-Gott, wir neigen uns vor Deiner Majestät. Unser Herz strömt über vor Dankbarkeit für deine Liebe. Mögen wir Deinem Wunsche entsprechend geläutert und Diener Deines Willens werden. Mögen wir mit Dir in der Ewigkeit leben. Wir rufen die Zentren der Weisheit, Liebe und Kraft an.

Wie im Anfang, so in alle Ewigkeit. Amen«

I

Datum unbekannt

Nachdem ich meinen physischen Körper verlassen hatte, vermochte ich mich für einen beachtlichen Zeitraum nicht zu befreien. Doch es ist unmöglich, die »Geographie« meines Zustandes genau zu beschreiben. Ich fühlte mich in seltsamer Weise mit meinem Geburtsort und den ersten Lebensjahren verknüpft. Ich konnte nicht entfliehen, weder um zurückzukehren noch um in jene Himmelssphäre voranzuschreiten, von der ich wußte, daß sie existierte und ich ihr recht nahe war. Ich lag tatsächlich in Ketten. Die Hoffnung, mit meinen Freunden Verbindung aufzunehmen, wurde vereitelt. Immer wieder versuchte ich es, doch mein Bemühen stieß auf erhebliche Schwierigkeiten. Ich vermochte nur Gedankenprojektionen hervorzubringen. Skizzenhafte Bruchstücke schienen die Dichte um mich herum zu durchdringen. Solche schwachen Botschaften bestätigten meinen Lieben, daß ich auf alle Fälle bewußt war.

Und dann schien ich in einem Lichtstrahl aufgenommen zu werden. Eine unbekannte Kraft kam mir zur Hilfe, die mich meinen wahren Zustand schauen ließ. Später erfuhr ich, daß es sich bei diesem Lichtstrahl um eine Projektion der Liebe und Kraft der Polar-Bruderschaft handelte. Er besaß unschätzbaren Wert für mich und vermittelte mir eine klare Vision der tatsächlichen Lebensbedingungen unmittelbar nach dem Tode.

Jede Seele muß einen solchen Zustand, eine solche Zeitperiode, durchleben. Wie lange diese dauert, hängt von der mentalen Verfassung des Menschen in jenem Augenblick ab, da er seinen Körper verläßt. Für einige ist es eine Angelegenheit von wenigen Stunden oder Tagen, für andere von Jahren. Selbst Jesus stieg in eine Ebene der Ungewißheit hinab, den sogenannten »Hades«, das Reich der ruhelosen Geister. [45] Und so muß auch jeder Mensch nach dem Verlassen der Erde diese Zone ruheloser Menschenseelen passieren. Wie ich bereits erwähnte, vermag man diesen astralen, mentalen und physischen Bindungen kaum zu entfliehen. Nur die erleuchtete Seele eilt geschwind durch die Sphären astraler, nieder-astraler und dichterer Materie.

Im geistigen Leben besitzt die Zeit keine Bedeutung. *Wir werden augenblicklich verwandelt werden,* wie Paulus richtig sagt. *Mit dem letzten Trompetenstoß,* was sich nicht auf das Ende der Welt bezieht, wie unsere Freunde des Christentums zu glauben pflegen. Es bedeutet das Ende der materiellen Welt der Seele. Dann, wenn der Mensch die grauen Astralsphären durchschritten hat und das Licht des ewigen Gottesgeistes ihn berührt, wird er *augenblicklich gewandelt!* Er streift seine irdische Hülle ab, zieht seinen Himmelskörper an und wohnt im Herzen des ewigen Geistes.

Es heißt, daß zwischen dem Menschen, der in Abrahams Schoß ruht, und dem Reichen, den die Flammen der Hölle gefangenhalten, eine Kluft besteht. Läßt sich das vermeiden? Wird es immer eine Trennung zwischen dem Himmels- und dem Erdenmenschen geben? Immer, solange der Mensch fortfährt, sich dem Irdischen zu verschreiben.

9. Dez. 1931

Zuletzt haben wir uns mit den Zuständen beschäftigt, die unmittelbar nach dem Tode folgen. Vielleicht haben wir die düstere Seite zu eingehend betrachtet, indem wir recht pessimistisch über die grauen Sphären, die Astralerinnerungen und die Fehler der Spiritualisten sprachen. Aber es gibt auch eine andere Seite. Es liegt noch nicht allzu lange zurück, daß ich selbst jenen ruhelosen und verwirrenden Zustand durchlebt habe. Er muß wohl einen recht tiefen Eindruck in dem Teil von mir selbst hinterlassen haben, der eher bereit ist, mit der Erdebene Kontakt aufzunehmen.

Die Schwierigkeit liegt darin, die rechten Worte zu finden, um diese Lebensumstände zu beschreiben. Die von Zeit zu Zeit durch den Spiritualismus gegebenen Beschreibungen astralen Lebens stammten meistens nur von jenen Seelen, die noch stark an der Erde haften. Vergleichbar mit den vielen unterschiedlichen sozialen Stufen auf Erden, gibt es auch auf der Astralebene eine Anzahl von Bedingungen, die sich den Wünschen derer anpassen, die sich dort aufhalten. Daher werdet ihr stets verschiedene Darstellungen dieser speziellen Ebene erhalten. Nach dem »Tod« des Astralkörpers, wenn der Mensch seine Astralhülle abstreift und in das himmlische Leben eintritt, finden wir dort einen Zustand des Einsseins oder Einklangs. In diesem Zustand ist sich die Seele nur der einen einzigen Schwingung der Liebe und des Dienens bewußt. In dieser Sphäre erkennt sie vor allem die gewaltigen kosmischen Kräfte.

20. Jan. 1932

Was den Zweiten Tod anbelangt, den wir alle nach einer Periode der Bewußtlosigkeit durchleben, die Minuten, Stunden, Tage oder sogar Jahre anhalten kann, beginnt eine Zeit der Ruhe für das Bewußtsein. Danach erwacht der Geist zu einem reichen, lebendigen und erneuerten Leben. Der Begriff Zeit existiert hier nicht. Der Zweite Tod hat stattgefunden, und alles Irdische ist vergangen. Mit dem Zweiten Tod stellt sich das große Erwachen ein. Die Seele erwacht, wenn sie die Wahrheit erkennt und einen kurzen Einblick in das gewaltige Erlösungswerk des Christus gewinnt. Diese Tatsache vor Augen, schreitet der Mensch zur Mentalebene.

Ich möchte jedoch darauf hinweisen, daß die Seele nicht jede Mentalstufe berührt, sondern zu derjenigen wandert, die ihr entspricht. Auf diese Weise wird sie sich Stufe um Stufe des geistigen Lebens emporarbeiten. Dazu zählen nicht nur die Erfahrungen eines einzigen physischen Lebens, sondern aus allen Inkarnationen der Seele. Daher bestimmt der Mensch mit jeder einzelnen irdischen Verkörperung denjenigen Ort in der Mentalebene, den er aufsuchen muß. Auf diese Weise wird er im Laufe der Zeit jede Phase und jeden Zustand des geistigen Lebens erfahren.

Ist das klar? In der physischen Welt legt er also den Grundstein für die Astral-, Mental- oder Himmelsstufe, zu der er unterwegs sein wird. Das heißt, er erhält genau das, was er auf Erden erarbeitet hat.

II

9. Dez. 1931

Vor mir liegt eine äußerst schwierige Aufgabe. Ich werde mich bemühen, den Unterschied zwischen der Mentalstufe, auf der die Seele nach dem Zweiten Tod erwacht, den mentalen Aktivitäten selbst und des jenseits liegenden himmlischen Lebens herauszuarbeiten. Der Mentalkörper nimmt nur Verbindung zu einem mentalen Zustand auf, ein Zustand, der sich erheblich von dem sogenannten spirituellen und himmlischen unterscheidet.

Die Mentalebene verfügt über eine ungeheure Kraft. Die Seele muß hier ihre mentalen Fähigkeiten gebrauchen, die frei werden, sobald sie diese Existenzebene betritt. Bevor sie sich der Himmelssphäre bewußt wird, muß ein feines Gleichgewicht zwischen den mentalen und den geistigen Aspekten erlangt werden. Sie scheint eine Zeitlang in Stille wachsen zu müssen. So, wie der ausgesäte Same keimt, verweilt auch der Mensch nach Betreten der Mentalwelt dort eine Weile und hebt sich dann zum Himmlischen empor, wobei er die angesammelte Kraft und das Rüstzeug mit sich trägt.

In der himmlischen Welt beginnt die Arbeit des Erschaffens. Darin besteht die Herrlichkeit und Großartigkeit dieses Lebens, jene kreative Kunst, die das wahre *Werden* der Schöpfung darstellt. In dieser Himmelswelt nimmt der Mensch etwas von dem göttlichen Christuswesen auf. Fast engelgleich, lebt er inmitten der Engelscharen. Könnten wir euch doch eine intuitiv erfaßbare Vorstellung von der Harmonie und Vollkommenheit dieses Daseins vermitteln!

In dieser Welt wird sich die Seele ihrer wahren Natur bewußt. Hier erkennt sich das Selbst[46] als tatsächlichen Teil Gottes …

Normalerweise erreicht der Mensch diese Lebenssphäre nach etwa dreißig Jahren.[47] Es gibt nichts, das den Willen der Seele hindern könnte, denn der Mensch macht seinen freien Willen geltend. Falls er in der Astralwelt verweilen möchte, sind ihm zeitlich keine Grenzen gesetzt. So kann ein Jahrhundert oder sogar ein noch längerer Zeitraum verstreichen. Manchmal aber eilt er rasch aufwärts, sehnsuchtsvoll bestrebt mit dem Gottesbewußtsein vereint zu sein.

Was mag es wohl für eine Seele bedeuten, freiwillig auf ihren Himmel zu verzichten und ihre Schritte wieder erdwärts zu lenken, um zu dienen? Könnt ihr euch vorstellen, den Zehnten von den Wundern und der Harmonie himmlischen Lebens zu geben? Ja, es gibt Gestalten dort. Es sind Engel von vollkommener Schönheit. Ihr stilles Antlitz strahlt in der Herrlichkeit tiefen Friedens und unsagbarer Liebe. Jeder Geist wird besänftigt und beglückt. Es herrscht eine ungewöhnliche und klare Atmosphäre hier. Harmonie und göttliche Musik durchströmen die Seele ohne Unterlaß. Ihre höchste Freude besteht darin, selbstlos zu dienen. Denkt euch diese Sphäre nicht als eine Ebene des Ausruhens, obgleich sie eine Welt des Friedens ist. In der Atmosphäre des Friedens lernen wir etwas von den Schöpfungswegen und werden selbst schöpferisch.

Ja, es gibt tatsächlich Seelen, die selbst diese Freuden bereitwillig opfern, um zu den niederen Ebenen hinabzusteigen und zu arbeiten. Vergleichbar mit einem Taucher, der sich in die Tiefen begibt oder einem Bergmann, der in das Erdinnere dringt, können die zurückkehrenden Seelen ihre Astralhülle überstreifen und wieder etwas von den Begrenzungen der Persönlichkeit auf sich nehmen. Auf diese Weise vermögen sie eine Zeitlang in den niederen Ebenen zu wirken, um, sozusagen atemholend, wieder emporzusteigen, da es ihnen unmöglich ist, eine solche dichte Atmosphäre zu ertragen.

Auch Seelen, die in den himmlischen Reichen weilen, vermögen mit der Erde in Kontakt zu treten. Zu diesem Zwecke gibt es Boten. Nur wenige verstehen den wunderbaren mystischen Aspekt unserer Bibel. Es heißt dort, daß Jakob im Traum eine Leiter zwischen Himmel und Erde sah. Eine Kindergeschichte, vielleicht? Er sah, wie Engel sie hinauf- und hinabstiegen, und genau das geschieht immer noch. Die Bewohner der Himmelssphäre senden tatsächlich Nachrichten zu den Erdenmenschen. Leider geht vieles unterwegs verloren, und es ist ein Jammer, daß in bezug auf die Kommunikationsmethoden so viel Verwirrung herrscht!

Das letzte Mal sprachen wir über die Worte des heiligen Paulus: *»Mit dem letzten Trompetenstoß werden wir augenblicklich verwandelt!«* Dieser Ruf kommt von der allerhöchsten Kraft, der Christus-Kraft, dem Kosmischen Christus, zu dem alle Menschen (ihre echte) Beziehung finden werden. Alle müssen früher oder später dieses Signal vernehmen, die Fanfare des Geistes, die sie heimwärts ruft. Dann wird der Mensch alles Irdische hinter sich lassen; die Individualität wird bewahrt und erhöht, die Persönlichkeit sterben und abgestreift werden. Bedauert es nicht, denn obgleich von der Erde und durch sie beschmutzt, stellt sie nur ein Mittel zum Zweck dar, notwendig, um Erfahrungen von unschätzbarem Wert auf dem Wege zu Gott zu sammeln.

Ja, verkündet den Menschen die Wirklichkeit der Vereinigung, aber, um Himmels willen, lehrt sie die Wahrheit! Bietet ihnen nicht ein Narrenparadies an! Ich kann euch versichern, bei dem Leben nach dem Tode handelt es sich um eine sehr ernste Sache. Man sollte es nicht auf die leichte Schulter nehmen und mit Lack überpinseln. Ich kann euch versichern, daß sich ein Mensch den Dingen stellen muß, wenn er aus der physischen in die astrale Welt hinüberschreitet. Man kann nicht mehr rückfällig werden. Das Leben schreitet vorwärts!

Ihr fragt nach Beweisen? Die Erdenbewohner schreien immer nach Beweisen. Sie wissen nicht, was das heißt. Sie erachten nur das als Beweis für die geistige Kraft, was sie mit ihren fünf Sinnen zu erfassen vermögen. Und doch, jene Geisteskraft manifestiert sich gerade in diesem Augenblick in sehr bestimmter und drastischer Weise überall auf der Welt!

III

16. Dez. 1931

Nun, laßt uns zur Mentalebene zurückkehren, um sie eingehender zu betrachten. Man darf sie nicht mit der himmlischen Welt verwechseln. Obwohl mich die Begriffe nahezu verwirren, müssen die einzelnen Stufen klar unterschieden werden. Nach dem Zweiten Tod betritt die Seele eine Ebene, auf der sie sich von früheren intellektuellen Schöpfungen umgeben sieht. Das heißt, die Hauptmerkmale des Menschen finden ihren Ausdruck im kalten, streng intellektuellen Gedanken.

Auf der nächsten Stufe existiert ein feines Gleichgewicht zwischen dem rein verstandesmäßigen und dem intuitiven Aspekt. Hier reagiert die Seele auf jenes intuitive oder spirituelle Licht, das sie immer höher emporzieht und dem Zentrum ihres Seins, Gott, näherbringt. Auf dieser zweiten Mentalstufe wird sich der Mensch eines Erkenntnisstroms bewußt, der die nüchterne Intellektualität abschwächt und ein reineres, intuitiveres Lebenskonzept geltend macht. In diesem Zustand entsteht die Kreativität des Menschen. Hier nehmen alle schöpferischen Tätigkeiten ihren Ursprung, die schließlich als Kunst, Literatur, Musik, Religion und Wissenschaft, die Mannigfaltigkeit kreativer Energie, zum Ausdruck gebracht werden. Hier vermag der Mensch zur Quelle der Inspiration und dem Ursprung der Schöpfung Verbindung aufzunehmen.

Von dieser intuitiven ... doch immer noch mentalen Ebene, müßt ihr verstehen ... schreitet er zur nächsthöheren, der dritten und letzten Stufe der Mentalwelt weiter. Nun tritt er in einen Ruhezustand.

Während seiner Aufwärtsreise streift er immerzu Hüllen ab; er befreit sich von allem Irdischen. Das Ego bewahrt die auf dem Wege erlernten Lektionen. Sobald der Mensch diesen Zustand der Stille und Ruhe – nicht der Lethargie, wohl gemerkt – erreicht hat, bleibt der Geist bewußt. Er führt zwar Selbstgespräche, besitzt aber die Fähigkeit, sich selbst zu sehen, wie er wirklich ist. Er vermag die Auswirkung seines Lebens zu beurteilen, nicht nur hinsichtlich seiner Mitmenschen, sondern in bezug auf das gesamte Schöpfungsprinzip. Er kann seinen persönlichen Beitrag zur Evolution des Gottesplanes einschätzen.

16. März 1932

Die dritte Mentalstufe stellt einen Zustand der Zurückgezogenheit des individuellen Egos von der äußeren Form zugunsten einer inneren Verbindung mit dem Universalgeist dar, wohingegen die vorangegangenen Bereiche eine bestimmte Form besaßen. Wenn der Mensch die dritte Ebene erreicht hat, sieht er sich einer gewissen Formlosigkeit gegenüber. Einem Erdenbewohner, der sich nur mit einem Leben der Form beschäftigt, fällt es schwer, einen solchen Zustand zu erfassen. Und doch, meine Freunde, wenn ihr das universale Leben betrachtet, jene Allmacht, die ihr als Gott anbetet und liebt, dann könnt ihr euch keine bestimmte Form vorstellen. Aber in euch und eurer Umgebung pulsiert Gottes Lebenskraft, die ihr an den Myriaden von Manifestationen als eine einzige Intelligenz erkennt, die ihr Werk in jedem Schöpfungsakt kundtut. Wenn ihr betet, betet ihr zu einem Geist, der versteht, einem Herzen, das liebt und mitfühlt. Aber dieses Herz oder diesen Geist zu formulieren, ist einfach unmöglich. Der Kosmische Christus nahm nur aus dem einen Grunde Fleisch an, um eine Form, eine Verknüpfung zu bilden, damit die Menschen, je nach ihrer Fähigkeit, Verbindung zur universalen Gottheit aufnehmen können.

Wenn wir also die dritte Ebene der mental-geistigen Welt erreichen, finden wir diese Formlosigkeit vor. Das heißt, das Ego wird von keiner besonderen Seinsform beschränkt und eingeengt oder ist an sie gebunden. Der Mensch verbringt seine Zeit nicht nur damit, sich in sein eigenes Inneres zurückzuziehen, sondern so weit aus sich herauszugehen, bis er das Ganze, das Universale berührt.

Es trifft zu, das Männer und Frauen von der materiellen Ebene aus diese Sphäre berühren. Ihre Schwingungen sind jedoch so stark und machtvoll, daß sie sich oftmals verheerend auf den Organismus auswirken. Gelegentlich trefft ihr auf fortgeschrittene Seelen in einem physischen Körper, die von ihren Mitmenschen bewundernd verehrt, geliebt und respektiert werden. Aus unbekannten Gründen brechen sie zusammen und erleiden den Tod. Sie sterben an einer Krankheit, die die medizinische Welt nicht zu diagnostizieren vermag. Solange die Medizinwissenschaft sich aber nicht dazu herabläßt, die Gesetzmäßigkeit zu studieren, die das geistige Wesen des Menschen regiert, müssen sie sich mit Krankheiten abgeben, die ihnen ein Rätsel bleiben.

Doch beachtet, nicht bei allen, die eines solchen Todes sterben, handelt es sich notwendigerweise um Menschen mit hoch entwickeltem Bewußtsein, deren Ende sich auf eine Verbindung mit der Universalsphäre zurückführen läßt. Es muß aber darauf hingewiesen werden, daß jene Universalkraft mitunter für den Zusammenbruch des physischen Körpers verantwortlich ist, wird sie nicht in demütiger Aufrichtigkeit gesucht.

Ihr fragt, was das heißen soll. Nun, in allem ruht ein inneres Zentrum, der göttliche Geburtsort des Geistes, den zu berühren und zu verstehen jegliches intellektuelles Bemühen übersteigt. Diese Ebene ohne die nötige Einschwingung des Geistes oder die Entwicklung der geistigen Wahrnehmungsfähigkeit nur über den Verstand erreichen zu wollen, muß unweigerlich zur Katastrophe führen. Wenn der Mensch sich aber mit Herz, Verstand und Geist bemüht, das Königreich des Himmels in schlichtem, kindlichem Glauben zu suchen, dann wird er jene Ebene der Wahrheit, Kraft und des Lebens berühren.

Wir wiederholen, meine Freunde, auf dieser dritten Stufe verliert sich der Ausdruck durch die Form. Es liegt ein Rückzug in die innersten Tiefen vor, dem eine Öffnung für und eine Aufnahme des Universallebens folgt.

Die Frage mag sich erheben, ob der Mensch nun seine Individualität und somit sein Wunschdenken verloren hat? Nein, keineswegs! Er ist nur besser, edler geworden. Er hat die göttlichen Früchte gekostet und *endlich seine eigene Göttlichkeit erkannt.* Er ist eins geworden, wie es Jesus ausdrückt, wenn er spricht: *»Ich und der Vater sind eins; Ich in dir und du in Mir.*

Doch der Mensch, das Ego, kann jederzeit zurückkehren. Obgleich wie ein Same tief im Boden des Lebens ruhend, um im Frühling wieder zu blühen, kann das menschliche Ego erneut hervorgehen, Form annehmen und in die einzelnen Seinsebenen treten, bis es, falls es dies wünscht, wieder einmal in die physische Existenz hinabsteigt.

IV

16. Dez. 1931

Ich habe von einer Periode der Ruhe und des Rückblicks vor Verlassen der Mentalebene gesprochen. Auf dieser Stufe konzentriert sich der Mensch mehr oder weniger ausschließlich auf sich selbst. Er unterzieht sich harter innerer Arbeit und nimmt vor allem auf. Von der Mentalebene befreit, hat er die Verbindung zum Erdenleben in großem Maße verloren. Doch in der himmlischen Sphäre scheint die Fühlungnahme wieder sehr viel lebhafter zu werden.

Wir wollen noch einmal wiederholen. Es gibt drei Mentalstufen; die niedere mentale oder intellektuelle, die intuitive und die höhere mentale, auf der der Mensch mit den kosmischen Kräften in Verbindung tritt. Dann schreiten wir zu den wahren geistigen Bereichen vor.

Der Buddhist bezeichnet den himmlischen Zustand als *Nirvana*, was jenen Frieden, die stille Betrachtung der Erfahrungen, die die Seele auf ihren langen Wanderungen gesammelt hat, gut zum Ausdruck bringt.

Hat nicht jemand die »himmlischen Wartehallen« erwähnt? Laßt mich nun darauf zurückkommen. Nachdem die noch nicht vervollkommnete Seele

Wissen gesammelt und ihre Vergangenheit überprüft hat, weilt sie als Bewohnerin der »Wartehallen« eine Zeitlang im Mentalzustand. Dort bleibt sie so lange, bis sie gerufen wird oder der Aufforderung nachgeht, hinabzusteigen, um wieder in das Erdendasein einzutauchen, sozusagen wie ein Taucher in die Tiefen.

20. Jan. 1932

Wir haben von der astralen, mentalen und himmlischen sowie der Christus-Ebene gesprochen. Ich möchte die aufgekommene Verwirrung hinsichtlich der Begriffe nun klären. Ich gehe von sieben Ebenen astralen Lebens aus, drei mentalen und drei himmlischen. Danach folgt die sogenannte Christus-Ebene (die ich jedoch lieber als »kosmische« oder »Universalebene« bezeichnen möchte). In diesem Lebensbereich halten sich jene Wesen auf, die von einer Wiedergeburt in die physische Existenz enthoben sind. Sie kümmern sich nicht nur um die Erde, sondern auch um das kosmische Leben des Universums. Aus dieser Ebene gehen kreative Meister hervor, die die Verantwortung für das Seelenleben auf anderen Planeten und in anderen geistigen Existenzbereichen tragen.

16. Dez. 1931

Es vergehen natürlich Tausende von Jahren, bevor das Individuum sich vollkommen zum Ausdruck bringt und entwickelt hat. Erst nachdem das gesamte Wissen irdischer Existenz erlangt worden ist, schreitet es weiter. Nach den Hallen des Wartens und den himmlischen Bereichen betritt es eine noch höhere Ebene. Es ist die *Christus-Sphäre,* das Einssein mit Christus! Die Verzückung einer vollkommenen Liebe, eine vollentdeckte Erfüllung!

Von der Mental- in die geistigen Ebenen überwechselnd, wird sich die Seele eines spirituellen Elements bewußt, (das) zuvor fehlte, und zwar die Nähe der Christus-Sphäre. Von hier aus vermögen die kreativen, hohen Geistwesen unter größtem Opfer in ein Erdendasein hinabzusteigen. Dies geschah, als der Meister Jesus sich selbst verleugnete. Aber ihr habt noch soviel über sein Leben und seinen Tod zu lernen.

Um die geistigen Ebenen zu erreichen, muß der Mensch nicht unbedingt den physischen Tod erleiden. Der Sterbliche kann den Einwirkungsbereich aller geistigen Seinsebenen berühren und darauf reagieren. Der Unterschied besteht nur darin, daß die vom physischen Körper befreite Seele das geistige Leben intensiver und realer erlebt.

Nochmals, *alle Bereiche geistigen Lebens können vom inkarnierten Menschen erreicht werden*, der auf diese Weise Erfahrungen aus der Hölle der Wünsche oder dem Himmel der Verzückung zu ziehen vermag.

Kapitel 3

Die Ebene der Wiedervereinigung

10. Feb. 1932

»Grenzenlose Macht, unaussprechliche Liebe! Erhabener Architekt des Universums, wir neigen uns vor Deinem Thron der Gnade. Demütig treten wir vor Dein Antlitz, bereit, Deine Anordnungen zu empfangen. Oh, Erhabener, mache unseren Willen dem Deinen gleich. Gib, daß wir Deine Wirklichkeit erkennen. Inspiriere unseren Verstand mit Deiner Güte und mache Dir unser Herz zu eigen. Oh, göttliche Liebe, wir rufen an die Zentren der Weisheit, Liebe und Macht. Amen.«

16. März 1932

Nun, das ist alles gut und schön, mögt ihr sagen. Wie aber steht es mit der strahlenden Menschenliebe und der so lange ersehnten Wiedervereinigung? Werden wir sie in den geistigen Sphären erleben? Was nützt es, eine formlose Bewußtseinsmasse zu sein, vergleichbar mit einem schalenlosen Ei? Wenig attraktiv und einladend, wenn man von einer tiefen, lebendigen Liebe träumt, für deren Erfüllung allein sich das Erdenleben lohnt. Wir denken an die Sehnsucht, mit der der Mensch jener Wiedervereinigung entgegenblickt, dem Frieden und dem Glück, die die Welt weder geben noch nehmen kann. Lange träumten wir von einer Wiedervereinigung jenseits des Jordanflusses.

»Und mit dem Morgen lächeln jene Engel,
die wir seit langem geliebt, doch inzwischen verloren haben.« [48]

Besteht unsere Bestimmung demnach darin, in eine Art formlosen Zustand zu verfallen, weit entfernt vom Duft menschlicher Liebe?

Meine Freunde, ich kann euch versichern, daß es in der geistigen Welt eine Ebene gibt, eine göttliche Lebenssphäre in den oberen Bereichen der Astralwelt, weitaus schöner als das Sommerland der Spiritualisten, das Reich der vereinten Seelen. Dabei handelt es sich nicht nur um eine Wiedervereinigung jener inkarnierten Seelen, die sich von der Erdenebene emporzuschwingen vermögen, sondern um eine Wiedervereinigung aller Stufen geistigen Lebens.

Laßt es mich euch erklären. Auf dieser Ebene treffen die Familien wieder zusammen. Doch diese Zusammenkünfte finden nicht *ständig* statt, und man ergeht sich auch nicht nur in einem Strom der Fröhlichkeit und Freude. Pflicht mag Freude und Begeisterung auslösen oder mürrisches Arbeiten sein. Doch wenn der Aufruf ertönt, müssen ihm alle Folge leisten und zu demjenigen Bereich wandern, für den sie sich eignen oder dem sie sich selbst angepaßt haben.

In der Astralwelt feiert man auch »Feste«. Die Familien finden sich, so wie ihr an Geburtstagen, zu Weihnachten, Ostern und Pfingsten ein. Bei diesen Gelegenheiten tauschen sie Erfahrungen aus und erfreuen sich der gegenseitigen Liebe, des Glücks und des Friedens. Ja, der Mensch kann dort seinen Lieben wiederbegegnen. Dann mischen sie sich erneut unter die Massen und strömen in riesigen ... nicht Hallen oder Tempeln, nein ... riesige Freilichtkathedralen, wie ich sie nennen möchte, wo sie Gott in tiefer Dankbarkeit in Gesang und Gebet preisen.

Habt ihr zu dieser Ebene irgendwelche Fragen?

Frage: *»Nehmen wir an, jemand folgt seinem Ehepartner in die jenseitige Welt, steht aber in seiner geistigen Entwicklung weit unter ihm und vermag die Ebene der Wiedervereinigung nicht zu erreichen. Was geschieht dann?«*

Derjenige, der die höhere Geistesebene erreicht hat, vermag den anderen, wenn auch nur für einen kurzen Augenblick, emporzuziehen. Nehmen wir ein Beispiel aus eurer Erfahrung. Eine Frau von tief spirituellem Wesen liebt jemanden, der, so mögt ihr sagen, ihrer großen Liebe nicht würdig ist. Vermag diese Frau nicht zu bestimmten Zeiten kraft ihres Einflusses und ihrer Liebe die andere Seele mit ihrer geistigen Gegenwart emporzuheben? Vielleicht handelt es sich nur um eine flüchtige Erfahrung. Er aber weiß, daß er ihr einen Augenblick lang nahe war. Das gleiche Gesetz herrscht auch in der geistigen Welt. Denkt daran, der Begriff Zeit existiert hier nicht, denn alles ist Bewußtsein. Die Intensität des Erlebens läßt den Augenblick für die beiden Seelen lang erscheinen. Die Seele wird verstehen und danach mit verstärktem Eifer und Begeisterung danach trachten, jene Bewußtseinsebene erneut zu erreichen, auf der sie beide den Zauber glückseliger Wiedervereinigung erlebten. *Im Geiste kann es keine Trennung geben!* Das mag sehr schwierig zu verstehen sein. Doch versucht, diesen Gedanken geistiger Verbindung zu erfassen. Obwohl auf verschiedenen Lebensebenen Arbeit zu verrichten sein mag, gibt es immer *einen* Punkt, an dem sich Seelen begegnen können, wenn auch nur in bestimmten Zeitabständen. Manchmal vermögt ihr selbst höhere Bewußtseinsebenen zu erreichen. Ihr seid jedoch nicht fähig, sie aufrechtzuerhalten und stürzt wieder ab. Trotzdem, ihr habt den Augenblick erlebt. Sicherlich wird der Mensch nicht zum Engel, wenn er in die geistige Welt tritt.

Wie kann ich euch nur die Liebe, Glückseligkeit und Freude nahebringen, die eine endgültige Wiedervereinigung von Seelen mit ihren Lieben mit sich bringt! Welche Freude zu wissen, daß es keine Trennung mehr für sie geben wird, obwohl sich ihre Wege manchmal trennen müssen, um gewisse Aufgaben zu erfüllen. Oder sie gelangen zu der höchsten Erkenntnis, daß eine Trennung für immer in den Armen der Liebe überwunden wird!

Frage: *»Wie verhält es sich mit Dualseelen? Wie gestaltet sich ihr Schicksal?*

Das ist eine wichtige Frage. Aber hier ist nicht die Rede von zwei Seelen, Zwillingsseelen, wie ihr sie nennt, die verschmelzen und eine einzige Individualität bilden. Die Individualität verliert sich nicht, um in der anderen aufzugehen. Es mag sich jedoch eine solche Harmonie in der seelischen Ausrichtung im Verstehen entwickeln, daß die beiden Lebensströme als einer durch einen einzigen Kanal fließen. Selbst wenn die Seele die himmlischen Sphären erreicht, verbleiben der aktive und der passive Aspekt, der Mann und die Frau. Beide lassen sie ihre jeweilige Kreativität, ihren Strahl der Lebenskraft, ins Universale fließen.

Ich möchte diese Wahrheit immer wieder betonen. Hinsichtlich des ewig Guten, des universalen Guten, kann niemals die Rede von Auflösung sein. Hierin liegt ein Widerspruch in sich selbst. Einszuwerden heißt, *alles* zu werden, und *alles* zu werden heißt, das Eine zu werden. Ein einzigartiger, gewaltiger und mystischer Gedanke!

Wenn ihr bisweilen auch nur etwas von dieser Wirklichkeit erfassen könntet, würden die Dinge der Welt in vollendeter Harmonie funktionieren. Es gäbe keine Disharmonie mehr, weil der Mensch nicht auf die Persönlichkeit des Individuums schauen, sondern eher seine wahre Natur erkennen würde. Der Meister Jesus, der Christus, bemühte sich, den Menschen diese Erkenntnis nahezubringen!

Solange wir hier sind, möchte ich euch mit einem anderen Gedanken vertraut machen. Auf dieser Bewußtseinsebene, die wir die Universalebene genannt haben, was soviel bedeutet wie die Allheit des Lebens, vermag der Mensch die Elemente zu kontrollieren und nach seinem Willen zu erschaffen, indem er die universale, Schöpfungskraft in sein Bewußtsein aufnimmt. (Ich muß den Ausdruck Mensch gebrauchen, obwohl ich von etwas viel Höherem spreche.) Dies ist das Geheimnis, dessen sich die Meister bedienen. Mittels derselben Schwingung überwinden beziehungsweise beherrschen sie alle materiellen Elemente, seien es die physischen Atome oder die der astralen oder geistigen Welt. Der Meister, der diese Bewußtseinsebene verwirklicht hat, besitzt die Fähigkeit, mittels einer Willensanstrengung (des geistigen, nicht des physischen Willens, wohl gemerkt) sich selbst emporzuheben und seine Schwingung in einer Weise zu beschleunigen, daß sie geistige Atome anzieht. Sobald sie sich angesammelt haben, vermag er deren Schwingungsrate so stark zu verringern, bis sie ihren geistigen Aspekt verlieren und zu physischen Atomen werden, um sich durch die Kraft seines Wunsches formen zu lassen. Viele stellen den Bericht in Frage, in dem von der »Speisung der Fünftausend« mit fünf Laib Brot und zwei Fischen die Rede ist. Wie vermochte der Meister dieses Wunder zu bewirken? Er erhob Sein Bewußtsein zum Universalen, hielt seinen Gedanken in Einklang mit Gott und zog auf diesen Gedanken jene geistigen Atome an. Er senkte ihre Schwingungsrate und bestimmte kraft Seines Willens die spezielle Materieform, die sie annehmen sollten. Auf diese Weise speiste er die Fünftausend.

30. März 1932 (zwei Wochen später)

Wir sprachen zuletzt über die Ebene der Wiedervereinigung, jenen Zustand geistigen Verständnisses, der eine Begegnung aller ermöglicht. Wir sprachen von Familienzusammenkünften an Festtagen, die auch in diesem geistigen Leben stattfinden. Wir versuchten zu erklären, daß selbst vom Erdendasein aus diese allgemeine »Ebene«, »Sphäre« oder dieser »Zustand« geistiger Harmonie und Verbindung erreicht werden kann. In vorangegangenen Gesprächen ist darauf hingewiesen worden, daß es sich bei dem als »das Leben nach dem Tode« bezeichneten Dasein in Wirklichkeit um *das Leben des ewigen Geistes* handelt. Die Reiche geistigen Bewußtseins beschränken sich nicht auf die Körperlosen. Sie sind mit euch im Hier und Jetzt.

Das ist der Hauptpunkt. Dieses irrtümlicherweise als »das Leben nach dem Tode« bezeichnete geistige Leben ist das Leben der Gegenwart, der Zukunft und der Vergangenheit, tatsächlich das ewige Leben. Es ist das Leben, das jede Seele in jedem Augenblick lebt und berührt ungeachtet dessen, ob sie sich bewußt in einem fleischlichen Körper befindet oder auf irgendeiner Ebene geistigen Daseins wirkt.

Dieses innere Geistesleben wird jede geistige Tradition und jede Religion in Einklang bringen und vereinen. Es ist das Evangelium des Universalismus.

Kapitel 4

Naturgeister und Engel

6. Jan. 1932

»Erhabener Schöpfer des Universums, einmütig versammeln wir uns wieder, um von Deinen Boten die göttliche Wahrheit des Lebens und des Seins zu empfangen. Wir, Deine Diener, finden uns ein, Deine Anordnungen erwartend. Deine Weisheit in unseren Herzen tragend, Deine Schönheit in unserer Vision und Deinen Willen in unseren Händen, schreiten wir voran, um Dein Werk in Deinem Namen, Dir zur Ehre und Verherrlichung, zu vollenden, für immer und immer. So möge es sein.«

Die Schönheit des Himmels läßt sich weder mit Bleistift noch mit Pinsel darstellen. Der Mensch besitzt nur eine schwache Ahnung von den Wundern geistigen Lebens. Nur wenige erhaschen einen flüchtigen Einblick in die Herrlichkeit dieser Welten, wenn sie aufgrund ihrer Bemühungen die höheren Geistessphären berühren. Dieses sind die Künstler, Schriftsteller, Musiker und der Mensch von tiefer Inbrunst und Religiosität. Doch solche Eindrücke schwinden rasch dahin, sobald er zu den weltlichen Angelegenheiten der Erde zurückkehrt.

Die geistige und die physische Welt sind unlösbar miteinander verwoben. Der Mensch vermag diese beiden Daseinsebenen nicht zu trennen. Wenn er diese Tatsache begriffen hat, wird er nicht länger in einer so grob materiellen Welt leben. Die Materie selbst wird sich in einer Weise verfeinern und vergeistigen, daß er mehr oder weniger in den astralen Lebenszustand eintreten wird. So wird die Zukunft aussehen. Selbst in euren Tagen beginnt bereits die allmähliche Vergeistigung des physischen Atoms. Mit dem Voranschreiten der Menschheit auf dem göttlichen Evolutionspfad, wird die Welt an Schönheit zunehmen.

Wir möchten nun eine andere, oft vernachlässigte Seite geistigen Lebens ansprechen, und zwar die Evolutionslinie der *Naturgeister.* Bisher haben wir uns ausschließlich mit der verkörperten und körperlosen Form menschlichen Lebens beschäftigt. Doch wir müssen auch das pulsierende Leben aller anderen Ebenen, wie der Pflanzen, Tiere, sogar der Elemente in Betracht ziehen. Wir dürfen nicht vergessen, daß sich auch die Natur jenseits der Erde in den astralen, mentalen und himmlischen Sphären weiterentwickelt. Auch sie gehört zum Schöpfungsplan.

Seltsamerweise habe ich immer das »Volk der Wichtelmänner« anerkannt und mich für die beliebten Kindermärchen begeistert. Der nüchtern Denkende mag sie nur als Märchen abtun, doch es handelt sich um die entzückendsten Wirklichkeiten, die man sich nur vorstellen kann. Ich liebe es, die weiten 'Unterwelten' – oder sollte ich es das 'Unterholz' nennen? – des Naturlebens zu besuchen. Es bereitet eine solche Freude, die Wichtelmänner, Gnome und Elfen bei der Arbeit in den Gärten der Erde und der Astralebene zu beobachten. In den höheren Welten weben sie ihre Träume und ihre Sehnsucht (um eines Tages von flinker Hand mit Pinsel oder Stift eingefangen zu werden). Es ist eine Freude zu sehen, wie diese winzigen Kreaturen die Liebe und Schönheit Gottes offenbaren.

Diese Darstellung mag recht blumenreich klingen, und ihr erwartet wohl, daß wir eine praktischere und konkretere Beschreibung der Naturreiche geben werden. Wie sensibel die Pflanzenwelt doch ist! Wie wunderbar, die winzigen Elfen zu beobachten, die emsig geistige Lebens- und Nährkraft zu den Pflanzen tragen. Ohne ihre Hilfe würden eure Pflanzen mit Sicherheit verwelken und sterben. Ohne die von den Devas kontrollierten Kräfte würde eure physische Welt in ein Chaos verfallen. Der Mensch spricht selbstzufrieden von Gesetz und Ordnung, die sein Universum beherrschen, ohne die unermeßliche Kraft zu verstehen, die die Sonne und Planeten auf ihren Bahnen hält. Der Mensch spricht voller Vertrauen von einem göttlichen Plan und einem liebenden Vater, der alles in der rechten Weise ordnet, und versäumt dabei, die wunderbare Organisation der geistigen Sphären, die Steuerung, Erhaltung und Bewahrung dieser Naturgesetze mit einzubeziehen.

Die Wissenschaft betrachtet die Naturereignisse als normale Gegebenheiten und sieht darin das Ergebnis einer gewissen Gesetzmäßigkeit, die sie zwar benennen, aber nicht verstehen. Sie behauptet, daß ein in die Erde gelegter Same unter bestimmten Bedingungen hinsichtlich Feuchtigkeit, Sonnenlicht und Wärme einen bestimmten Entwicklungsprozeß durchmacht, um zur Pflanze heranzuwachsen. Die Menschheit betrachtet diesen Vorgang nicht als ein Wunder oder eine großartige Manifestation göttlicher Macht, sondern als eine Alltäglichkeit. Sie erachtet den gleichbleibenden Gang der Natur als eine Selbstverständlichkeit, sozusagen als besäße sie ein Anrecht darauf, indem sie der unendlichen Fürsorge, Liebe und Geduld, der Hauptursache, keinerlei Anerkennung zollt.

Hinter jeder erschaffenen Form steht eine gewaltige Geisteswelt. Ich wünschte ihr könntet mit innerlich offenen Augen durch eure Gärten spazieren und die Scharen der Wichtelmänner sehen. Vielleicht beachten sie euch nicht einmal, da sie alle sehr beschäftigt sind und ihren Teil zum Bau des irdischen Lebenstempels beitragen.

Es gibt mit der Erdebene in Verbindung stehende Engelwesen, die sich nicht auf der Menschen-, sondern auf der Naturgeister- Evolutionslinie entwickelt haben. Bisweilen nimmt sie die Menschenrasse so gefangen, daß sie gewisse Kenntnisse übermitteln, um das Individuum, dem sie dienen, in seinen Bestrebungen zu unterstützen. Es gibt zum Beispiel Engelwesen, die sich zu Zeremonien hingezogen fühlen. (Das ist kein Märchen; ich kann euch Fakten liefern.) Ich selbst habe ihre Anwesenheit bei religiösen Feierlichkeiten beobachtet. Ein mehr oder weniger verschwommenes »Wissen über die Engel des Lebens und des Todes« ist durchgesickert. Vielleicht habt ihr in diesen Wesenheiten den fortgeschrittenen Geist von Menschen gesehen. Doch das trifft nicht zu. Neben der Menschenrasse, der Menschen-Evolutionslinie, gibt es eine Engelwelt, deren Seelen sich niemals in einem irdischen Körper inkarnierten. Diese mit der inneren Gesetzmäßigkeit kreativen Dienens eng verbundenen Seelen entfalteten sich über die Natur-Evolutionslinie.

Zu ihnen gehören auch die „Engel der Musik". An dieser Stelle möchte ich die »Wichtelmänner« mit den »Tönen« vergleichen. Ihre Arbeit trägt zur machtvollen Einheit und Erhöhung der wundervollen Harmonie der Natur bei. Es wird eine Zeit kommen, meine Freunde, in der die Bruderschaft zwischen Menschen und Engeln besser begriffen werden wird. Die gesamte Schöpfung und Evolution arbeitet auf das gegenseitige Verstehen und die vollkommene Harmonie unter allen Geschöpfen Gottes hin.

Warum sollte es nicht so sein? Ihr seid (alle) eins, und wir sind (alle) eins. Sobald der Mensch seinen Zweiten Tod durchlebt hat, wird er zur klaren Erkenntnis wiedergeboren, einer Bewußtseinserweiterung, die beständig zunimmt. Er erkennt, daß ihn sein selbstloser Dienst für seine Schwestern und Brüder in allen Lebensebenen mit dem Universalen vereinigt. In diesem Verständnis wächst er in die Einheit mit Gott. Er verliert sich selbst, um in seiner Ergebenheit den Christus zu finden.

Die Unterhaltung mit euch ist ein angenehmer Dienst. Manchmal aber bereitet sie mir solche Schwierigkeiten, daß ich mir wie ein Mann an einem heißen Sommertag vorkomme, dessen Kragen zu eng sitzt und dem der Kopf fast platzt. Könnt ihr das nachempfinden? Wir müssen Geduld üben und unser Bestes geben.

Ihr dürft euch keine Ebene der Natur oder des Himmels hoch oben in einem grenzenlosen Raum vorstellen. Euer eigenes Bewußtsein enthält alle Ebenen. Hat nicht eine weise, schlichte Seele einmal geäußert:

»Er ist näher als der Atem, näher als Hände und Füße?« [49]

Wir alle müssen erkennen, daß *das Himmelreich in uns ist.*

Um in dieses Königreich einzutreten, bedarf es keiner großen Verstandeskraft, wohl aber der Schlichtheit eines Kindes. Erzählt euren Kindern von den Elfen. Haltet nach ihnen Ausschau, und nehmt teil an diesem universalen Geistesleben.

Unser Bruder, White Eagle, weiß sehr viel mehr über die Naturgeister, als er euch jemals mitgeteilt hat. Fragt ihn. Die Indianer standen ihrem Gott näher als irgendeiner der stolzen Intellektuellen der westlichen Welt. Wenn wir dies nur erkennen wollten!

Und nun mein letzter Gedanke – *Einfachheit.* Das ist das Schlüsselwort – Einfachheit. Das Leben ist nicht schwierig. Nur der Unwissende gestaltet es kompliziert. Das Leben ist groß in seiner Einfachheit und einfach in seiner Größe. Gott segne euch! Meine Liebe für euch und alle, die euch lieben.

Kapitel 5

Freier Wille und Schicksal

10. Feb. 1932

Um eine Frage zu beantworten: Nein, ich arbeite nicht alleine in dieser Sache. Ich gehöre zu einer Gruppe. Mir wurde die Kraft verliehen, und man hat mich viele Dinge gelehrt. Meine Aufgabe besteht darin, als Sprecher zu wirken, der diese Botschaften übermittelt. Vieles von dem, was ich weitergebe, wurde mir gesagt, obgleich ich selbst einen Blick in jene äußeren Herrlichkeiten, die ich beschreibe, erhaschen durfte. Ich weiß, daß diese Wunder *existieren,* kann aber nicht wirklich behaupten, sie selbst erlebt zu haben. Dennoch scheint das gesamte Lebenspanorama bisweilen offen vor mir zu liegen. Ich blicke nicht nur in die Vergangenheit, sondern auch in die Zukunft. Die Welt wird sich gewaltig verändern, und ein wunderbares Licht wird auf die Erde strömen. Die Menschheit wird darauf reagieren. Je mehr sie sich dem Licht zuwendet, desto stärker wird sie vergeistigt werden.

Vielleicht möchtet ihr etwas von mir hören, das eurem eigenen Leben näher steht, etwas, daß einfacher, greifbarer und verständlicher ist. *Meine Freunde, bei den Dingen, von denen wir reden, handelt es sich um die einfachsten Geschenke Gottes an seine Kinder!*

2. März 1932

Heute Abend möchten wir über die Harmonie der Lebenssphären sprechen. Wir haben uns bereits von der Vorstellung gelöst, daß mit den Ebenen geistigen Lebens ein Leben *nach* dem Tode gemeint ist. Wie haben erklärt, daß sich die astrale und die physische Welt durchdringen. Wir können sie nicht von der materiellen Sphäre trennen, eine äußerst wesentliche Tatsache, die der Mensch noch erkennen muß.

Wir möchten euch auf unsere Ausführungen verweisen, die wir vor einigen Wochen über das Naturreich gaben. Wir sprachen über das wunderbar verschlungene Leben der Naturgeister sowie die rhythmische Harmonie und Einstimmigkeit innerhalb der verschiedenen Lebensstufen des Naturreiches. Vergleicht diese Wunder mit dem einzigartigen Faden kosmischen Lebens, das jeden Seinsaspekt des Menschen durchzieht und durchdringt und versucht, euch die große Liebe vorzustellen, mit der Gott-Vater jedes einzelne seiner Kinder beschenkt ...

Ihr erkennt kaum, meine Freunde, mit welcher Fürsorge eure Schritte gelenkt werden. Ihr bemerkt nicht, daß die geistigen Führer jahrelang, oft sogar ein halbes Leben lang daran arbeiten, einen Funken göttlichen Lichts in eurem Bewußtsein zu entfachen. Mit großer Ausdauer bemühen sie sich, die Bruchstücke und Disharmonien menschlichen Lebens so zu gestalten, daß die Menschenseele zu einer gewissen Stufe des Christus-Bewußtseins erwacht. Sie arbeiten ohne Unterlaß auf und jenseits der Erdebene, das heißt, in den dichteren wie auch den höheren Astralbereichen.

Dieselbe transzendente Liebe und Fürsorge herrscht von der niedersten bis zur höchsten Stufe der Menschenwelt. Ihr mögt nun fragen, wo sich dann der freie Wille ansiedeln läßt. Wie werden wir beurteilt? Nach dem Maße unseres eigenen Wunschdenkens, unserer Leistungen und Verfehlungen? Falls diese gewaltige Macht selbst den äußeren Rahmen unseres Alltags zusammenhält, fungieren wir dann nicht nur als Marionetten im Spiel des Lebens?

Keineswegs, meine Freunde. Wenn auch bestimmt von dem erhabenen Herrn der Liebe, die freie Willensentscheidung des Menschen wird dadurch um kein einziges Jota beschnitten. Ihr trefft fortwährend Entscheidungen, entweder für den aufwärtsführenden oder für den niederen Pfad. Falls ihr jedoch den unteren, passiven beziehungsweise wertlosen Aspekt wählt, dann müßt ihr notgedrungen durch Leid und Drangsal die Auswirkungen dieses Lebensweges erfahren – *von euch selbst gewählt, denkt daran.*

Freie Wahl im Gegensatz zu Schicksal, welch ein Problem! Wie wenig es doch begriffen wird!

Diese Probleme lassen sich nur durch eine allmähliche Erkenntnis Gottes lösen, niemals durch intellektuelle Bemühungen. Es gibt sowohl die freie Wahl als auch das Schicksal. Letzteres, insoweit es den Menschen betrifft, gilt für bestimmte physische Erfahrungen, die der Mensch durchleben muß. Die Wahl liegt *in der geistigen Haltung* diesen Bedingungen gegenüber.

Laßt uns die unermeßliche Kraft betrachten, die jeden Augenblick des Daseins durchpulst.

Bedenkt die wunderbare Ordnung in der Natur, in ihrem kreativen Leben. Unablässig erbaut, entfaltet und fördert sie das Wachstum der Pflanze. Dieselbe Schöpfungskraft hält die Sterne am Himmel und die Planeten auf ihrer Bahn, bewirkt Geburt, Leben, Tod und Wiedergeburt. In rhythmischer Wellenbewegung durchzieht sie die gesamte Schöpfung.

Könnt ihr nun einen Bruchteil von jener unendlichen Intelligenz erfassen, die seit Äonen diesen unbezähmbaren Lebensdrang manifestiert und erhält?

Dann, meine Freunde, denkt an unser wunderbares Menschendasein, die unterstützende Macht, die euch diese irdischen Lebenserfahrungen überleben läßt und das Sein des Menschen mit geistiger Schönheit durchwebt.

Wenn ihr nur für einen kurzen Augenblick jene anmutigen und wunderbaren Wesen sehen könntet, die ein Leben der Stille und Harmonie in den himmlischen Sphären leben. Wenn ihr die Schönheit von Antlitz und Gestalt erblicken könntet, würdet ihr eine Vorstellung von diesem herrlichen Lebensstrom des Christus-Bewußtseins gewinnen, das im Laufe der Zeitalter diese strahlenden Wesenheiten hervorgebracht hat.

Jeder Mensch schreitet Stufe um Stufe seiner eigenen Meisterschaft entgegen. Jede gedankliche und willentliche Bemühung, jede geringste Handlung und Erfahrung trägt zur Vervollkommnung des Menschen bei.

Wenn eine solche Erkenntnis aufleuchtet, ist man bestürzt ... entsetzt über die Undankbarkeit und Ichbezogenheit des eigenen Herzens.

Kapitel 6

Gut und Böse

20. Jan. 1932

»Allerhöchster und vollkommenster Geist des Universums, erhabener Architekt, wir bitten, daß Du uns auf allen unseren Wegen führen mögest. Möge Deine Weisheit unsere Arbeit inspirieren und sich die Schönheit Deines Wesens in unseren Werken manifestieren. Möge Deine Liebe jeden Gedanken und jede Handlung unseren Brüdern gegenüber erfüllen und wir unsere Lebensreise sicher überstehen, um schließlich, durch Dich vervollkommnet, in Deine Herrlichkeit einzugehen. Amen.«

27. April 1932

Seid gegrüßt, meine Freunde! Die Kraft erfaßt mich mit einer solchen Wucht, daß sie mich nahezu wie einen Strohhalm umbläst. Dieser Vergleich scheint auf die geistige Macht zu passen, die in diesem Moment auf die Erdebene strömt. Ihr werdet nationale Katastrophen und internationale Verwirrung beobachten. Ihr werdet aber auch eine bemerkenswerte, wirklich inspirierte Neugestaltung der Menschheit erleben.

Das gleiche wurde mir während meines Erdendaseins gesagt. Ich kann es nur wiederholen. Es werden irdische Katastrophen eintreten, gleichzeitig aber auch kreative Kräfte am Werke sein. Der Befehl ist erlassen worden! Dort, wo nun Meer waltet, wird sich ein riesiger Kontinent erheben, und Land wird versinken. Auf jenem Kontinent wird sich eine fortgeschrittenere Menschenrasse entwickeln. Mit diesen Veränderungen wird eine Verfeinerung der materiellen Substanz der Erde und der sie umgebenden Atmosphäre einhergehen.[50]

Das Hauptthema des heutigen Abends beschäftigt sich mit den über dem Astralen gelegenen geistigen Sphären. Wir möchten noch einmal auf die erste Mentalstufe, die Kausalebene und die Ebene göttlicher Intelligenz oder Weisheit hinweisen. Die Christliche Wissenschaft als »Kirche«, zum Beispiel, nimmt ihre Kraft aus der ersten Mentalebene der himmlischen Sphären. Auf der nächsten, der intuitiven Stufe, zieht sich der harte, intellektuelle Aspekt des Geistes zugunsten einer verinnerlichten, intuitiven Verfassung zurück. Sobald diese beiden ersten Sphären vollkommen ausgewogen und miteinander verwoben sind, gelangen wir zur jener Bewußtseinsebene, die man als Göttliche Intelligenz beschreiben könnte.

Wir müssen zwischen dem *Intellekt,* dem geistigen Zustand auf der ersten Mentalstufe, und jenem Bewußtsein unterscheiden, das auf der dritten Stufe herrscht und das ich *Intelligenz* nennen möchte. Wir wollen nochmals den Unterschied zwischen Intellekt und Intelligenz hervorheben. Intelligenz ist Teil des göttlichen Geistes. Wievielen intellektuellen und schlauen Menschen fehlt es doch an Intelligenz! Aus der Sphäre Göttlicher Intelligenz oder Weisheit ziehen wir die schöpferische Kraft, nicht jene kreative Energie, die astrales Leben formt und gestaltet, sondern eine Kraft, die tatsächliche *Substanz* erschafft.

Auf allen Seinsebenen gibt es Engel des Lichts und Engel des Schattens. Begreift ihr das? Ihr dürft die Engel des Schattens jedoch nicht als Wesen betrachten, die in einen Abgrund der Erniedrigung stürzen oder in den Engeln des Lichts die höchsten, »zur Rechten Gottes sitzenden« Geschöpfe sehen. Diese völlig falsche Vorstellung hat den Menschen in seiner Ansicht über »gut« und »böse« lange Zeit irregeführt. Heute Abend besteht meine Aufgabe darin, euch die Tatsache verständlich zu machen, daß jene Intelligenzformen – oder, wenn ihr so wollt, »Licht und »Dunkel« – Seite an Seite arbeiten, sich entwickeln und gegenseitig ergänzen.

Der Mensch ist stets davon ausgegangen, daß es sich bei Gut und Böse um Gegensätze handelt. Nochmals, nichts liegt der Wahrheit ferner als dieses Konzept. Das »Böse« steht immer als Ergänzung zu dem Zustand, den ihr »gut« nennt. Ohne das Böse könnte das Gute nicht existieren.

Nun, wir wollen uns wieder den Engeln des Lichtes und des Schattens zuwenden. Diese Kräfte arbeiten unablässig Hand in Hand, um jene Göttliche Intelligenz, die sich in allen Formen und Substanzen zu manifestieren sucht, zur Vervollkommnung zu bringen. Die Arbeit geht von allen Stufen geistiger Aktivität aus, selbst von jener dritten Mentalebene, dem Bereich der Meditation und der inneren Zwiesprache. Aus dieser Ebene kann eine Kraft gezogen werden, die, auf die Erde gerichtet, niedere Schöpfungsformen durchdringt, vergleichbar mit dem Licht und der Kraft der Sonne. Je niederer die Sphäre, desto inaktiver wird sie jedoch.

Der Mensch vermag aus allen Ebenen geistigen Bewußtseins Kraft heranzuziehen und sie entweder zum Guten oder zum Bösen zu verwenden. Glaubt nur nicht, daß geistige Kraft unbedingt gut oder »weiß« sein muß. Wie aber verhält es sich dann mit den »Fürstentümern der Finsternis«, den »Gegenspielern« und den »Prinzen des Schattenreichs«? (Ihr erinnert euch an die Lehren des Hl. Paulus zu diesem Thema. Als Schüler der Uralten Weisheit wußte er um beide Aspekte.) Wie häufig bedienen sich Männer und Frauen solcher Kräfte aus selbstsüchtiger und sogar böswilliger Motivation heraus. Viele Kriegsführer, Eroberer und erfolgreiche Geschäftsleute könnte man als Beispiele anführen.

Das fällt nicht schwer zu glauben. Nehmen wir zum Beispiel einen Mann, der nach zunehmendem Wohlstand trachtet. Etwas in ihm, das stärker ist als er selbst, spornt ihn immer wieder aufs neue an, wenn er erst einmal diesen Pfad betreten, das heißt, sobald er solche Kräfte angezogen hat. Obwohl er innerlich danach schreit, dieser Geldgier Einhalt zu gebieten, kann er nicht aufhören, selbst wenn sein Reichtum ihn zu versklaven beginnt. Er hat die Kontrolle verloren. Er vermag den Geldstrom nicht mehr aufzuhalten und weiß doch wie kein anderer, welch ein belastender Fluch er ist. Das gleiche kann auch einem Schriftsteller, Dramaturgen oder Staatsmann widerfahren, im Grunde genommen jedem, der nach Macht lüstet und jene Ebene anzapft. Achtet darauf, daß der Fahrer nicht überfahren wird!

Die Engel der Finsternis sind am Werk! Ich kann euch lediglich darauf aufmerksam machen. Ihr selbst vermögt in so manchem Leben diese dunkle Macht zu verfolgen, die letztendlich zu Versagen und Unheil führt. Wäre es da nicht besser, das Üble auszuradieren und nur das Gute zu erhalten? Wäre das jedoch wünschenswert?

Es würde wohl kaum zur Schaffung eines perfekten Universums beitragen.

Stellt euch zwei riesige Räder vor, zwei Ringe, zwei Kreise, die sich gegeneinander drehen, wobei jedes Rad die Position des anderen sozusagen durch eine magnetische Kraft hält. Das Ganze bildet eine vollkommene Harmonie.[52]

Wir möchten euch folgende Tatsache einprägen: *Das sogenannte »Böse« stammt ebenfalls von Gott. Die universale Intelligenz, die der Mensch als Gott bezeichnet, enthält beides, das Gute und das Böse.*

Eine derartige Behauptung muß wohl einen Meinungsstreit auslösen. Ich gebe aber nur die Wahrheit weiter, die ich kenne und sehe. Wir alle müssen ein Leben lang für ein vollkommenes Gleichgewicht arbeiten, damit die Finsternis das Licht niemals besiegen wird.

Dabei sollen Gut und Böse in uns nicht als Meister, sondern als unsere Diener das vollkommene Gesetz in vollendeter Präzision ausarbeiten. Zur Zeit überwiegt die Macht der Finsternis. Die Erde muß sich wieder anpassen, um erneut ihr moralisches Gleichgewicht zu finden und aufrechtzuerhalten. Vollkommenheit bedeutet, größer als das Gute und größer als das Böse zu sein. Gut und Böse müssen eure Diener werden, so wie sie Gottes Diener sind.[52]

4. Mai 1932

Erst wenn der Mensch sich über die physische Ebene und seine persönliche Gedankenwelt erhoben hat, vermag er das Leben als ein gewaltiges Ganzes zu sehen, ein umfassendes Ganzes des einen Gottes, in dem es keinen Unterschied zwischen Gut und Böse, Schwarz und Weiß geben kann.

Nun mag die Frage auftauchen: *»Wenn diese Behauptung zutreffen sollte, beraubt sie uns dann nicht unseres Antriebs, das Gute anzustreben? Warum sollten wir uns dann bemühen, die Welt zu verbessern oder uns selbst emporzuschwingen, wenn zwischen Recht und Unrecht letztendlich kein Unterschied besteht? Wir könnten ebensogut den alten Weg weitertrotten, denn am Ende wird sich ja doch alles zum Rechten auswirken.*

Ebenso wie die Sterne am Himmel in ihrer Bahn gehalten werden, wird jede Menschenseele im Zyklus des Lebens, innerhalb des Bewußtseins göttlicher Intelligenz, getragen. Obgleich die Seele über einen freien Willen verfügt und somit Gut oder Böse akzeptieren oder zurückweisen kann, vermag sie die Verbindung zu der erhabenen Seele, Gott, abzubrechen. Zu Gott gibt es stets einen aufwärtsgerichteten Impuls. Die Seele mag sich eine Zeitlang absondern, weigern und Gott verleugnen, doch sie kann niemals entrinnen und muß schließlich nachgeben. *Ich werde auferstehen und zum Vater zurückkehren!*

Was bedeutet es, wenn die Seele sich eine Zeitlang weigert? Sie hat den linken und nicht den rechten Pfad gewählt. Sie ist aber nicht entflohen! Die Magnetkraft göttlicher Intelligenz hält sie für immer auf dem Pfad ewigen Fortschritts. Aufgrund zahlreicher Überschreitungen hat sie sich dem abwärtsführenden und einfachen Weg des Übels verschrieben. Dann kommt die Umkehr, der Aufstieg mit blutenden Füßen. Kein Mensch vermag seinem Schicksal zu entrinnen, das letztendlich zur Vollkommenheit, zur Rückkehr zu seinem Schöpfergott führt.

Bevor der Mensch Gott gleich wird, muß er den untersten Bogen durchschreiten, den Boden des Bösen berühren und die Höhen erreichen. Um zur Vollkommenheit zu gelangen, muß er in die Hölle hinabsteigen und sich in die Himmel emporschwingen. Wenn der Mensch diese ungeheure Wahrheit endlich begriffen hat, wird er niemanden mehr verurteilen. Er wird in seinem Mitbruder die strahlende Seele erkennen, der dieser durch Gut und Böse entgegenstrebt. Meines Bruders Weg ist mein Weg, meine Entscheidung.

Nur so erreicht das Ego Meisterschaft, wird Meister seiner selbst und aller Kräfte, das Erdenleben eingeschlossen.

Wir wollen uns nun dem kosmischen Leben zuwenden. Im Vorangegangenen haben wir die mentale und himmlische Ebene beschrieben. Wir werden uns jetzt mit der höchsten Daseinsform, dem kosmischen Leben, beschäftigen, von dem aus die äußerste und innerste Stufe geistigen Bewußtseins auf- und absteigen muß in Verbindung mit dem Menschen.

Wenn der Mensch durch fortwährende Bemühung das kosmische Bewußtsein erreichen kann, wird es ihm gelingen, mit Bewohnern anderer Planeten in Verbindung zu treten und klare Botschaften zu erhalten. Obwohl er seit langem danach trachtet, ein Instrument zu erfinden (um eine solche Verbindung herzustellen), wird er erkennen, daß ein solcher Kontakt nur auf geistiger Ebene möglich ist. Als erstes muß der Mensch im sozialen und im nationalen Bereich die Bruderschaft aller Menschen bewirken, danach die aller Nationen. Später wird dann eine interplanetare Bruderschaft folgen, geboren aus der interplanetaren Kommunikation, zu der die Menschheit mit fortgeschrittenem Bewußtsein fähig sein wird.

Zunächst jedoch müssen wir die Elemente der Bruderschaft erkennen. *Der Mensch lebt nicht vom Brot allein, sondern vom Worte Gottes.* Mit anderen Worten, der Mensch vermag nichts ohne seine Verbindung mit den geistigen Wahrheiten zu erreichen.

Wir sind uns der Tatsache bewußt, daß unsere Äußerungen hinsichtlich Gut und Böse auf erhebliche Kritik stoßen mögen. Dennoch möchten wir erneut darauf hinweisen, daß diese beiden Kräfte, »Gut« und »Böse«, nicht so gegensätzlich sind, wie es den Anschein hat. Mit den schöpferischen Kräften des Guten im Gleichschritt zu marschieren, muß die destruktiven Kräfte des Bösen unweigerlich zertreten. Ebenso wie ihr in eurem Erdendasein den Abfall vernichten müßt, verhält es sich auch mit der Ökonomie des Universums.

Könnten wir dann die Engel der Finsternis nicht als individualisierte Kräfte des Übels beschreiben, erhabene Zerstörungskräfte, die das im Gesamtplan Unerwünschte aufzehren, eine unablässige Auflösung des Unwillkommenen? So gesehen, verhüllen die Kräfte des Bösen unseren höchsten Ausdruck des Guten. Sie lösen vom Leben, dem menschlichen, wie dem universalen, das Unnütze ab, schleudern es hinaus und zerstören es. Dabei handelt es sich jedoch weniger um einen Zerstörungsprozeß als um eine *Verwandlung.*

Sie verwandeln also das Unerwünschte zum letztendlich Schönen. Betrachten wir noch einmal die beiden mächtigen Zyklen, die sozusagen dem Zwecke der Evolution dienen, die der Mensch »positiv« oder »negativ« beziehungsweise »gut« oder »böse« nennt und die sich gegenseitig ergänzen. Beide besitzen ihre Bedeutung in der Vervollkommnung des absoluten Plans. Mit ebensolcher Gewißheit, wie die Nacht dem Tage folgt, gleicht Böses Gutes und Gutes Böses aus, wobei stets eine Verwandlung stattfindet – Böses zu Gutem und Gutes zu Bösem. Auf diese Weise vollziehen sich die Zyklen göttlicher Absicht im Laufe von Äonen, um schließlich die Seele der Menschheit in vollkommenes Gleichgewicht und vollkommene Harmonie zu hüllen.

Dieser Entwicklungsprozeß führt letztendlich zur Schöpfung neuer Welten, die neue Menschenrassen beherbergen. Das Haus Gottes muß stets erweitert werden, wenn Seine Kinder aufhören, umherzuirren und zu ihm zurückkehren.

Der begrenzte Geist vermag unmöglich die Ewigkeit zu erfassen. Wir können sie mit einem riesigen, sich beständig drehenden Rad vergleichen, das, seinen Kurs stets ändernd, niemals stillsteht. Ja, in Gott sind Gut und Böse enthalten. Eure Vorstellung von »Böse« ist falsch. Sollten wir darin nicht eher ein Gedankenkonzept als eine tatsächliche Wirklichkeit sehen? Wenn ein Mensch für die Erfüllung seiner Wünsche denkt und lebt, dann lebt er aufgrund seiner Selbstsucht in der Finsternis oder in dem, was die Menschen als »Böse« bezeichnen. Wenn er jedoch sein Leben und seine Arbeit dem Wohl der Bruderschaft widmet, befindet er sich im Licht und zieht Licht, Glückseligkeit und alle jene Attribute an, die der himmlischen Welt angehören.

Seht ihr nicht, daß es sich bloß um eine Reflexion des Menschen handelt, die das Gute oder das Böse sucht, wobei beide Aspekte eine Einheit bilden und den gesamten Menschen durchdringen?

Der Mensch blickt um sich, sieht Grausamkeit, Übel und Unwissenheit und erklärt: »Du kannst das Böse nicht ignorieren oder leugnen!« Eine solche Schlußfolgerung basiert auf falscher Voraussetzung. Wie kann jemand beurteilen, ob sein Mitmensch dem Guten oder dem Bösen dient? Meistens wird er doch von den Konventionen seines Landes und den Gebräuchen seines Volkes regiert. Was der eine als »gut« erachtet, betrachtet der andere als »böse« und umgekehrt.

Wir möchten nun eine andere, kaum erwähnte Gruppe von Wesenheiten ansprechen. Ich glaube, manche Leute wissen gar nicht um ihre Existenz, um das Reich der Engel, der geflügelten Wesen. Ja, sie tragen Schwingen. Zu ihnen gehört der erhabene Deva, der zahllose Leben überwacht und den Zauber der Natur bewirkt, ohne den das menschliche Leben ärmer wäre.[53]

Außerdem gibt es die »Engel der Geburt und der Mutterschaft«, die »Engel des Todes, der Musik, Kunst und Literatur«. Hat es sich der Mensch jemals träumen lassen, daß die Emotionen, aus denen Musik, Kunst und Schönheit hervorgehen, jene zarten Schwingungen, aus Sphären jenseits der grauen Erde stammen, aus Bereichen, die menschliches Begreifen übersteigen? Geistige Schönheit muß von den geistigen Welten und ihren Bewohnern ausgehen. Solche Engel besitzen ein duales Wesen, gekrönt mit der Liebe, die sie für einander und das gesamte Universum empfinden.

Ja, ich weiß, wir haben uns nicht ausführlich genug über die himmlische Welt ausgelassen. Bisweilen haben wir recht gruselige Bilder dargestellt, wie ich fürchte. Es gestaltet sich äußerst schwierig, geistige Wirklichkeiten in Worten auszudrücken, die nur dazu dienen, materielle und physische Lebensbedingungen zu erklären und zu beschreiben. Eines möchte ich jedoch betonen, alle können auf eine unvergleichliche Schönheit und Wirklichkeit hoffen. Ihr schreitet voran, indem ihr Schönheit, Liebe und Weisheit anstrebt. Im innersten Wesen des Menschen ruht eine Welt, die die höheren Empfindungen und Eigenschaften makellos zum Ausdruck bringt. Es gibt keine einzige Seele auf dieser Erde, sei sie in einer schwarzen, weißen, roten oder gelben Hülle, die keine Fürsorge im grenzenlosen Universum des Geistes findet. Wie gerne möchte ich ein Bild darstellen, das die Sehnsucht jeder auf Erden lebenden Seele zufriedenstellte. Wenn ich die entsprechenden Worte finden könnte, würde ich eine geistige Welt von sich immer weiter entwickelnden Schönheiten vor euch entfalten. Je weiter man fortschreitet, desto mehr wird einem offenbart. Die Atmosphäre verfeinert sich. Jubel erfüllt das gesamte Sein und regt zu stets neuem Bemühen und neuen Leistungen an.

Kapitel 7

Das Panorama menschlichen Lebens

I

3. Feb. 1932

Wir haben euch daran erinnert, daß jeder Aspekt der geistigen Bereiche die Ebenen physischen Lebens durchdringt. Obwohl in einem materiellen Körper, ist der Mensch auf allen Geistesebenen, zu denen er nach seinem leiblichen Tode hinüberwechselt, tätig. Diese Tatsache bildet das Herzstück der spiritualistischen Philosophie und den Kernpunkt einer jeden Religion. Die Lehre vom Leben der Seele, nicht nur während ihres Daseins auf Erden oder in den unsichtbaren Welten, sondern während ihrer gesamten Existenz, angefangen von jenem Augenblick, da sie als Individuum, als Projektion der großen Lebenssonne, abgetrennt wurde, liegt allen alten Glaubensrichtungen zugrunde.

Diese Lehren bestehen seit Anbeginn der Zeit, als der Mensch sich in seiner höchsten Form geistigen Bewußtseins befand, bevor er in die Tiefen der Materie abstieg (aus denen er sich nun spiralförmig aufwärts entwickelt). Doch während seines Abstiegs hat er niemals das innere Bewußtsein seines wahren Seins und seine Verbindung zu Gott verloren.

Das Leben der geistigen Welt stellt das innere Leben des Menschen dar. Je weiter er sich von Gott entfernt, desto weniger tritt es zutage, da der Lebensimpuls nach Formgebung drängt, der Gestaltung einer Persönlichkeit. Im Aufwärtsstreben zieht sich der Mensch zurück, um sein wahres Wesen, sein eigenes unermeßliches Erbe zu suchen und zu finden.

Ich möchte nochmals betonen, daß der Mensch im Laufe seines Erdendaseins die Bewußtseinseigenschaft erwirkt, mittels derer er sich auf den zahlreichen inneren Lebensstufen manifestiert. Sobald ihn die physische Form nicht mehr gefangenhält, wandert er zu jener Ebene der inneren Welten, der er sich selbst angepaßt hat. Wenn wir uns diese Tatsache vor Augen halten, erkennen wir die Ordnung im Leben. Es ist weder dem Zufall überlassen noch irgendeiner Form von Unglück oder Ungerechtigkeit ausgesetzt.

Wenn Leute den Reinkarnationsgedanken zurückweisen, bringen sie damit nur ihre Engstirnigkeit zum Ausdruck. Ein dunkler Vorhang scheint zwischen den scheinbaren äußeren Wirklichkeiten und dem intuitiven Wissen des

Menschen herabgefallen zu sein. Wenn er auf sein Leben zurückblickt und die Fülle seiner Erfahrungen genauer betrachtet, die auf dem Wege zur geistigen Vollendung unverzichtbar sind, erkennt er nicht nur die Notwendigkeit der Reinkarnation, sondern auch die ungeheure Bedeutung jeder Einzelheit im Leben.

In der geistigen Welt herrscht Gesetzmäßigkeit, Ordnung und Harmonie. Man spricht von Naturgesetzen, doch so materiell sich diese auch auszuwirken scheinen, ihr Ursprung liegt im Universum. [54]

Es gibt keine willkürlichen Methoden, denn die Natur geht recht grob mit Missetätern um. Das gleiche gilt für die geistigen Bereiche. Die kleinste Handlung ruft eine Reaktion hervor. Die Gedanken des Menschen, seine Schöpfungen, werden seine guten oder bösen Engel. Wenn er sein Leben aus geistiger Sicht betrachtet, wird er die Verderblichkeit jener Mentalgeschöpfe der Depression und Selbstsucht erkennen, die seine Kinder waren und sind.

Mit dieser Tatsache bin ich vor einiger Zeit in Berührung gekommen. Sie hat mich seit meiner Ankunft hier tief betroffen, denn ich war gewohnt, Romanfiguren, Szenen und Wortbilder zu erschaffen. Ich besaß eine lebhafte Vorstellungskraft. Doch mein Stift erschuf nicht nur Bilder der Freude, Lieblichkeit und Schönheit, sondern auch Häßlichkeit, Kriminalität, Grausamkeit und Schrecken. Die Gegensätzlichkeit an sich lehrt eine Lektion. Die Schöpfungen des Grauens und Schreckens aber leben weiter und erfüllen den Geist des Menschen mit gewalttätigen und ungesunden Schwingungen. Nun blicke ich auf die Leben von Männern und Frauen, die auf diese Weise beachtlich durch mich beeinflußt worden sind. Ich erzähle euch das nur, um euch die Lektion zu erläutern.

Der Mensch wird eines Tages die Freude oder das Entsetzen erleben, wenn er die Auswirkungen seiner Schöpfungen sieht, ungeachtet dessen, ob es sich dabei bloß um fiktive Gestalten oder tatsächliche Lebensumstände handelt, die er durch seine Verhaltensweise hervorrief und die somit das Leben von Mitmenschen beeinflußte. Er sieht nun, was er zum kollektiven Ganzen beigetragen hat, sei es gut oder schlecht. In jedem Augenblick seines Lebens steuert der Mensch etwas Universalkraft des Guten oder Bösen bei. Wir sollten jedoch weniger von »gut« und »böse« als vielmehr von »positiven« und »negativen« Schwingungen sprechen, da sich nur das Positive als kreativ und ewig erweist. Das Negative hingegen, die destruktive Kraft, endet schließlich in Leid und Schmerz.

Der Mensch schreckt vor der heutigen erkrankten Welt zurück. Aus geistiger Ebene aber lassen sich die Strahlen erkennen, die die gewaltige Lebenssonne aussendet. Es muß Leid geben, denn die Menschheit hat den Samen des Leidens ausgesät. Doch die Evolution schwingt sich aufwärts. Wie stark der Zug nach unten auch sein mag, es gibt eine mächtigere Anziehungskraft. Der wahre Instinkt im Menschen, jener tiefe, innewohnende Hunger nach Gott, wird die Menschheit letztendlich erretten.

Ja, wir können eine neue Erde und einen neuen Himmel versprechen. Die alte Erde verliert sich. Eine neue Erde, ein neuer Himmel werden kommen, da die Menschheit sie durch ihr Streben neu gestalten. Trotz Unwissenheit, Grausamkeit und Unrecht arbeitet der Plan Gottes stets auf eine unvorstellbare Vollkommenheit hin.

Die alte Welt vergeht, doch sie wird zu neuem Leben auferstehen.

Die gleichen Gesetze gelten für die Mental- und Himmelssphäre des Seins. Ebenso wie der Mensch auf Erden danach trachtet, Ebenbild seines Schöpfers zu werden und Gottes Liebe und Kraft erhält, muß er die materiellen Schwingungen des Erdballs, auf dem er weilt, anheben. Mit seinen begrenzten fünf Sinnen könnte er eine solche vergeistigte Welt der Zukunft nicht erkennen und wahrnehmen. Aber diese Welt wird eine größere Wirklichkeit umspannen, als Sinnesorgane und Zeit heute zu enthüllen vermögen. Im Sonnensystem gibt es bereits Planeten, die weder mit bloßem Auge noch mit dem größten Teleskop sichtbar sind, da sie aufgrund ihrer Vergeistigung weit jenseits physischer Wahrnehmungsfähigkeit liegen.

Solange der Mensch auf niedriger Stufe weilt, vermag er nichts außerhalb seiner Fähigkeit zu erkennen. Sich keiner anderen Lebenssphäre bewußt, tastet er wie ein Fisch in dunklem Wasser umher. Für jene schöneren, geistigen Welten ist er blind. Nur einem erweiterten Bewußtsein öffnet sich ein neues Universum (das sich, wie gesagt, von den bereits beschriebenen Existenzbereichen, die unsere physische Ebene durchdringen, unterscheidet).

20. Jan. 1932

Ich habe bereits über Welten gesprochen, von denen die Astronomen nichts wissen, Welten, die aus Äthersubstanz bestehen und deren Einfluß bisweilen auf Erden zu spüren ist. Ebenso wie die Strahlung der bekannten Planeten sowohl das kollektive als auch das individuelle Menschenleben beeinflußt, wirken jene ätherischen Planeten auf die physische Ebene ein. Zu unterschiedlichen Zeiten in der Erdgeschichte sind Katastrophen und Überschwemmungen aufgetreten, die sich mit den gängigen wissenschaftlichen Begriffen nicht erklären lassen. Sobald man jedoch genauere Kenntnisse über jene gewaltigen planetarischen Kräfte gewonnen hat, läßt sich die Ursache für solche Vorkommnisse wohl erklären.

3. Feb. 1932

Die Erde ist der dunkelste Planet im Sonnensystem. Ihr könnt euch also auf etwas freuen. Wenn sich die Erdenmenschen doch nur für uns öffnen wollten und uns die Angst vor dem Tode zerstreuen ließen! Sie würden den Weg zur Schönheit, Freude und den Wundern mutig beschreiten.

20. Jan. 1932

Es erhebt sich die Frage, ob der Mensch unter diesen Umständen nicht bloß eine Marionette in der Hand eines gewaltigen unsichtbaren Universums darstellt. Eine solche Frage kann nur dem physischen Gehirn entspringen. Der ungebundene Geist erkennt jedoch, daß ein solches Gesetz wohl die unsagbare Liebe beweist, mit der Gott die widerspenstige Menschheit zur absoluten Vollkommenheit führt. Ein weiser Geist erinnert sich also nicht nur an einzelne Erdenleben, sondern betrachtet die gesamte wunderbare Evolutionsstruktur göttlichen Geistes durch die menschliche Erfahrung. Vor solcher Herrlichkeit und Majestät kann er sich nur tief verneigen und den Erhabenen anbeten, der den Evolutionsplan geistigen Lebens erdacht hat.

Der Einfluß jener unbekannten und unsichtbaren Planeten kann von einer ungeheuren Kraft sein. Doch die Menschheit als Ganzes mag bei der Lenkung dieser Kräfte, die das gesamte menschliche Leben erheben und vergeistigen, wohl mitreden. Dieselbe Menschheit kann aber auch Kräfte anziehen, die das Gute zerstören. Das kollektive Gedankenmuster trifft die Entscheidung.

Ich versuche, eine Wirklichkeit zu übermitteln, die sich in ihrer Herrlichkeit kaum in Worte kleiden läßt. Doch ich mußte es versuchen, um Klarheit in den augenblicklich herrschenden Meinungsstreit hinsichtlich der Voraussagen von Katastrophen und Weltveränderungen zu bringen. Es werden verheerende Umwälzungen eintreten; sie lassen sich nicht vermeiden. Ein neues Zeitalter steht bevor, in dem sich der Kosmische Christus der Erde nähert. Mögen Seine Kinder Seine Macht und Herrlichkeit erkennen.

Diejenigen, die ihn zurückweisen, sind nicht halsstarrig oder böse, sondern noch nicht genügend entwickelt. Sie werden in einen niedrigen Evolutionszyklus zurückkehren, von wo aus ihre Aufwärtsreise einen anderen Weg nimmt, als ihn jene beschreiten, die Seine Ankunft willkommen heißen.

Nun ein paar Worte zur Definition des Kosmischen Christus.

Sogar spirituell entwickelte und intellektuell fortgeschrittene Menschen verstehen ihn kaum. Es herrscht eine allzu gefühlvolle Gedankenverwirrung hinsichtlich der Göttlichkeit und der Gottheit des Jesus Christus. Die orthodoxe Kirche macht sich in ihrer Lehre des Materialismus ebenso schuldig wie der Spiritualismus. Beide haben sie nur den physischen Aspekt dieser wunderbaren Verkörperung des Unendlichen durch den Eingeweihten Jesus von Nazareth aufgegriffen. Sie vergöttlichen die Person selbst und versäumen, die unendliche Liebe und Weisheit wahrzunehmen, die er manifestierte. Sie erkennen nicht, wie begrenzt doch ihre Vorstellung von jener innewohnenden Kraft ist, dieser Lebensfülle, bekannt als Sohn Gottes, Sohn der unendlichen und universalen Lebenskraft.

Im Laufe der Geschichte traten Propheten und Seher auf, um Seinen Weg vorzubereiten, indem sie die Menschheit anregten, die Fleischwerdung Christi anzunehmen. Er manifestierte sich, wurde verachtet und zurückgewiesen und wird heute noch von vielen verachtet und zurückgewiesen, die sich Spiritualisten nennen. Wie können sie ihren Namen mit der Verleugnung der edelsten geistigen Wesenheit, die sich je in einem physischen Körper manifestierte, vereinbaren?

Es gab eine Zeit, in der ich die Erlösungsgnade des Jesus Christus ablehnte. Der Spiritualismus verhalf mir zu einer weniger materialistischen Einstellung. Allmählich begann ich, das Licht und die Schönheit des Lebens des Nazareners zu sehen. Zunächst akzeptierte ich Ihn als einen wunderbaren Vermittler, einen edlen Bruder und Kameraden des Menschen. Natürlich, er ist der überragende Bruder, der Bruder der Menschheit. Das Wesen Seiner Bruderschaft läßt sich jedoch nicht mit der verbreiteten Vorstellung in Einklang bringen, daß er bloß ein Mensch wie unsereins war. Alles ist eine Frage des Ausmaßes, in dem Er in uns und wir in Ihm, dem Sohn des Vaters, leben. Wie begrenzt und partiell doch nur eine Manifestation durch die Person des Jesus geschehen konnte. Sie genügte jedoch, um die Menschheit zu lehren, daß Gott ein Gott der Liebe ist. Am Beispiel seines Lebens zeigte er, daß der einzige Weg zum ewigen Leben und dem Reich Gottes über Ihn führte, indem sich der Mensch mit Seiner göttlichen Gnade, Seinen herrlichen Gedanken, Seinem transzendenten Geist der Liebe, Güte und Vergebung identifizierte; die einzige Erlösungsgnade der leidenden Menschheit.

Diese wird im Laufe der nächsten fünf Jahre deutlich sichtbar werden.[55] Überall auf der Welt wird der Mensch Zeichen emportauchen sehen; die Schwächung verkommener Systeme, die bitteren Früchte von Krieg und Rüstung, Wiedergutmachungen und Zölle. Eine bestürzte Welt wird erkennen, daß sich alle der einen Macht beugen müssen, die allein die Menschheit vor der völligen Vernichtung zu erretten vermag, nämlich die erlösende Christuskraft, offenbart durch Jesus von Nazareth.

II

10. Feb. 1932

Wir haben mehrere wichtige Punkte angesprochen und wollen nun näher auf sie eingehen. Wie bereits erwähnt, verbleiben die fortgeschrittenen Seelen nicht in der kosmischen Sphäre, sondern werden in andere Bereiche gesandt. Der Mensch erreicht letztendlich eine Stufe in seiner Entwicklung, die eine Rückkehr in die physische Form nicht mehr nötig macht. Was jedoch seine feineren Bewußtseinsebenen anbelangt, gibt es noch viele Höhen zu erklimmen. Zu diesem Zwecke muß das Ego aber wieder zu einem bestimmten *Aspekt* hinabsteigen, was man auch als eine Art Inkarnation bezeichnen könnte. Nur durch diese Erfahrung gelangt er weiter.

Betrachten wir also die Sphären jener bereits erwähnten Planeten feinerer Materie, deren ausstrahlendes Licht der Astronom manchmal erblicken könnte, bestünden sie aus dichterer Äthersubstanz.

Viele Seelen, die ihre Reise durch das Erdendasein und die entsprechenden geistigen Bedingungen abgeschlossen haben, begeben sich gruppenweise auf einen dieser höher entwickelten Planeten, um dort neu anzufangen. Sie steigen abwärts, durch verschiedene Ebenen, die in gewissem Sinne den die Erde umgebenden Sphären geistigen beziehungsweise himmlischen Lebens entsprechen, obgleich sie von feinerer Beschaffenheit, größerer Strahlkraft und höherer, geistiger Schwingung sind.

Ihr Abstieg erfolgt mühelos, und sie manifestieren sich schließlich sozusagen in einem physischen Körper. Die Schönheit ihrer Gestalt entzieht sich jedoch jeder Beschreibung. Es genügt zu sagen, daß jene Lebensbedingungen wunderbar sind, und alle Gesetze geistigen Lebens harmonisch auf ihr Ziel hinwirken. Ein Leben in dieser Form kennt keine Einschränkungen in dem Sinne, daß sich der Mensch den Grenzen der Erde und den diese umgebenden höheren astralen Ebenen beugt. Das Leben ist *grenzenlos* geworden. Die Herrlichkeit, Fülle und Größe einer solchen Existenz läßt sich kaum erfassen. Diese fortgeschrittenen Wesenheiten, die um die Fessel der Materie wissen, fühlen mit den notleidenden Erdenbewohnern und senden ihnen das Licht ihrer Zuneigung.

Wir sprachen von geistigen Führern, die von den himmlischen Ebenen herabsteigen, auf der Astralebene wiedergeboren werden und sich nicht auf der Erde reinkarnieren. Dieses Opfer beruht auf ihrer freien Entscheidung. Aufgrund ihrer engen Verbindung mit der Menschheit helfen sie dieser und sammeln zahlreiche Erfahrungen.

Wir haben auch von der Reinkarnation gesprochen. Einige Menschen bejahen sie, andere wiederum lehnen diesen Gedanken ab. Je nach Gesichtspunkt treffen beide Ansichten zu. Es gibt unzählige Lebensformen, zu viele um sie zu erfassen. Viele Seelen kehren fortwährend zur Erde zurück, andere jedoch nehmen davon Abstand.

Früheren Mitteilungen zufolge mag diese Aussage in gewisser Weise widersprüchlich klingen. In unserem Zustand aber lernen wir immer wieder neue Wahrheitsaspekte, und seit ich diese Botschaften durchgebe, besitze ich den besonderen Vorzug einen weit umfassenderen Bereich zu sehen als je zuvor. Jene Formen und Zyklen sind mir seitdem offenbart worden.

Wenn ihr es hellseherisch erfassen könntet, wäret ihr überrascht, wieviele Farb- und Licht-»Spiralen« von der Erdebene ausgehen, die auf- und vorwärtspulsieren. Alle diese »Spiralen« repräsentieren die unterschiedlichen Entwicklungspfade des Menschen. Nun hat sich der Spiritualist entsprechend der von seinen Führern erhaltenen Lehre als das Siebte Prinzip verkörpert, ein »Pfad ewigen Fortschritts, der jeder Seele offensteht, die ihn beschreiten will, der Pfad des ewig Guten«. Wir möchten jedoch klarstellen, daß nicht jeder unbedingt demselben Weg folgen muß. Diese Tatsache gehört zu den mächtigen Gesetzen geistiger Evolution. Das vollkommene Gesetz wird zwar in jeder Manifestation der Lebenskraft beachtet, dem Ego bleibt aber ein weiter Spielraum der freien Wahl. Wenn der Mensch begreift, wieviele Myriaden von Entwicklungswegen offenliegen, würde sich sein Geist auf den Gedanken von einer allgegenwärtigen Gottesliebe einschwingen. Es gäbe keine Intoleranz und Beschränkung mehr, da er in jeder Seele dieses Urverlangen sehen könnte, das den einzelnen spiralförmig emporzieht.

Obwohl sich die Seele notgedrungen den Gesetzen geistigen Lebens anpassen muß, da sie selbst geistiger Natur ist, wird keine zu einem bestimmten Weg oder einer bestimmten Form gezwungen.

Grob dargestellt, könnte man folgenden Vergleich anführen. Stellt euch Millionen und Abermillionen von Atomen vor, die in ihrer ätherischen Umgebung herumsausen. Jedes Atom reagiert aufgrund seiner spezifischen Eigenschaft auf Anziehung. Jedes muß dieser Kraft, wie von einem Magneten gezogen, folgen und seinen eigenen Entwicklungsweg nehmen. Wird also das Selbst, der Gottesfunke, von der Göttlichen Intelligenz in die Form hineinprojiziert, verspürt es immer noch den »Zug« einer der unzähligen Myriaden von Evolutionsspiralen, die sich der entwickelnden Seele eröffnen. Ein wundervoller Gedanke! Während alle Seelen in Übereinstimmung mit dem Gesetz wirken müssen, ist doch jede Seele völlig individuell.

Nun versteht ihr vielleicht besser, was der Meister Jesus meinte, als er sagte, daß *selbst die Haare auf eurem Kopf gezählt sind.* Vom Taugenichts in der Gosse bis hin zum Weisesten im Lande, bleibt jede Seele nach ihrem eigenen Maße eingestimmt auf die Göttliche Intelligenz und muß schließlich den einen Weg beschreiten, der sie zurück zu Gott führen wird.

Kapitel 8

Die Reifung verkörperten und unverkörperten Lebens

I

30. März 1932

Sobald der Mensch begreift, daß er im »Hier und Jetzt« und auch auf der jenseitigen Ebene, wo er sich seiner selbst bewußter sein wird, lebt und schafft, wird er seine gesamte Einstellung ändern. Diese Einsicht wird seine Handlungen veredeln, seine Ideale erhöhen und ihn zu reineren Bestrebungen inspirieren als jenen, die ihn letztendlich auf den unteren beziehungsweise ersten drei Astralstufen herumkriechen lassen. Diese werden ihn fesseln, solange ihn seine Wünsche und Eingebungen nicht auf- und vorwärtsdrängen.

Die Religionen der Vergangenheit und Gegenwart besitzen eine gemeinsame Quelle, den Universalen Geist. Es spielt kaum eine Rolle, ob es sich dabei um die ägyptische, griechische, chaldäische oder die uralte Weisheit der Hindus handelt oder aber um die christlichen Kirchen, die Christliche Wissenschaft, Theosophie oder den universalen Geist. Sie alle besitzen einen gemeinsamen Nenner, nämlich *die Universalebene* beziehungsweise das sogenannte »kosmische Bewußtsein«, dieses höchste Ideal vollkommener Harmonie des Lebens, jene Seinsebene, auf der die sich emporschwingende Seele in einem grenzenlosen Ozean geistigen Lebens aufgeht. Aus diesem Zentrum zieht die Religion, rein und unbefleckt, ihre Nahrung. Ich wünschte, ich könnte heute Abend diese Verbindung für euch herstellen. Ich möchte euch zumindest zeigen, was ich meine. Ich will es versuchen ...

Sollte es mir nicht gelingen, müßt ihr euch eurer eigenen Fähigkeiten bedienen. Laßt uns gemeinsam den Versuch unternehmen. [56]

Frage: *»Wir können nicht ganz folgen. Was meinst du mit der Bemerkung, »die Verbindung herstellen«?«*

Laßt es mich an einem Beispiel illustrieren. In der Christlichen Wissenschaft besteht eine eindeutige Verknüpfung mit der Mentalebene. Die Angehörigen sind durch den Mentalkörper und den Intellekt (da es sich teilweise um eine intellektuelle Religion handelt) eindeutig mit der ersten Mentalstufe der himmlischen Sphären verbunden.

Ich versuche zu zeigen, daß jede Religion mit der einen oder anderen Lebensebene verknüpft ist. Die Spiritualisten kontaktieren hauptsächlich Wesen der Astralwelt. Der Spiritualismus, insoweit er sich bisher als Religion entwickelt hat, beschränkt sich also überwiegend auf die sieben astralen Lebensstufen.

Die als Buddhismus bekannte uralte Weisheit verbindet sich mit der dritten Sphäre himmlischen Lebens. Der ergebene Buddhist strebt das Nirvana an, die Ebene der Meditation, von der aus die Seele in den universalen Geist eintaucht (irrtümlicherweise als der Zustand des »Nichts« interpretiert). Das höchste Ziel besteht in der Erreichung jener Bewußtseinsebene, auf der die Persönlichkeit dahinschwindet und absorbiert wird und die Individualität im Universalen in einer Weise aufgeht, daß sie, indem sie sich selbst verliert, eins mit dem Pulsschlag Gottes wird. In diesem Augenblick gibt das Selbst das Selbst preis. Hierin liegt das allerhöchste Ziel.

Das bedeutet nun nicht, daß das Individuum derartig absorbiert wird, daß es sich nicht aufgrund seines Willens oder seiner Intelligenz vom Ganzen zu trennen und als losgelöstes Ego zu manifestieren vermag. Der Durchschnittsmensch kann den Gedanken einer Auflösung nicht ertragen, da er sich in seiner Entwicklung als Individuum verstrickt hat. Doch jede Seele muß letztendlich von sich selbst Abstand nehmen und Teil einer einzigen universalen Lebenskraft werden. Nur wenn der Mensch diese Stufe erreicht hat, wächst er über sich selbst hinaus und erreicht den Punkt, an dem er ausrufen kann: *»Der Vater und ich sind eins … «*

Dieses Thema haben wir bereits ausführlich behandelt. Frage: *»Mit welcher Ebene ist die Hindu-Religion verbunden?«*

Die uralte Weisheit der Hindus ist mit dem universalen Geist verknüpft. Ganz gewiß besteht eine Verbindung zur höchsten Stufe spirituellen Bewußtseins.

Frage: *»Wie verhält es sich mit den Ägyptern?«*

Die Wahrheiten, die wir uns bemühen zu vermitteln, können in den alten ägyptischen Lehren gefunden werden. Dieses Buch wird die uralte Weisheit Ägyptens bestätigen.

Frage: *» Wie steht es mit den modernen Religionen, wie der Theosophie?«*

Die Theosophie enthält jene lebendigen Wahrheiten, wurde aber, wie zahlreiche andere Religionen und Glaubensüberzeugungen, verzerrt. Das ursprüngliche Fundament zerbrach und teilte sich auf. Heute gibt es viele unterschiedliche Vorstellungen, die sich schlecht miteinander vereinbaren lassen. Die reine Theosophie jedoch, deren Ursprung in der uralten Weisheit liegt, verkörpert sich in unserer Lehre. Der heute als Theosophie bekannte Zweig steht hauptsächlich mit der ersten Mentalstufe der himmlischen Sphären in Verbindung.

Frage: *»Und der Protestantismus?«*

Eine Religion, die auf einer wunderbaren Wahrheit und reinen Lehre gründet, unglücklicherweise aber von Glaubensbekenntnis und Dogma überlagert wurde.

Meine Aufgabe besteht darin, zu vereinen und Harmonie zu schaffen, nicht zu zerstören. Ihr werdet daher sicherlich verstehen, wenn ich meine Worte sorgsam wählen und wohl durchdachte Antworten auf eure Fragen geben muß. Aus diesem Grunde ziehe ich es vor, die Konfessionen der Orthodoxie nicht einzeln aufzuführen, sondern die christlichen Lehren als ein Ganzes zu betrachten und sie mit dem geistigen Leben, wie ich es in den Reichen der Körperlosigkeit vorfinde, in Beziehung zu setzen.

Nehmt die Lehren des Meisters Jesus. In ihnen werdet ihr von Anfang bis Ende Wahrheit, Einfachheit und gleichzeitig eine ungeheure Tiefe geistigen Verstehens finden. Ihre schöpferische Kraft und Weisheit werden jeder Menschenseele, die gewillt ist, den Pfad der Liebe und Brüderlichkeit zu wandeln, die Tore zum Himmel öffnen. Ihre Wahrheit wird jedem, der Christus nachfolgt, ein Leben vollkommener Gesundheit und Harmonie, des Wohlstands und Glücks bringen. Diese Religion, falls wahrhaftig gelebt, wird die Menschenseele mit jeder Ebene verbinden, der astralen, mentalen sowie dem allerhöchsten *universalen Geist.*

Wir haben von einer Sphäre *bewußter* Wiedervereinigung (mir fallen nur diese Worte ein) gesprochen, in der sich das Tier-, Pflanzen-, Menschen-, Engel- und das göttliche Reich als eine Einheit begegnen. Hier wird sich die Seele der Freundschaft und Verwandtschaft mit jeder Kreatur und jeder Blume bewußt werden. Auf dieser Ebene vermögen jene, die ihr als Meister bezeichnet und die durch strenges, diszipliniertes Bemühen Meisterschaft über die niederen Lebensformen erlangt haben, den schwächeren Willen und Wunsch ihrer Brüder und Schwestern auf diesen Existenzstufen in ihrem Willen zu behüten.

Diese (Meisterschaft) läßt sich nur schwerlich begreifen, ist aber ein Zustand, in den wir alle einmal treten werden. Vielleicht erinnert ihr euch an Geschichten der Bibel und Schriften anderer Völker, in denen von wilden Bestien und dem Menschen die Rede ist, die einander verständnisvoll begegnen. Laßt mich zwei der zahlreichen Beispiele anführen – Daniel in der Höhle des Löwen und Bileams Esel. Diese scheinbaren Fabeln enthalten ein tiefes Wissen um jene Sphäre, in der alle zu der Erkenntnis der universalen Verwandtschaft gelangen werden. Einigen von euch mag auch die Episode einfallen, die davon berichtet, wie Jesus auf einem ungezähmten Fohlen in Jerusalem einritt. Erkennt ihr, wohin uns dieses Verstehen führt, die darin enthaltenen enormen Möglichkeiten, die es die neuen Menschheiten zu lehren vermag?

Wenn ihr es auch noch nicht seht, meine Freunde, so wird euch doch die Gesamtstruktur dieser Gespräche überraschen. Wir möchten immer wieder betonen, das wir *jetzt* in diesem »Leben nach dem Tode« leben. Aber wir wollen nicht nur den Beweis für ein Weiterleben erbringen, sondern euch auch zeigen, daß hinter allem Leben jene universale Schöpfungskraft am Werke ist. Wir möchten beweisen, daß der Mensch nicht eher Frieden, Harmonie und Glück erlangen wird, als bis er seine Stärke erkannt hat und sich sein Herz allem brüderlich zuwendet.

Als erstes Brüderlichkeit und dann Freiheit durch den Himmel ... das ist es! ... Bruderschaft, die große Weiße Bruderschaft, auf Erden, wie sie im Himmel besteht.

II

13. April 1932 (zwei Wochen später)

Seid gegrüßt! Ich habe über die Notizen zu unserem letzten Vortrag nachgedacht. Ihr mögt fragen, wie und warum? Es hat mich sehr gefreut, daß Brighteyes diese Aufzeichnungen selbst durchgelesen hat. Durch ihren Geist habe ich einen recht guten Eindruck von dem Niedergeschriebenen gewonnen und sah mich versucht, einzufügen und zu korrigieren, wie ich es früher getan haben sollte. Ein oder zwei Punkte bedürfen der Erläuterung. Als erstes meine Bemerkung hinsichtlich der spiritualistischen Bewegung und ihrer hauptsächlichen Verknüpfung mit der Astralwelt. Ich möchte durchaus nicht den Eindruck hinterlassen, daß es sich beim Spiritualismus um eine Religion oder Glaubensüberzeugung handelt, die nur mit den niederen Ebenen in Verbindung steht. Wir wollen daher diese Frage nochmals betrachten. Es trifft zu, daß der Spiritualismus hauptsächlich von jenen Astralsphären ausgeht. Der Grund hierfür ist offensichtlich. Die Spiritualisten wünschen vor allem, mit ihren Lieben Kontakt aufzunehmen. Die Verfolgung dieses Verlangens wird zur Wissenschaft für den Forschenden und zur Religion für die Hinterbliebenen und Einsamen.

Im Laufe der vielen Jahre, in denen ich das Evangelium des Spiritualismus verkündet habe, dachte ich in erster Linie nur daran, jenen, die von ihren Lieben getrennt worden waren, Trost zu spenden. Ich liebe die Menschen und betete meine Familie an. Daher fühlte ich sehr stark mit den trauernden Hinterbliebenen. Mein Hauptgedanke war, diesen armen Leuten die Gewißheit zu schenken, daß ihre Lieben weder gestorben waren noch sich weit von ihnen entfernt hatten, sondern ihnen unendlich nahestanden und in einem Zustand der Glückseligkeit lebten. Diese Tatsache erschien mir die allergrößte Bedeutung zu besitzen, vor der alles andere verblaßte.

Im Menschen wohnt eine Kraft, Zustände, Visionen, Vorstellungen von Gott, dem Leben nach dem Tode und dem Himmel zu erschaffen. Mit zunehmender Vorstellungskraft formt er seiner Fähigkeit entsprechend ein gewisses Ideal. Im »barbarischen« Zeitalter verehrte der Mensch von ihm angefertigte Gottesbilder, die beste und höchste Stufe, die er zu erfassen vermochte. Ebenso verhält es sich heutzutage mit dem Durchschnittsmenschen. Jeder erschafft, je nach Tiefe seiner Gedanken und Emotionen, Vorstellungen und Ideale. Das heißt, der Mensch der sich auf die menschliche Liebe, Familienbande, persönliche Verbindungen, materielle Annehmlichkeit, also Dinge, die die Sinne erfreuen, konzentriert, erzeugt in seinem Innern dasselbe Konzept vom Himmel. Auch ich stellte mir so das Leben nach dem Tode vor und glaubte, daß alle, die sich liebten und immer noch lieben, ebenso empfinden müßten. Ich nahm an, alle müßten diese unvermeidliche Trennung fürchten, wie ich sie einst gefürchtet hatte, bis wir den auf Wahrheit und Beweis basierenden Glauben an ein Leben nach dem Tode einführten.

Der übliche Sucher tritt also dem Spiritualismus bei, um mit seinen Lieben Verbindung, persönlichen Kontakt, aufzunehmen. Gibt es etwas Freudvolleres als die Tatsache, daß Vater, Mutter, Ehemann, Schwester, Bruder oder Kind über die Kluft hinweg Verbindung aufnehmen können? Wie ich bereits erwähnt habe, halten sich die Verstorbenen eine Zeitlang in jenen Astralbereichen auf. Daher nimmt der Spiritualismus seinen Ursprung notgedrungen in der Astralwelt. Nur selten kehren Wesen aus den himmlischen Ebenen zurück, es sei denn, sie haben eine spezielle Aufgabe zu erfüllen.

Bei den Astralebenen handelt es sich nicht um Ebenen der Vervollkommnung. Aus diesem Grunde mangelt es dem Spiritualismus in gewisser Weise an der Kraft, die andere Glaubensrichtungen entwickelt und bindet. Mit diesem Zustrom neuer Kenntnisse hoffen wir, Kraft zurückzubringen, da wir uns bemühen, den Spiritualismus mit den eigentlichen Ebenen der Kraft zu verbinden. Denkt daran, nicht aus den astralen, sondern aus den himmlischen Sphären wird die anziehende Kraft gewonnen, die bindende Liebe und die Weisheit, die Leben und Feuer der Religion entfacht.

Wir Spiritualisten haben so manches zu lernen. Laßt uns für die Wahrheit, aus welcher Quelle sie auch stammen mag, offen sein. Ihr habt White Eagles Worte über das Zentrum der Macht vernommen und es ihn anrufen gehört. Er weiß, was er tut, wenn er den Kanal auf diese Weise öffnet. Auch wir müssen lernen, unsere Tore weit aufzustoßen, damit Weisheit, Macht und Liebe in uns eindringen und verweilen mögen. Ich möchte den Spiritualismus keineswegs heruntermachen, weil er hauptsächlich Verbindung zum Astralleben aufnimmt. Gott weiß, ich wäre der letzte (der das täte), denn ich habe gesehen, ich *kenne* die wunderbare Tröstung und Freude, die Menschen auf beiden Seiten des Grabes widerfährt und die auf dem (durch den Spiritualismus herbeigeführten) Kontakt basiert, jener geistigen Vereinigung. Doch man könnte diese Kommunikation in zwei verschiedene Stufen einteilen, das heißt, den experimentellen Teil (der rein wissenschaftlicher Natur sein sollte) und jene geistige Vereinigung, die sich eines Tages zu einer solchen Reinheit und einem derartigen Segen entfalten dürfte, daß man sie als sakramental bezeichnen könnte.

Geistige Kommunion muß zur segnenden Läuterung werden, um verkörpertes und körperloses Leben zu veredeln. Natürlich, Zeit, Erziehung und neue Erkenntnisse sind notwendig, um Unwissenheit zu zerstreuen. Möge diese Arbeit ihren Zweck erfüllen, indem sie dem Menschen etwas von dem Licht göttlicher Wahrheit bringt!

Andererseits sollten wissenschaftliche (irdische) Untersuchungen rein als Experiment behandelt werden. Der Neugier und Sensationslust müssen die Tore verschlossen bleiben. Die sensitiven Instrumente dürfen nicht länger ausgenutzt werden. Allem muß der richtige Stellenwert zugeordnet werden. Es müssen Gesetz, Systematik und Ordnung eintreten sowie ein ehrfurchtsvolleres Verständnis für die Schönheit und das Wunder physischer und mentaler Medialität.

Das Ritual der römisch-katholischen Kirche und der anglikanischen Hochkirche ist dazu bestimmt, Kraft und Weisheit aus den himmlischen Sphären herabzurufen. Diese Kraft versammelt und bindet ihre Leute. Sie läßt sich deutlich verspüren, betritt man eine der Kirchen. Das bei dem Ritual verwendete Räucherwerk, die Handhabung des Rauchgefäßes, selbst die Form der Segensspendung, alles geschieht mit wohlüberlegter Absicht, um Kraft hervorzubringen und sie auf die Andächtigen auszugießen. Seit ich von meiner physischen Hülle befreit bin, habe ich viele Kirchen besucht, um die Anziehung und Inspiration der angesammelten Kraft zu beobachten. Ich habe die auf den Geist einwirkenden Klänge der Musik gesehen, die die Andächtigen durch die Tätigkeit ihres Emotionalkörpers selbst beisteuern. Es ist wirklich überraschend.

Andererseits baut sich auch in den schmucklosen Freikirchen eine gewisse, doch andersartige Kraft auf, falls echte Reinheit des Herzens und der Absicht gegeben sind. In manchen Kirchen aber kriecht eine spirituelle Kälte, die sich auf eine Selbstgefälligkeit und Selbstzufriedenheit der Andächtigen zurückführen läßt, die sich für die Auserwählten Gottes halten. (Ich werde hierfür stark kritisiert werden, doch auch das habe ich auf meinen Streifzügen erlebt.)

Was die Weisheit und Richtigkeit anbelangt, Rituale, Musik und derartiges einzusetzen, um Kraft herabzurufen und über die Leute zu verbreiten, so möchten wir sagen, daß diese Dinge auch mißbraucht werden können. In der rechten Weise erhaltene und eingesetzte Macht gehört zweifellos zum Schöpfungsplan, da solche kreativen Kräfte im Innern liegen. Wenn der Mensch aufgrund von Wissen und der Reinheit seiner Ideale und Bestrebungen mit jenen himmlischen Sphären in Verbindung tritt, dann vermag er infolge seines persönlichen Geisteswachstums aus der Quelle kreativer Macht zu schöpfen.

Die christliche Religion war die reinste, die den Kern der Wahrheit, der reinen Wahrheit enthält. Das Sühneopfer und die Auslegung der Worte: *Ich bin der Weg, die Wahrheit und das Leben. Niemand kommt zum Vater, denn durch mich,* zweifle ich an. Das Sühneopfer stellt für die Spiritualisten immer noch einen traurigen Stolperstein dar. Sie müssen noch den Geist, der sich hinter diesen Worten verbirgt, erkennen, so wie ich ihn nun erkenne. Die Menschen stoßen sich immer noch an der Formulierung, anstatt nach der tieferen spirituellen Bedeutung der Worte des Meisters zu suchen.

Wir befürworten den Glaubenssatz des Sühneopfers nicht. Wir wissen, wir sind sicher, daß *ein Mensch das erntet, was er gesät hat.* Niemand kann die Verantwortung für sein negatives Denken und Tun von ihm nehmen. Aber wenn er, wie tief er auch gesunken sein mag, jenen Punkt erreicht hat, an dem durch die Kraft und Liebe Jesu Christi die Erkenntnis der Wahrheit seine Seele blitzartig durchzuckt, wird er wiedergeboren werden, und sein altes Selbst stirbt. Nur in diesem Sinne errettet ihn Christus, erlöst ihn von Unwissenheit, Sünde und Finsternis und weist ihm den Weg zum ewigen Leben. Ungeachtet von Hautfarbe oder Religion erreicht jede Seele die Morgendämmerung des Großen Weißen Lichtes ... mit anderen Worten, des Kosmischen Christus oder noch anders ausgedrückt, die Begegnung mit Jesus dem Christus, dem *Geliebten,* der höchsten Wesenheit. Jede Seele muß den Himmel durch die »enge Pforte« betreten – durch die unsagbare Liebe, die vollkommene Weisheit des mitleidsvollen Christus.

In der vergangenen Woche sprachen wir ebenfalls vom buddhistischen Glauben. Wir müssen etwas näher darauf eingehen. Der heutige Buddhist glaubt, daß das letzte und höchste Ziel der Existenz darin besteht, in das sogenannte Nirvana einzugehen. Ihn verlangt es nach der Wiedergeburt, damit er im Laufe von vielen notwendigen Leben seine Seele läutern kann und schließlich jene Stufe erreicht, die ihn von der Wiedergeburt entbindet. Er glaubt, daß das Nirvana ihn vom ewigen Zyklus von Leben und Tod erlöst. Im Nirvana, wo er sich im Nichts verliert, wird er Frieden finden. Der Irrtum liegt in seiner Auslegung der Lehre Buddhas. Ebenso werden heute auch die Lehren Christi in einer Aufmachung dargeboten, die sich von den Wahrheiten, die er seine Jünger vor zweitausend Jahren lehrte, erheblich unterscheidet. Der buddhistische Glaube schöpft seine Kraft und Nahrung aus der dritten Mentalstufe. Bestimmte Aspekte dieser Lehre sind inzwischen derartig grob und degradiert, daß es meiner Meinung nach heute viele Anhänger gibt, die sich nach ihrem Tode an die Erdsphäre klammern, in der Hoffnung, eine rasche Wiedergeburt zu erwischen. Auf diese Weise bleiben sie lange Zeit an die Erde gebunden.

Der Buddha trat auf, um jeder Menschenseele den Weg zu ihrem höchsten Ziel zu weisen und sie zu der Erkenntnis wahrhafter Hingabe an das Universalleben zu führen. Er bewies, daß der Mensch nur dann in das Himmelreich einzugehen vermag, wenn er *wie ein Kind wird.* Das hat er gelehrt.

Noch eines, bitte. Wenn ihr euch vom wahren Geist leiten laßt, werdet ihr in der Uralten Weisheit dieselben Wahrheiten finden. Dort werden die Sphären der ruhelosen Geister beschrieben, die höher astralen Ebenen, die mentale, himmlische und universale Lebenssphäre. Alle Lehrer aller Zeiten haben der Erde die eine Offenbarung gebracht. Welch einem herrlichen Schicksal blickt der Mensch entgegen, der gewillt ist, die Wünsche des Selbst zugunsten des Dienstes an Mensch und Gott aufzugeben!

Kapitel 9

Die Heilung aller Krankheiten

10. Feb. 1932

Ich war mit Brighteyes verbunden, als sie heute einige Briefe durchlas. Mich interessiert die bekanntgegebene Lehre bezüglich astraler Gesundheit im Zusammenhang mit der Gesundheit des physischen Körpers. (Ich werde jetzt näher darauf eingehen.) Eines Tages wird sich die Medizin gezwungen sehen, die geistigen Gesetzmäßigkeiten zu studieren. Wenn ich mir die Operationen ins Gedächtnis zurückrufe, die ich einst beobachtet habe, schüttelt es mich nur so vor Entsetzen und Widerwillen. Ich gestehe zwar zu, daß die Kunst des Chirurgen zahlreiche Menschenleben gerettet hat, doch ich wage zu behaupten, daß das Leben und die geistige Gesundheit vieler gerettet werden könnten, wenn sich die Medizinwelt eingehender mit dem Astralkörper befassen würde.

Es gibt bestimmte Strahlen, derer sich der Mensch bedienen kann, wenn er sich für die Göttliche Intelligenz zu öffnen vermag. Das hängt weniger von der Qualität des Intellekts oder des physischen Gehirns ab, als vielmehr von der spirituellen Intelligenz oder Einsicht, die es dem Heiler ermöglicht, diese magnetisch anzuziehen und das Licht dann durch den Patienten zu leiten. Dies ist eine der neuen Heilweisen, die die Medizin, sobald sie bereit ist, Informationen über die Farb- und Lichtstrahlen aufzunehmen, zu lernen hat. Du, mein Freund, (an Ivan Cooke gewandt) wirst beginnen, mehr darüber zu lernen. [57]

Wie wahr die Worte doch sind, daß alles Nötige für Gesundheit, Heilung und Erhaltung im universalen Geist ruht, der Unwissende sich aber nicht der von Gott gegebenen Fülle zu bedienen weiß. Für diejenigen, die über das entsprechende Wissen verfügen, ist es ebenso schwierig, wenn nicht sogar unmöglich, diese Kenntnisse zu übermitteln. Ihr selbst müßt es erfassen. Die Zeit wird kommen, da der Mensch erwacht, wenn das Licht des Universalen, des Kosmischen Christus, den blinden Menschen erleuchtet.

11. Mai 1932

Viele Heilmethoden sind bekannt. Eine jede scheint in bestimmten Fällen zu wirken, aber keine in allen. Wir wollen daher die Quelle, aus der der Heiler schöpft, sowie die Ursachen aller Krankheiten näher betrachten. Trotz des Meinungsstreits, den diese Behauptungen auslösen mögen, weisen wir darauf hin, daß die Ursache einer Krankheit nicht nur, wie so oft angenommen, im Mentalzustand des Patienten, sondern weitaus tiefer liegt. Manchmal nimmt die Krankheit ihren Ursprung im bewußten Geist, manchmal im Unterbewußten, häufiger aber im *vorbewußten Geist.* Mit letzterem meinen wir jenen Bewußtseinszustand, der älter ist als ein Menschenleben, der Zeitalter zurückliegt und den man aber nicht mit jener Stufe verwechseln darf, die die Psychologen als »Rasseninstinkt« bezeichnen.

Das Vorbewußte gehört zum eigentlichen Ego, das heißt, dem Geist, wohingegen der Tier- und Rassentrieb dem Fleische zugeordnet werden muß und nicht unbedingt mit dem Vorbewußtsein in Zusammenhang gesetzt werden kann. Bei letzterem handelt es sich um einen innewohnenden Zustand universalen oder geistigen Lebens, der im Tierreich unbekannt zu sein scheint.

Ihr beschäftigt euch heute vorwiegend mit dem bewußten Geist. Ihr wißt, daß dieser für viele geringfügige Beschwerden, aber auch für ernsthafte Erkrankungen verantwortlich ist. Es gibt ebenfalls Krankheiten, die sich nicht erforschen und weder dem bewußten noch dem unterbewußten Geist zuordnen lassen.

Wir möchten die Heiler in folgende Kategorien einteilen:

- Heilmagnetopath oder Geistheiler;
- Psychologe, wie die Anhänger der Christlichen Wissenschaft;
- Hypnotiseur oder Mesmerianer;
- Diätetiker oder Naturheiler;
- Sakramentale Heiler;
- Körperbetonte Heiler, wie Osteopathen;
- Okkultheiler, die sich ausschließlich mit den okkulten Kräften des Patienten beschäftigen;
- Farbstrahl-Heiler (auf diese werden wir noch näher eingehen).

Sie alle mögen in vielen Fällen helfen, aber nicht in allen. Wir möchten klarstellen, daß jeder dieser verschiedenen Heiler bei der Behandlung von Schmerz und Krankheit nicht nur den physischen, sondern auch den Astral- und Mentalkörper seines Patienten mit einbezieht. Alle Krankheiten sind das Ergebnis mangelnder Harmonie zwischen den geistigen Körpern und der physischen Hülle. Der materielle Körper verspürt die Krankheit, das Unbehagen, als letzter. Der Heiler muß als erstes einen Kontaktpunkt finden, ansonsten wird er den Patienten niemals kurieren. Es ist daher offensichtlich, daß keiner der genannten Heiler in jedem Fall erfolgreich sein wird. Damit wollen wir aber auch nicht sagen, daß man Kräutermittel und Pflanzensäfte ignorieren sollte. In vielen Fällen ist es einfacher und wirkungsvoller, mit Medikamenten, Kräutern oder Säften zu behandeln, als hellseherische und geistige Kräfte bei einer örtlich begrenzten Verletzung zu verschwenden. Obwohl nicht allgemein erkannt, trifft es zu, daß bestimmte, bereits bekannte Medikamente nicht nur auf den physischen, sondern auch auf den Astralkörper angewendet werden können, wobei wir zu letzterem auch die Ätherhülle hinzuzählen, die der Physis gleicht und nur eine weniger kompakte Beschaffenheit besitzt. Die Krankheit haust im Ätherkörper. Unter Verwendung solcher Medikamente wird er dazu veranlaßt, das Gift und die Stauung loszulassen, die sich aufgrund bewußter, unbewußter oder vorbewußter Disharmonie im Mentalkörper festgesetzt haben.

An dieser Stelle sollten wir einfügen, daß der Begriff »Mentalkörper« nicht unbedingt auf den physisch-mentalen Körper anwendbar ist.

Um eine Verwechslung zu vermeiden, möchte ich folgendes wiederholen. Ihr wißt, daß der Mensch mehr als einen Mentalkörper besitzt, und zwar erstens, den Mentalkörper, der unmittelbar mit dem Gehirn in Verbindung steht; zweitens, den Mentalkörper, der sich auf den emotionalen oder Wunschaspekt des Menschen bezieht und drittens, den Mentalkörper, der ausschließlich mit dem himmlischen und dem universalen Geist zu tun hat.

Falsches Denken auf der Ebene des bewußten Geistes vermag somit auf das physische Zell-Bewußtsein einzuwirken, es zu schwächen und dadurch Krankheit hervorzurufen. Andererseits kann aber auch das universale oder Vorbewußte das Zell-Bewußtsein über den »unterbewußten« oder höheren Geist kontrollieren und auf diese Weise jede Krankheit läutern und heilen. *Es gibt keine Krankheit auf Erden, die unheilbar wäre.*

Alles Leben – alles menschliche Leben – kann in Strahlen unterschiedlicher Schwingung eingeteilt werden. Wir behaupten, daß das Leben von diesen Strahlen regiert wird. Heute Abend können wir nur von einer begrenzten Anzahl sprechen. Wir möchten auf zwölf bestimmte Strahlen verweisen und es dabei belassen. Vielleicht ändern wir diese Zahl später. Die Menschheit schwingt in Einklang mit dem einen oder anderen dieser Strahlen. Wenn also ein Heiler versucht, eine auf dem Strahl Nr. 7 schwingende Person mit der Methode Nr. 5 zu behandeln, wird er unweigerlich erfolglos bleiben und dem Patienten eher schaden als helfen. Wendet er aber die Methode 7 auf die Sieben an, wird er eine vollständige Heilung herbeiführen.

Die Schwingung drückt sich durch die Farbe aus, das heißt, die Farbe stellt die äußere, sichtbare Form der Schwingung dar. Wir versuchen, die Farben den Zahlen entsprechend aufzulisten.

1: der rote Strahl
2: der grüne Strahl
3: der blaue Strahl
4: der rosa Strahl
5: der gelbe Strahl
6: der purpurfarbene Strahl
7: der violette Strahl
8: der lavendelfarbene Strahl
9: der perlmuttfarbene Strahl
10: der silberne Strahl
11: der goldene Strahl
12: der rein weiße Strahl

Die erste Aufgabe des Heilers besteht darin, festzustellen auf welchem Farbstrahl der Patient schwingt. Der Zahl des Farbstrahls entsprechend, wird dieser für bestimmte Schwächen anfällig sein und entweder eines stimulierenden oder eines beruhigenden Strahls bedürfen, um die Schwingung auszugleichen und Harmonie in seinem Sein zu schaffen.[58]

Der gelbe Strahl, als Beispiel herangezogen, eignet sich ausgezeichnet zur Heilung von Tuberkulose. Der blaue Strahl liefert die besten Ergebnisse bei Nervenkrankheiten. Der rote Strahl hat sich bei allen Vergiftungserscheinungen des Bluts bewährt. Der violette und der grüne Strahl wirken sich beide heilend auf Krebs aus.

Die zu behandelnden psychischen Zentren unterscheiden sich bei den einzelnen Patienten. Das ist sehr wichtig. In manchen Fällen erweist sich etwa der Kehlkopf als die aufnahmebereiteste und empfindsamste Stelle, um den grünen Strahl darauf zu lenken. Bei anderen Patienten reagiert das Herz-Zentrum am stärksten auf den violetten Strahl und wird sich am wirksamsten für eine Heilung von Blutkrankheiten oder Blutvergiftungen erweisen. Der violette Strahl reinigt das zum Herzen fließende Blut von allen Giftstoffen.

Wir können, wie gesagt, nicht behaupten, daß diese Lichtstrahl-Behandlung für jeden Menschen wirkt. Dennoch geben wir die Liste der Farbstrahlen mit ihren entsprechenden Zahlen, um die einzelnen Krankheiten zuzuordnen. Wir wollen nur darauf hinweisen, kein Dogma verkünden.

Krankheit ist eine Störung im Schwingungsfeld. Dabei spielt es keine Rolle, ob sie ihren Ursprung im Vorbewußten, im emotionalen oder im unterbewußten Geist des Patienten nimmt.

Die häufigste Ursache einer Krankheit liegt in der Unfähigkeit zu entspannen. Die meisten Menschen leben und schlafen – bewußt oder unbewußt völlig verspannt. Euer Geist entspannt sich nicht, wenn ihr einschlaft, und dementsprechend verkrampfen sich ganz unbewußt Knie, Ellbogen, Fingergelenke, vor allem aber der Nacken und die Wirbelsäule und ähnliche Knochenpartien. Im Alltag verhält es sich überwiegend ebenso. Diese Verspannung des materiellen Körpers beruht auf einem mentalen Zustand, nämlich Angst, Sorge, unterdrückte Emotionen oder Wünsche. Im Wachen oder Schlafen stockt daher der geistige Strom in bestimmten Bereichen der feinstofflichen Körper.

Wenn der Mensch doch von Kindheit an lernte, sich ganz natürlich zu entspannen und so still durch sein Leben ginge, in Harmonie mit sich selbst, Gott und den Universalkräften, dann würde die Vitalkraft stets rhythmisch um und durch seine geistigen Körper und die materielle Hülle fließen. Sie nimmt alle Unreinheiten auf, die ausgeschieden, abgestoßen, vom »Universalen« aufgefangen und somit absorbiert und in frische Kraft umgewandelt wird. Beim Ausatmen werft ihr das Gift hinaus. Mit dem Ein- und Ausatmen stoßt ihr fortwährend physische und psychische Ausscheidungsprodukte aus und nehmt das reine *Prana,* die universale Lebenskraft, die den Körper in rhythmischer Bewegung und vollkommener Gesundheit hält, auf.

Es ist sinnlos, den Krankheitsursprung allein im »sterblichen Geist«, wie die Christliche Wissenschaft es nennt, zu suchen. Krankheit wurzelt tiefer. Trotzdem, sobald der Patient sein Körperbewußtsein entspannen kann und nach neuer, universaler Lebenskraft greift, setzt er ganz automatisch diesen Einstrom in Bewegung, der im Laufe der Zeit einen vollkommenen Körper schafft.

Kann ein Mensch, der einen schweren Unfall erlitten hat, Heilung finden? Liegt die Ursache dafür auch im Vorbewußten oder ist der Leidende das Opfer eines grausamen Unglücks?

Wir behaupten, daß selbst Unfälle in einer früheren Schaffung von Disharmonie tief im vorbewußten oder subliminalen Selbst wurzeln. (Es ist schwierig, die richtige Ausdrucksweise zu finden, aber wenn ich nicht zufrieden bin, werde ich andere Worte gebrauchen. Ihr werdet auf jeden Fall den Sinn verstehen.) Das klingt wie ein strenger Lehrsatz, doch bei näherer Betrachtung sieht es anders aus. Die zum Opfer fallende Seele weiß in diesem oder durch dieses Vorbewußtsein, daß es sich um eine Lektion handelt, die sie nur aufgrund einer solchen Erfahrung lernen kann. Als nächstes erhebt sich die unvermeidliche Frage, wie es sich mit Kindern verhält. Es gibt so viele arme kleine Leidtragende, Kinder von Trunkenbolden oder kranken Eltern. Müssen wir daraus schließen, daß diese unschuldigen Wesen vom Schicksal geschlagen wurden? Wie verhält es sich mit Seelen, die der Körper eines Wahnsinnigen gefangenhält oder Seelen in einem von Krankheit zerrütteten Körper? Wie steht es mit *deren* Schicksal? Es gilt das gleiche Gesetz. Die Seele besitzt *immer* vorherige Kenntnis und freie Willensentscheidung. Es ist daher unmöglich für den Menschen, mit seinem begrenzten Einblick, das Motiv oder Leid einer anderen Seele einzuschätzen oder zu verurteilen. Und noch stärker muß er sich von einer Beurteilung jener allmächtigen Kraft zurückhalten, die er, selbst wenn er mit abstoßender Grausamkeit konfrontiert wird, noch als das »Gute« anzurufen versucht, als Gott, die Erste Große Ursache – »Er, der das Leid kleiner Kinder sieht und sie nicht beachtet?«

Wir hier verurteilen *niemanden*. Wir, aus unserer umfassenderen Sicht, sehen keinen strafenden oder grausamen Gott, nur eine unendliche Liebe, eine göttliche, mitfühlende Intelligenz. Wir sehen einen allweisen Vater, der Seinen Kindern immer die Freiheit gewährt, ihren Weg zu wählen. Dieser Weg windet sich durch Leid, Kummer oder die Freude der Überwindung stets aufwärts, zurück in jenes höchste kosmische Bewußtsein, in dem Vollkommenheit ruht.

Der Gefühlsmensch, der das Spiel der Katze mit einer unschuldigen Maus beobachtet, schaudert entsetzt zurück und erklärt: »Wie grausam! Wie schrecklich! Die Natur ist voller Grausamkeit!« So mag es jemandem mit begrenztem Blickwinkel erscheinen. Doch hinter dem äußeren Erscheinungsbild steht diese alles verstehende und durchdringende Liebe. Das Leid ummäntelt so offensichtlich einen Weg und eine Methode Gottes, höchste Harmonie, Liebe und Schönheit in das Bewußtsein seiner Geschöpfe zu senken.

Ich habe die Auswirkung des Vorbewußten hinsichtlich Krankheit in der Hoffnung beschrieben, daß es euch helfen möge zu verstehen, warum anscheinend gute und fromme Menschen mit schmerzlichen oder todbringenden Beschwerden in Berührung kommen. Zum Beispiel, jemand mag protestieren: »Meine Mutter besaß ein warmherziges, freundliches Wesen; mein Vater wurde allseits geliebt. Aus welchem Grunde sollten beide so schmerzvolle, schreckliche Krankheiten anziehen?«

Die Ursache liegt auf einer tieferen Ebene als der einer gütigen Persönlichkeit oder eines heiligmäßigen Charakters. Sie reicht weit darüber hinaus und wurzelt nicht im Hier und Jetzt. Vergleichbar mit Fieber, kündigt Leid einen Reinigungsprozeß, ein Vollenden an. Der Agnostiker mag einen solchen Leidtragenden mit der Maus in den Krallen der Katze vergleichen. Der *Mensch* sieht nur die körperliche Qual, die schmerzvollen Tage und Nächte, die Wurzel oder die Blüte, die der Lebensbaum des Leidenden hervorbringen wird, nicht mit einrechnend. Er weiß nicht, was im Inneren keimt, was aus der geprüften und geläuterten Seele emporreift. *Der Mensch kennt nur die Oberfläche* des wahren Seelenlebens!

Noch ein interessanter Punkt, falls ihr nicht zu müde seid. Äußere Gefühle, wie Ärger, Gier, Eifersucht oder ähnliche, rufen bestimmte Beschwerden hervor. Im Gegensatz zu den tief verwurzelten, sind dies aber nur »einfache« Krankheiten. Selbstmitleid erweist sich als eine der hauptsächlichsten Ursachen für Rücken- und Nierenprobleme. Es beeinflußt auch die Leber, obschon jede heftige Emotion eine Störung in diesem Bereich verursacht. Als Folge wird Gift in die Blutbahn geschleust. Angst und Sorge bewirken das gleiche und enden schließlich in der Krebs-Erkrankung. Könnte man eine Reihe von Krebsfällen analysieren, fände man heraus, daß tiefwurzelnde Angst – Sorge ist eine Form der Angst – den Körper in einem Spannungszustand hält, indem sie den Ätherleib einsperrt und den zuvor beschriebenen Geistesstrom blockiert.

Wirkt sich die Ernährung auf das Wohlbefinden des Menschen aus? In manchen Fällen schon, aber nicht in allen. Der Mensch aber, der jenen Zustand des Friedens, der Harmonie und des Verstehens der göttlichen Gesetze erreicht hat, mißbraucht seinen Körper nicht durch Überessen oder die falsche Wahl der Nahrung. Eine Magenverstimmung wird eher durch das bewußte Denken des Patienten hervorgerufen.

Es ist äußert interessant, von dieser Seite aus die Quelle der Inspiration für einige unserer hervorragenden Schriftsteller zu betrachten. Ich denke an Maeterlincks Märchenspiel THE BLUE BIRD. In einer Szene erwarten die versammelten Kinder ihren Aufruf, erdwärts zu reisen. Jedes trägt einen Sack auf dem Rücken, der nicht nur die Geschenke und Talente enthält, die es mitnimmt, sondern auch die Krankheiten, die es durchleben muß. Einige schleppen, wie ihr euch erinnern mögt, Keuchhusten, Masern und Scharlach, alles wohl verpackt, bevor sie auf dem Schiff »Altvater Zeit« über die sternenbesäte See zu ihren Müttern segeln.

Hier wird eine tiefe Wahrheit erzählt. Man mag es ein Märchen nennen. Und doch, diese Wahrheit sickerte aus dem universalen Geist in die Gedankenwelt des Schriftstellers oder erhob sich aus der vorbewußten Ebene seines eigenen inneren Wissens.

Der Geistheiler leistet wertvolle Arbeit, da er die Stauung aus den feinstofflichen Körpern beseitigt. Einige Fälle vermag er nicht zu berühren, da er nicht tief genug in die Geschichte des Patienten eindringen kann. Er wird den besten Erfolg erzielen, wenn der Patient sich selbst helfen will. Bei der seelisch-geistigen Heilung geschieht es häufig, daß nach einer offensichtlichen Genesung, nachdem das Haus des Patienten gereinigt und geschmückt wurde, dieser einen Rückfall erleidet, wenn er die Verbindung mit den höheren Kräften nicht beibehält. Der Gesundheitszustand dieses Menschen wird dann schlechter sein als zuvor. In diesem Falle könnte man das Gleichnis von dem Mann anführen, der vom Teufel besessen wurde. Nachdem sein Haus gereinigt und geschmückt worden war, ging er hinweg. Als er zurückkam, fand er es von sieben anderen Teufeln besetzt, ein jeder schlimmer als der andere.

18. Mai 1932 (eine Woche später)

Viele der heute angewendeten Heilmethoden müssen klassifiziert und erläutert werden. Das heißt, eine Gruppe von Heilern kann nicht behaupten, sie besäße die Macht, jeden Krankheitszustand zu heilen. In der vergangenen Woche sprachen wir von zwölf Strahlen. Wir möchten nun eure Aufmerksamkeit auf die zwölf astrologischen »Zeichen«, die zwölf »Stämme« Israels und das Geheimnis und die Bedeutung der Zahl Zwölf lenken. Es besteht eine Beziehung zu den zwölf Strahlen, unter denen die Menschenfamilie eingruppiert werden kann. Auch zahlreiche Kräuter lassen sich nach ihnen einordnen. Seit alters her weiß der Weise, daß es für jede Krankheit ein entsprechendes Kraut gibt, das in Einklang mit derselben Zahl und Farbe schwingt, ein Kraut, das eine magische Wirkung auf den Körper ausübt. Viele uralte Bräuche lassen sich zurückverfolgen, zum Beispiel der Ursprung vieler Tränke, die der sogenannte Medizinmann vor langer Zeit anwendete.

Nun wollen wir die Zahl Zwölf betrachten und sie in vier Abschnitte einteilen, von denen ein jeder drei bestimmte Strahlen enthält. An dieser Stelle möchte ich einfügen, daß es sich bei den Zahlen Vier und Drei um sehr machtvolle Ziffern handelt, die auf die Menschenfamilie einwirken. Das heißt, sie beeinflussen die Erdebene in allen Angelegenheiten physischen Lebens. In ferner Vergangenheit wurde die Berechnung und Zivilisation der Welt auf das Viereck und Dreieck gegründet. Die Große Pyramide steht als mathematisches Symbol für das Leben.

Auch die zwölf »Häuser« der »Kinder Israels« (die zwölf Strahlen, auf denen die Menschheit schwingt) müssen durch vier geteilt werden. Es sind Erde, Feuer, Luft und Wasser. Wenn der zukünftige Arzt einen Patienten behandeln will, muß er als erstes einen Blick auf dessen Horoskop werfen. Eine Phantasievorstellung? Wir meinen es todernst! Wir versuchen, eine Tabelle, eine Regel aufzustellen, mit deren Hilfe der Therapeut die Ursache einer jeden Krankheit zu entdecken vermag. Er wird lernen, daß sich anhand des Horoskops alle Krankheiten einer dieser vier Gruppen zuordnen lassen. (Wir sprechen hier nicht von der herkömmlichen Art der Horoskope, sondern von einem, das Aufschluß über das Leben des Egos gibt, indem es die Strahlen offenbart, auf denen dieses seit vielen Inkarnationen schwingt.)

Sollte der Patient also mit dem Erd-, Feuer-, Luft- oder Wasserzeichen in Einklang schwingen, kann anstatt der heute üblichen Verabreichung eines für alle gebräuchlichen Mittels eine jeweils angepaßte Heilmethode gefunden werden. Der Therapeut wird ebenfalls lernen, daß die Geburtseinflüsse eines Menschen diesen zu den einen oder anderen Beschwerden disponieren und dementsprechende Vorsichtsmaßnahmen ergreifen.

Um kurz auf die geistigen Kontaktpunkte einzugehen – die zwölf Schwingungsstrahlen und die dazugehörigen Verbindungsstellen werden, beginnend mit dem Herz-Zentrum als Hauptpunkt, folgendermaßen eingeteilt:

1. Herz
2. Kehlkopf
3. Zirbeldrüse
4. Hypophyse
5. Milz
6. Wirbelsäulenansatz
7. Sonnengeflecht
8. Fortpflanzungsorgane

9.+10. beide Hände

11.+12. beide Füße

Eines Tages kann und wird es bewiesen werden, daß diese geistigen Zentren für bestimmte Schwingungsstrahlen sehr empfänglich sind. Körper und Geist des Menschen verfügen über eine eigene Heilkraft und bedürfen keiner fremden Hilfe. Es können sogar Strahlen angezogen und durch magnetische oder geistige Behandlung auf den Mitmenschen übertragen werden. Der Mensch vermag die Krankheit seines Mitbruders zu heilen. Es gibt, wie gesagt, jedoch körperliche Beschwerden, die rascher mit Hilfe stofflicher Verabreichungen beseitigt werden. Die Behandlung eines Furunkels, zum Beispiel, erforderte zuviel an geistiger und vitaler Kraft, um den notwendigen Strahl hindurchzuleiten. Das Auflegen heißer Umschläge erweist sich in diesem Fall als einfacher.

Jedes Kraftzentrum ist mit einem entsprechenden Körperorgan verbunden. Zum Beispiel, die Anwendung eines bestimmten Farbstrahls – der in sich selbst reine Schwingung ist – auf den Kehlkopf wird sich nicht so sehr an dieser Stelle, sondern vielmehr in den Verdauungsorganen und im Magen auswirken.

In Fällen von Besessenheit und Geistesgestörtheit muß das Zentrum der Hypophyse behandelt werden. Was die Epilepsie anbelangt, steht die Medizinwissenschaft vor einem Rätsel. Es mag euch nicht überraschen, daß diese Krankheit auf einem Mißverhältnis der feinstofflichen Körper beruht, das auf irgendeine geistige und psychische Disharmonie der Eltern zum Zeitpunkt der Empfängnis zurückzuführen ist.

Können wir uns die Verantwortung der Elternschaft vorstellen? Es heißt: *»Die Sünden der Väter werden heimgesucht an den Kindern bis in das dritte und vierte Glied.«* Obwohl die tiefere Bedeutung dieser Aussage wohl lautet: *»Die Sünden des Menschen werden ihn wieder heimsuchen bis in die dritte und vierte Inkarnation.«* Eine frühere Verkörperung ist sicherlich der »Vater« dessen, was folgt.

Nun erhebt sich die Frage, wie Epilepsie geheilt werden kann. Muß es sich um eine jener geheimnisvollen Krankheiten handeln, die die gesamte Lebensspanne des Leidenden beeinträchtigt? Epilepsie läßt sich nur durch eine Wiederanpassung der feinstofflichen Körper heilen, was dadurch geschieht, daß man ein Verbindung zwischen der Zirbeldrüse und der Hypophyse herstellt. Man wird später ein Serum entdecken, das, in die Hirnanhangsdrüse gespritzt, die feinstofflichen Körper einstellt, indem es sie enger aneinander zieht, so daß sich die »Kluft« schließt. Wenn sich diese »Kluft« öffnet, erfolgt der epileptische Anfall. Einfacher ausgedrückt, eine Schraube ist locker. Der Apparat rutscht ab und hat einen Anfall zur Folge. Zieht ihr die Schraube an, so erfolgt eine vollkommene Ausrichtung der feinstofflichen Körper – und ihr heilt die Epilepsie.

Wir möchten nun die Krankheiten in vier Gruppen einteilen, die den jeweiligen Elementen Erde, Luft, Feuer und Wasser zugeordnet sind, und entsprechende Therapien vorschlagen, wobei wir auch die drei Abteilungen innerhalb jedes Zeichens, nämlich Mineral-, Tier- und Pflanzenreich, mit in Betracht ziehen müssen. Auf letztere werden wir später eingehen.

Das Luft-Zeichen. Die Angehörigen dieser Gruppe leiden oft unter nervlichen Krankheiten, die sich durch die psychischen Zentren auswirken. Kopf und Rücken werden am häufigsten betroffen sein. Zu behandeln sind das Zentrum am Wirbelsäulenansatz, da solche Krankheiten meistens zum Nervensystem in Beziehung stehen.

Das Feuer-Zeichen. Hier treffen wir wahrscheinlich emotionale Probleme an, Patienten, die an Besessenheit, Geistesstörungen, entzündlichen und fieberhaften Erkrankungen leiden. Die Behandlung sollte in solchen Fällen über die Hypophyse und Zirbeldrüse erfolgen. Diese Behauptungen lassen sich überprüfen und bestätigen.

Das Erd-Zeichen. Der Phlegmatiker, der aufgrund seiner trägen Stoffwechsel- und sonstigen Aktivität am leichtesten Giftstoffe und Schlacken im

Organismus sammelt und einen mangelhaften Fluß von Lebenskraft zeigt, fällt in diese Kategorie. Katarrhalische Erkrankungen und die daraus resultierenden Giftstoffe im Blutkreislauf sowie andere Krankheiten entstehen aus solchen Ursachen.

Das Wasser-Zeichen. Dieses Zeichen betrifft den unteren Teil des Körpers, die Beine und Füße.

Da es ein fluidisches Zeichen ist, läßt sich jenen, die seinem Einfluß unterstehen, am besten durch magnetische Behandlung helfen, wohingegen die Patienten unter dem Feuer-Zeichen leicht auf die Farbstrahlen-Therapie ansprechen. Die Angehörigen des Luft-Zeichens reagieren auf geistiges und sakramentales Heilen, und denjenigen des Erd-Zeichens läßt sich am besten durch diätetische Maßnahmen und mediale Behandlung helfen, wie die der Christlichen Wissenschaft sowie ähnliche Methoden. Wenn die Menschen diesen Hinweisen – und es sind mehr als bloße Hinweise – nur folgen würden, wenn sie nur einen Bruchteil der Anwendungen, Experimente und Forschungen einsetzen würden, mit denen sie eine unexakte und spekulative medizinische Wissenschaft rückhaltlos bedenken, entstünde eine exakte und wissenschaftliche, eine wahrhaft universelle Heilmethode, die ihre Grundlage in wirklichem Wissen um des Menschen körperliches, physisches und spirituelles Wesen hätte. Wenn die Menschen nur wollten, könnte ihre Heilweise eine sichere und präzise Methode werden.«

Es wachsen auch Kräuter, die in Schwingung und Farbe jenen zwölf Bereichen entsprechen und mit denen sich die jeweiligen Krankheiten, die unter die einzelnen Zeichen fallen, behandeln lassen. Tauscht man sie untereinander aus, können sie schädlich oder sogar gefährlich sein.

1. Juni 1932

Wir haben das Thema der Pflanzenmedizin kaum berührt. Das Wachstum der Kräuter ist ganz bestimmten Gesetzen unterworfen. Es vollzieht sich weder rein zufällig noch ist es von Klima oder Lage abhängig. Form und Eigenschaft werden von Strahlen gebildet, die alles Wachstum bestimmen. Solche Strahlen lenken das Leben auf der Erde, im Mineral-, Pflanzen- und Tierreich. Der Heiler sollte die astrologischen Aspekte seines Patienten kennen, denn jedes Heilkraut kann einem ganz bestimmten Zeichen des Tierkreiszeichens zugeordnet werden. Diese Kräuter sollte man nur im Einklang mit dem Patienten und dem Wesen seiner Krankheit anwenden.

Ein Patient, der beispielsweise, unter den siebten Strahl des Aszendenten Löwen (regiert von der Sonne) fällt, muß ein unter dieser Zahl und diesem Strahl stehendes Kraut verschrieben werden, und man darf ihm auf keinen

Fall ein auf einem fremden Strahl schwingendes Kraut verabreichen. Diese Hinweise sollten genügen, um Kräuter-Heilmittel mit einer gewissen Genauigkeit und Präzision zu klassifizieren und zu katalogisieren und sich ihrer beachtlichen Wirkung zu bedienen. Wir haben jedoch bereits darauf hingewiesen, daß die Anwendung von Kräutern nicht immer ausreicht und der Patient von seinem Therapeuten eher seinem Zeichen und seiner Veranlagung entsprechend behandelt wird.

Asthma beruht auf einer Reaktion des Nervensystems. Der Rhythmus ist unterbrochen, und eine Behandlung mit Farbstrahlen, vorzugsweise dem blauen und grünen Strahl, wirkt lindernd. Obwohl in der Vergangenheit gewisse Pflanzen als hilfreiche Behandlungsmittel erachtet wurden, möchten wir aus unserer Sicht behaupten, daß Asthma in die Kategorie der psychischen Krankheiten fällt. Manchmal bringt magnetische Behandlung Erfolg. Der Farbstrahl sollte auf das Sonnengeflecht gelenkt werden. In diesen Krankheitsfällen wird man auch Verdauungsstörungen finden. Man sollte vor allem der richtigen Ernährung sorgfältige Beachtung schenken. Viele Asthma-Anfälle sind eine Folge von unbesonnener Handlungsweise, der Sorge und innere Unruhe vorausgehen. Beseitigt die mentale Ursache, und das Asthma wird verschwinden. Nun erkennt ihr den Grund für die Anwendung des blauen Strahls, der beruhigt und den inneren Frieden wiederherstellt. Das Einatmen von bestimmten Kräutern kratzt nur an der Oberfläche, greift aber das Grundübel, die Störung des psychischen Systems, dessen Hauptzentrum das Sonnengeflecht ist, nicht an. Kinder, die unter dieser Krankheit leiden, mögen ihre Veranlagung von oder durch das überreizte Nervensystem ihrer Mutter geerbt haben.

18. Mai 1932

Die Krebskrankheit fällt unter das Erd-Zeichen, doch nicht in allen Fällen. Sie läßt sich gelegentlich auf die Verletzung eines heiligen Gesetzes in einem früheren Leben zurückführen, und der Patient hat diesen Weg gewählt, um seine »Sünde« zu tilgen. Diese (These) wird zweifellos zurückgewiesen werden. Es ist jedoch tröstend zu wissen, daß die Seele eine solche Erfahrung nicht noch einmal durchleben muß.

Die Medizinwissenschaft wird noch entdecken, daß eine Heilung von Krebs in der unmittelbaren Behandlung der Ätherhülle, nicht des Astralkörpers, liegt und zwar durch die nachhaltige Einwirkung eines bestimmten Medikamentes. Enzian ist eines der stärksten (Heilkräuter im Falle von Krebs). Die Behandlung durch die den Ätherkörper reinigenden und aufbauenden Lichtstrahlen besitzt einen besonderen Wert, wobei der perlmuttfarbene

Strahl die stärkste Wirkung hervorruft. Wenn das Medikament oder der Lichtstrahl die »Elektronen«, aus denen diese Hülle besteht, auflockert und entspannt, löst sich die Krebsgeschwulst im physischen Körper auf. Obwohl er in einem bestimmten Bereich sichtbar wird, ist Krebs nicht lokalisiert. Eine operative Entfernung reizt die Krankheit nur. Sie rauscht durch den Blutstrom und bildet an anderer Stelle eine Zellanhäufung. Krebs widersetzt sich einer Entwurzelung und greift das Opfer nur noch bösartiger an. Der einzige Weg – und diese Erkenntnis wird den Medizinwissenschaftlern bald dämmern – der einzige Weg einer erfolgreichen Krebsbehandlung besteht in der Anwendung von Lichtstrahlen und Medikamenten, die auf den Ätherkörper einwirken.

Man mag sich fragen, ob Krankheiten aus dem Vorbewußten stammen. Falls das Ego beschlossen hat, eine solche Bürde in seinem anstehenden Leben zu tragen, wie können wir dann diesen Glauben – diese Wahrheit, nicht ein Glaube – mit den genannten Heilmethoden vereinbaren? Wenn der Mensch zum Leiden prädestiniert ist, wie kann dann die geistige Welt Heilmittel für solche Krankheiten preisgeben?

Es gibt ein Gesetz der Erlösung durch Leiden. Je weiter sich der Mensch entwickelt und geistig bewußt wird, desto eher können solche groben Voraussetzungen, die Wiedergutmachung der »Sünde«, mittels eiserner Disziplin transmutiert werden. Durch die höheren und feineren Kanäle, durch geistige Überwindung des Niederen, vermag der Mensch die Vergangenheit auszuradieren und die Zukunft zu erbauen.

Manchmal beobachten wir einen Heiler bei der Arbeit. Wenn der Patient nicht reagiert, ist die Behandlung unnütz. In manchen Fällen wagen sogar die Weisen, in deren Obhut die Menschheit steht, nicht einzugreifen. Diese Seele kann ihr persönliches Erbgut nur verwandeln, indem sie die Höhen der Selbst-Meisterung und der Selbst-Überwindung durch eigenes Streben erklimmt. Denkt an die Worte: *»Deine Sünden sind dir vergeben; gehe hin und sündige nicht mehr.«* Selbst auf diese Weise kann die Kraft und Gegenwart Christi vollenden, sucht der Mensch Christus durch den Sieg über das Selbst.

Alle Krankheiten lassen sich heilen. Sie werden verschwinden, wenn die Menschheit aufgrund ihres freien Willens und ihres Charakters zum Tempel des lebendigen Gottes kommen wird, um das weiße Licht der Wahrheit, jener Liebe aufzunehmen, die dem Herzen des Ewigen entströmt. Dann wird es kein Weinen und Klagen mehr geben, der Mensch ist vollkommen.

Ebenso wie das Empfinden des Glücks, muß auch vollkommene Harmonie und körperliche Gesundheit verdient werden. Kein Mensch muß sich durch die Feuer von Qual und Leid schleppen, um Gott zu erfahren. Der Mensch kann Gott durch Freude und Glücklichsein finden. Das ist wohl der höchste Pfad, da er zunächst zur Selbst-Überwindung und Selbstaufgabe führt; doch der Weg liegt offen. Wieder berühren wir die Aspekte gut und böse, negativ und positiv, Leid und Freude, Vergnügen und Schmerz. Der Mensch hat die Wahl, rechts oder links, durch Bestrebung oder schmerzliche Umwandlung. Stets erwarten ihn die Arme des Vaters, bereit für Seinen Sohn.

Ist die Einteilung der Menschheit in die vier Bereiche Feuer, Luft, Erde und Wasser klar geworden? Das Horoskop wird dem Heiler helfen, seine Patienten einzuordnen. Man kann sie natürlich auch instinktiv oder empfindungsmäßig bestimmen. Die wissenschaftlichere Methode aber ist die Aufstellung eines Horoskops, um auf diese Weise den genauen Geburtsstrahl herauszufinden. Vor einigen Monaten erhieltet ihr eine Beschreibung der Strahlen, unter denen ich selbst geboren wurde, eine ungewöhnliche Kombination, die mir während meines Lebens und auch kurz nach dem Tode Schwierigkeit bereitete. [59]

Wir könnten fast behaupten, daß sich *alle* Krankheiten auf unterbrochene Rhythmen und Schwingungen zurückführen lassen. Jene zwölf Schwingungen halten die Menschheit im Gleichgewicht, sozusagen im Griff. Hierin liegt das Geheimnis menschlichen Wohlbefindens. Sobald man mehr über diese Schwingungen wissen wird, wird sich das gesamte Leben vereinfachen und seine Strapaze und Spannung verschwinden. Geheimnisvolle Krankheiten, die die Medizin vor ein Rätsel stellen, lassen sich auf gestörte Schwingungen und Rhythmen zurückverfolgen, die ein disharmonisches Verhältnis zu den magnetischen und universalen Kräften bilden, die den Menschen umgeben.

Manche mögen es als Unsinn betrachten und ausrufen: »Wir verstehen und behandeln nur den Körper.« Meine Freunde, das stimmt nicht. Ihr habt nicht einmal angefangen, den menschlichen Körper zu verstehen. Die Medizin muß sich in ihrem Feld weiterentwickeln. Die Chirurgie ist sicherlich zu einer edlen Kunst geworden, die beachtenswerte Heilerfolge verzeichnet. Die Unfallchirurgie hat ihren Platz. Dennoch, eines Tages wird die Chirurgie verdrängt werden. [60]

1. Juni 1932

Wir haben uns bisher mit Krankheiten beschäftigt, die die Menschheit befallen und die teilweise im Vorbewußten wurzeln. Letzteres mag verwirrend klingen, wenn man sieht, wie Infektionserkrankungen ganze Gemeinden ohne ersichtliche Ursache erfassen. Einige scheinen jedoch immun dagegen zu sein. Unter ihnen werden sich Anhänger der Christlichen Wissenschaft befinden und somit beweisen, daß der bewußte Geist ein gewisses Maß an Kontrolle auszuüben vermag.

Nicht nur seine mentale Aktivität wirkt als Schutz, sondern auch weil er eine Stufe in seiner Entwicklung erreicht hat, auf der sich diese Form der Erfahrung erübrigt. Gegen Infektionskrankheiten anfällige Menschen scheinen dieser Lektion zu bedürfen und sind reif, sie zu erlernen. Nur wenige werden dem zustimmen. Warum eigentlich werden kleine Kinder so gequält? Um die Ursache einer körperlichen Krankheit festzustellen, müßten wir weit ausholen. Doch wir möchten nochmals wiederholen, das Kind ist auf gewisse Erfahrungen vorbereitet, die als Krankheit und Leiden oder Gesundheit und Glücklichsein sowie alle Schwankungen, die ein Menschenleben gestalten, Form annehmen.

Eine ansteckende Krankheit muß nicht unbedingt zum Bösen gehören. Wenn im Laufe der Zeit die geistigen Gesetze besser verstanden werden, wird es so etwas wie eine Infektionskrankheit nicht mehr geben. Niemand muß leiden, wüßte er nur, sich vor einer solchen Invasion richtig zu schützen.

Das körperliche Zell-Bewußtsein, das der bewußte und der unterbewußte Geist kontrolliert, läßt sich für das Eindringen von Krankheitserregern verantwortlich machen. Wenn durch gesundes Denken auf bewußter und unterbewußter Ebene genügend Widerstandskraft aufgebracht wird, kann ein Angriff des Feindes das Körperbewußtsein nicht überwältigen. Ein Kind sollte von Anfang an zur rechten Denkungsweise angehalten werden. Seine Erziehung beginnt mit seinem ersten Lebenstag auf Erden, nicht erst mit sieben Jahren. Die Mutter oder Amme muß erkennen, daß das Kind von der Atmosphäre, von seiner Umgebung, den Auren der Mutter, Hebamme und Freunde gute oder schlechte, negative oder positive Schwingungen in sein Sein aufnimmt. Ein von positiven Gedanken umgebenes Kind wird mit dem Atem der Gesundheit genährt. Ein solches Kind wird physisch, mental und geistig gedeihen und jeglicher Krankheit widerstehen.

Diese Wahrheiten über Gesundheit und Sein werden allmählich heraufleuchten. Die Menschenfamilie muß bald ihre Verantwortung für die jungen Seelen erkennen, die ihnen anvertraut wurden, und durch diese Erkenntnis zur Einsicht in die Pflicht und Verantwortung erwachen, die sie der ganzen Gesellschaft gegenüber trägt. Ebenso wie die gestörten Rhythmen und Schwingungen des physischen Körpers Krankheiten und Tod herbeiführen, kann man diese Gesetzmäßigkeit auch auf die Menschenfamilie und die Welt als Ganze anwenden. Muß nicht eine gestörte Harmonie der materiellen Schöpfung ebenso sicher Krankheit bringen wie dem physischen Körper des Menschen? (Darüber wollen wir im nächsten Kapitel sprechen.)

Kapitel 10

Heilung der Nationen

16. März 1932

»Du, der Du der Urheber allen Guten bist; Du, der Du allgegenwärtig, immerliebend, weise und mächtig bist; wir nähern uns Deiner glorreichen Gegenwart. Mögen die Strahlen Deines Seins unsere Seelen durchdringen. Möge das Licht Deiner Schönheit unseren Geist erleuchten und die Kraft Deiner Größe uns liebevoll umarmen, auf daß wir eins werden mit Dir.

Segne diese Arbeit. Möge kein Schatten des Zweifels oder der Angst auf den lichten Pfad fallen, den Du befohlen hast, die Erdebene zu berühren. Mögen diese Deine Kinder die Süße des Dienstes für Dich und ihre Mitbrüder verspüren. So möge es sein!«

1. Juni 1932

Immer wieder betonen wir die Notwendigkeit des Ideals einer allgemeinen Bruderschaft, denn nur wenn die Menschheit diese universale Geisteskraft erkennt und versteht, in der sie lebt, sich bewegt und ihr Dasein hat, kann sie sich selbst retten. Ja, es ist wahr, daß sich die Lebenswerte wandeln und die Bedingungen auf der Erdebene völlig verändern werden. Getrieben durch Not und Leid, wird die Menschheit sich gezwungen sehen, eine höhere Wahrheit zu suchen.

Es könnte so einfach sein! Doch in welchen Worten kann man der Welt beibringen, daß *der Mensch seinen Bruder lieben muß?* Leider bedeuten Worte so wenig, so wenig! Doch hier in der geistigen Welt lernt man schließlich, an eine universale Bruderschaft zu glauben und in ihr zu leben.

Der einzige Weg für die Welt! Die Nationen bestehen aus Verdacht, Mißtrauen und Angst. Keine gibt nach, denn jede hat Angst. In der Geschäftswelt kratzt jeder alles zusammen und kämpft, um sein eigenes bißchen Reichtum festzuhalten. Wohin führt das? Sicherlich weder zu Sicherheit noch Reichtum, sondern zum raschen Niedergang von allem, was die Zivilisation aufgebaut hat.

Eines zukünftigen Tages werden wir eine veredelte Menschheit sehen. Die wunderbare Vision echter Bruderschaft dämmert herauf. Dann wird der Mensch wissen, daß alles Leben in einen gewaltigen geistigen Pulsschlag gebettet ist und erkennen, daß selbst das materielle Leben innerhalb einer universalen geistigen Bruderschaft schwingt. Er wird wissen, daß er seinen Bruder nicht verletzen kann, ohne die entsprechenden Konsequenzen auf sich zu ziehen, denn mit einem Menschen oder einer Nation Krieg zu führen, heißt sich selbst zu bekriegen, zu schlachten, bedeutet den geistigen Tod des Schlächters. Diejenigen, die das Schwert ziehen, werden mit Sicherheit durch das Schwert umkommen. Er wird wissen, das jeder Atemzug, jeder Gedanke in der Welt eine Reaktion hervorruft. Er wird wissen, daß es im Universum Gottes niemals den Tod gibt und begreifen, daß mit Einsicht weder im Himmel noch auf Erden vom Tod Gefahr droht. Es gibt keinen Anfang und kein Ende, denn der Mensch wird das Leben als einen einzigen großen, sich stets entwickelnden, stets kreisenden Zyklus erkennen, der jede geborene Menschenseele umfängt. Wenn der Mensch auch nur ein einziges Gesetz, eine einzige Wahrheit verletzt, beeinträchtigt er das Glück und Wohlbefinden aller.

Not muß jede Seele an den Bruder binden, bevor die Welt Erlösung finden wird.

Wir beobachten auf eurer Erde heute die Verwüstung des Todes, Tod durch Materialismus und Tod an den Materialismus. Daher das Leiden der Menschheit! Materialismus stirbt schwer, wie könnte es auch anders sein, nachdem die Menschen den Mammon so oft und so lange angebetet haben? Wir verkünden eine Neugeburt! Die Erde liegt in Wehen; ein neuer, ein herrlicher Tag wird geboren werden, ein Tag geistiger Verwirklichung, geistiger Erkenntnis und eines geistig begründeten Gemeinschaftslebens. In der Wissenschaft, Politik, Religion, Kunst und allen Bereichen wird der Mensch von den geistigen Reichen der Weisheit inspiriert und geleitet werden.

Obwohl vieles über die universale Bruderschaft gesprochen wurde, verstehen nur wenige die Bedeutung dieses Wortes. Denn alle wurden von Kindheit an dazu erzogen, sich selbst zu verteidigen, sich auf Kosten anderer zu behaupten. Irrtümlicherweise hat der Mensch Leben als Erhöhung seiner Persönlichkeit betrachtet. Er muß unter allen Umständen ein überragender Mensch werden – das heißt, falls er danach verlangt, seinem Mitbruder zu gleichen oder ihn zu beherrschen. Damit versündigt er sich gegen das kosmische Gesetz der Bruderschaft. Der Mensch, der nur für sich selbst forscht und sucht, bricht jedes Gesetz. Wenn die Menschheit in dieser Weise fortfährt, kann daraus nur Krankheit, Chaos und Krieg entstehen.

Wahrhaft groß ist derjenige, der nicht seine eigenen Wünsche sieht, sondern die unendliche und ewige Kraft der Liebe erkennt. Jeder muß sich selbst verlieren, um sich zu finden. Niemand wird Gott jemals finden, solange er in dem Irrtum verstrickt bleibt, daß Macht und Leistung aus und durch ihn selbst kommen. Die größte Prüfung, der sich die Seele schließlich unterziehen muß, wenn sie auferstanden ist und ihr Leichengewand abgeworfen hat, besteht darin, jedes Empfinden für das Selbst und die Persönlichkeit fallen zu lassen. Dann scheint sie vor einem Abgrund der Finsternis und Auslöschung zu stehen. Nur einen einzigen Wunsch hält die furchtsame Seele aufrecht – sich zu überlassen, hinzugeben, völlig befreit zu werden vom Selbst, jede Spur davon zu opfern, um in die unendliche und ewige Liebe, Gott, einzugehen.

Das ist nicht Auslöschung, das ist Ausdehnung. Wenn dieser Punkt erreicht worden ist, an dem die Liebe zu Gott so groß und übermächtig wird, daß nur noch der eine Wunsch existiert, eins mit Gott zu sein, dann vermag diese Liebe sogar die Gottesliebe zu umfassen; dann wird für diese Seele jeder Mensch gottgleich sein und Gott in jedem Menschen wohnen ...

Der Mensch, der die universale Bruderschaft versteht, muß tatsächlich dem Aufruf folgen, *verlasse alles und folge mir nach.* Er muß geschehen lassen, sich auslöschen und das Selbst verlieren, um universale Selbstlosigkeit zu finden – Gott! In diesem höchsten Augenblick wird der Mensch nicht nur eins mit Gott, sondern mit jedem einzelnen Menschen.

Darin liegt die Bedeutung der Menschen-Bruderschaft.

Alle Menschen schreiten, sich weiterentwickelnd, diesem geistigen Endziel entgegen, einer Zeit, in der es nur ein einziges harmonisches Selbst, einen brüderlichen Gedanken, einen Wunsch und eine reine Liebe geben wird. Solange der Mensch nur nach persönlichen Werten trachtet, das heißt die geistigen Werte verneint und ablehnt, wird er sich in Sündenqual verlieren.

Es gibt nur eine Religion, eine Wirklichkeit hinter aller Form, jedem Glauben und jeder Zeremonie. Es ist eine universale Religion, die keinen geographischen Grenzen unterworfen ist. Sie trägt nur einen Namen. Jeder Mensch, gleichgültig welcher Hautfarbe, kann sie verstehen; jeder Mann, jede Frau und jedes Kind; jedes Tier, jeder Vogel, jeder Baum und jede Blume, jeder Impuls im Atem des Lebens. Sie trägt nur einen Namen, eine Bedeutung; es ist die Religion wahrer Bruderschaft ... ..LIEBE!

Es wird diese Liebe geben; sie wird uns lehren, daß Zeremonien, Glaubensbekenntnisse und Dogmen ohne den Geist wertlos sind. Es gibt keine einzige lebendige Kreatur, die nicht die geistige Kraft bezeugt und auf sie reagiert. Die Formen mögen sich ebenso unterscheiden wie Rassen und Glaubenssysteme. Es möge jedem Menschen gebühren, doch alle müssen schließlich die unendliche Liebe des Schöpfers erkennen und sich vor ihr neigen. Er wird lernen, daß jeder für alle arbeitet und alle für jeden wirken.

Erst dann wird die Erde vom Tode befreit sein. Sobald der Tag heraufdämmert, an dem der Mensch in Harmonie leben wird, indem er sich anbetend vor dem höchsten Gesetz beugt, wird der Tod besiegt werden. Dann wird das Fleisch, die transformierte Substanz, ihm nicht mehr ausgeliefert sein. Sünde ist Tod, Tod das Ergebnis von Sünde. Wir meinen es wörtlich. Sünde führt mit Sicherheit zum Tod, *Liebe aber schenkt ewiges Leben!*

Jedes Wort des Großen Meisters verkündet die Wahrheit, unbefleckt durch die Jahrhunderte, ewig und absolut.

Teil III

Zwei Lehren von White Eagle

I

Das Leben nach dem Tode

Laßt uns dem ewigen Licht, der ewigen Wahrheit entgegenblicken. Oh, unendlicher Geist, Vater-Mutter-Gott, die Quelle unseres Seins, wir beten Dich an. Aus tiefstem Herzen suchen wir Deine Wahrheit, Weisheit und Liebe. Möge Dein Licht die Nebel, die die Erde umgeben, durchdringen, damit die Menschheit emporblickt und Dich als Gott, das All-Gute, die All-Liebe erkennt. Amen.

Laßt uns ruhig werden in Körper und Geist und jenen Ort der Stille aufsuchen, wo die Stimme Gottes gehört werden kann. Das ist der Weg und die Wahrheit. In der physischen, astralen und mentalen Welt herrscht so viel Aktivität, daß der Ort des wahren Glücks nur selten betreten wird.

Als wir einmal versuchten, euch die Strahlkraft der Seele eines Meisters zu beschreiben, ließen wir vor euch das Bild eines strahlenden Juwels erstehen, in dessen Zentrum die vollkommene Gestalt des Gottessohnes, die Christus-Gestalt, zu sehen war. Wir erklärten, daß jedes Menschenwesen die Kraft in sich trägt, zu diesem vollkommenen Juwel heranzuwachsen. Doch wie man beginnen soll, wie man die anscheinend notwendige Inspiration und Illumination empfangen soll, bevor die Seele ihr Ziel klar vor sich sieht, das ist euer Problem.

Der erste wesentliche Schritt besteht darin, jeden Tag in engere Kommunion mit Gott zu gelangen. Nur so wenige begreifen diese große Segnung einer Kommunion mit dem unendlichen Geist. Die Seele, die aufbricht und auf dem Weg zum höchsten Ziel weiterschreitet, muß stets bewußt in der Begleitung Gottes reisen. Das wird sich nicht durch Gebete einstellen, die bloß Worte sind, sondern nur durch schlichte, vertrauensvolle Kommunion mit dem Großen Geist. Der unendliche Geist ist überall. Der Mensch lebt, bewegt sich und hat sein Sein in den Armen des Unendlichen. Der Mensch lebt in Gott, und Gott ist stets gegenwärtig im Menschen. Gott ist allgegenwärtig, allwissend, allmächtig. Für euch mögen dies nur Worte sein, aber ihr müßt ihre lebendige Wirklichkeit für euch selbst entdecken. Wie wahr ist doch der Ausspruch: »Getragen von den ewigen Armen«. Die Wirklichkeit der unendlichen, alles einhüllenden Liebe – das ist eine wesentliche Erkenntnis für die Seele.

Wir wollen zu euch allen über das Leben nach dem Tode sprechen, nicht bloß das Leben, das unmittelbar auf den Tod folgt, sondern das Leben des ewigen Geistes, das sich in die Unendlichkeit ausdehnt und dabei an Schönheit und Kraft zunimmt. Warum fürchtet ihr euch, meine Kinder? Ihr braucht euch vor nichts zu fürchten, außer vor eurer eigenen Angst. Der Tod ist doch ein Einschlafen und ein Erwachen zu einem viel strahlenderen und harmonischeren Leben, als es auf Erden möglich sein kann.

Wenn die Seele den physischen Körper verläßt, geht sie in Wirklichkeit innerlich in einen anderen Seinszustand über. Betrachtet das materielle Leben als ein äußeres Leben, in dem ihr in einen grob materiellen Zustand eintaucht. Jenseits eures Körpers wird eure Welt von feinerer, geschmeidigerer Substanz sein, ein Stoff, der leichter auf Gedanken und Emotionen reagiert. Diese Materie wird von der Seele geformt. Was die Seele also ist, wie ihre gewohnheitsmäßigen Gedanken und ihr alltägliches Leben sich geben, so wird sie sich in dieser inneren Welt ausdrücken.

Aus diesem Grunde werden Seelen, die sich ständig groben und gewaltsamen Gedanken und Wünschen hingeben, ähnliche Lebensbedingungen für sich in der geistigen Welt vorfinden, nur daß ihre neue Umgebung eine intensivere und fast karikaturistische Ausgabe der alten darstellt. Auf den niederen Astralstufen gibt es Bereiche, in denen Seelen Sinnesfreuden und plumpe Erfahrungen suchen. Diese Orte manifestieren Bedingungen, wie sie auch auf der physischen Ebene zu finden sind, nur in verstärktem Maße. Aber die Erfüllung ihrer Wünsche befriedigt die Seele auf die Dauer nicht. Derartiges Verlangen erschöpft und verliert sich allmählich. Schließlich ist die Seele bereit, vorwärts und aufwärts zu schreiten. Sobald es ihr gelingt, diese niederen Reize aufzugeben, wird ihr geholfen. Der geistige Führer nimmt sie in seine Obhut. Von der niederen geht sie zur höheren und dann zur mentalen Ebene über, wobei sie lernt, was sie aufzunehmen vermag, bis sie schließlich in einen traumähnlichen Zustand verfällt und soviel von der Wahrheit aufsaugt, wie es ihr möglich ist. Zur gegebenen Zeit kehrt sie dann zur Erde zurück, ein wenig mehr geläutert, dem Ziel geistiger Verwirklichung ein wenig näher.

Die gewöhnliche Seele gewöhnlicher Leute, die teure Menschheit, die wir wegen ihrer Freundlichkeit lieben, wandert in einem traumähnlichen Zustand, aus dem sie nicht erwacht, rasch durch die nieder astrale in die höher astrale Ebene. Dort treffen die Seelen nicht nur ihre Freunde aus der soeben abgeschlossenen Inkarnation, sondern manchmal auch die Begleiter aus früheren Verkörperungen.

Es ist wirklich eine Ebene der Wiedervereinigung, auf der die Seele sich eines intensiven Lebens erfreut und den vielen Interessen nachgeht, die sie bereits auf Erden geliebt hat, wie Musik, Malerei, Literatur und vielleicht auch die Wissenschaft. Sie erfreut sich der neuen Freiheit und Möglichkeit, mehr über die Dinge zu erfahren, für die sie sich interessiert. Eine ungeheure Freude mag den Musiker erfüllen, wenn er die Grenzenlosigkeit der Musik erlebt. Das gleiche gilt für die Kunst. Vielleicht liebst du Musik, kannst dich aber in deinem gegenwärtigen Leben nicht durch sie ausdrücken. Auf der Astralebene wird sich dieser Wunsch erfüllen. Du wirst feststellen, daß du das Instrument deiner Wahl leicht zu spielen vermagst. Wenn du dich danach gesehnt hast, ein Orchester- oder Chormitglied zu sein, wirst du unter gleichen Bedingungen wie alle anderen dazugehören. Vielleicht möchtest du malen und Schönheit schaffen – und du wirst dazu fähig sein. Auf der Astralebene fallen alle Begrenzungen fort, und die Seele bringt sich in Farbe, Form oder Musik vollkommen zum Ausdruck. Das bringt ein großes Glücksgefühl mit sich.

Als nächstes folgt eine mentale Stufe, die Mentalebene. Sie besitzt ebenso viele verschiedene Aspekte wie es Mentalitäten gibt. Die Seele sucht die Mentalstufe auf, die ihrer Mentalität entspricht und erfreut sich dort eines Zustandes, den man nur als Glückseligkeit bezeichnen kann.

Jede Seele entdeckt im Laufe ihrer Reise, daß Gott nicht ein strenger Richter, sondern gnädig und liebend ist. Sie muß sich nur an Gott wenden, um die nötige Hilfe zu erhalten, ähnlich einem Kind, das zu seinen Eltern läuft, um getröstet und geliebt zu werden. Jede Seele erhält in dem Leben nach dem Tode, was ihr gebührt, und das wird ihr mit Barmherzigkeit und Liebe dargereicht.

Wenn die Seele eine Periode der Glückseligkeit und der Stille durchlebt hat, in der sie die nötige Wahrheit zu weiterem Wachstum absorbiert, wird sie erneut ihren Abstieg in die Verkörperung antreten. Jenseits der beschriebenen Bereiche gibt es jedoch eine Ebene reinen Geistes, manchmal die himmlische Ebene genannt. Wir vermögen die Herrlichkeit dieser Welt nicht wirklich wiederzugeben. Sie wartet darauf, von euch selbst entdeckt zu werden.

Gewöhnlich wiederholt sich dieser Prozeß, bei dem ihr den physischen Körper verlaßt, die Lebensebenen durchwandert und zur gegebenen Zeit zurückkehrt, sehr lange; es muß aber nicht immer so sein. Die Seele besitzt die Möglichkeit, rasch der ewigen Freiheit entgegenzuschreiten. Doch es gibt Seelen, die ihren Mitmenschen zu dienen wünschen und freiwillig zur Erde zurückkehren, um der Menschheit zu helfen.

Jenseits der himmlischen liegt noch eine andere, höhere Ebene, von der wir sprechen wollen, jedoch bezweifeln, ob ihr daran glaubt. Wir erwähnen sie, da sie euer Ziel ist. Die Seele erreicht diesen Zustand, wenn sie vollkommene Herrschaft über das Selbst gewonnen hat. Eine solche Seele vermag, je nach ihrem Willen, in einem physischen Körper, in einer astralen oder mentalen Hülle zu wirken und sich doch, wenn sie will, in die höchsten Höhen der Herrlichkeit geistigen Lebens emporzuschwingen. Die Seele kann sich auf jeder Stufe manifestieren, denn sie beherrscht alle Ebenen.

Damit ihr diesen Zustand der Meisterschaft besser versteht, wollen wir euch zwei Beispiele geben. Nach der Kreuzigung des Meister Jesus schien sein Körper allem Anschein nach tot zu sein. Aber nach drei Tagen stand er von den Toten auf. Seine Auferstehung von den Toten bedeutet nicht nur, daß seine Seele den Tod überlebte. Nein, Jesus erhob seinen Körper von den Toten. Er hatte ein solches Leben geführt, daß die Atome seines Körpers vergeistigt wurden. Als die Zeit kam, entschwand er im Zustand der geläuterten physischen Form den Blicken seiner Jünger. Die Christenheit sieht darin ein Wunder, das nur dem Sohne Gottes widerfahren konnte. Das aber kann jeder bewirken, der den erforderlichen Grad geistiger Initiation erlangt hat. In eurer Bibelgeschichte heißt es, daß Jesus in den Himmel aufgenommen wurde, er entschwand, wurde unsichtbar. Mit anderen Worten, er vermochte die Schwingungen der physischen Atome emporzuheben, so daß sie sich dem irdischen Blick entzogen. Dieser Vorgang der Himmelfahrt wurde ganz klar veranschaulicht. Aber er sagte: *»Meine Werke werden auch die euren sein, und ihr werdet noch größere vollbringen.«*

Als zweites Beispiel wollen wir den Heiligen anführen, jemanden, der ein solch frommes Leben führte, daß der physische Körper nicht zerfällt, nachdem sich die Seele zurückgezogen hat. Hiermit wollen wir die Bedeutung der Aussage veranschaulichen, daß die Kraft des Geistes über den physischen Atomen steht. Ein Heiliger besitzt nicht unbedingt die Macht eines Meisters, der über die Fähigkeit verfügt, zum Himmel aufzusteigen und materielle Atome zu verwandeln, der vollkommene Herrschaft über alles Leben erlangt hat.

Das ist das Ziel. Für die meisten Menschen ist es noch ein weiter Weg bis dahin. Doch haltet euch dieses Ziel stets vor Augen und wißt, daß ihr mit jedem Tag dieser herrlichen Freiheit entgegengeht.

Es wurde die Frage gestellt, ob ein Arzt unter gewissen Umständen richtig handelt, wenn er das Leben eines leidenden Patienten beendet? Wir erwarten nicht, daß ihr unsere Antwort akzeptiert. Wir können euch nur sagen, was wir für die Wahrheit halten. Nein! Es gibt solche Umstände nicht, in denen man sagen könnte: »Beende das Leben.« Nur Gott allein kann das. Gott gibt Leben, und Gott ruft die Seele zurück. Aus geistiger Sicht wird die Seele solange an den Körper gebunden bleiben, bis Gott die Zeit verfügt, ihn zu verlassen.

Wir bezweifeln, daß eine künstliche Freisetzung der Seele vom geplagten Körper zweckdienlich ist. Unternehmt alles in eurer Macht, den Schmerz zu lindern. Tut alles, um eurem Bruder oder eurer Schwester zu helfen, das Los zu ertragen, aber mischt euch nicht in den Willen Gottes ein. Gott ist allweise. Der Mensch hat die Pflicht, die geistigen Gesetze zu lernen, die das Leben regieren, und sich zu bemühen, in Harmonie mit der göttlichen Wahrheit zu leben. Schmerz, der die Seele auf sie selbst zurückwirft, ist ein wunderbarer Lehrer. Mutiges Ertragen von Schmerz bringt Segen, und ihr wollt doch wohl nicht dazu beitragen, daß eine geliebte Seele ihrer Belohnung beraubt wird.

Ihr fragt, ob die Leidenden mit dem Ablegen der physischen Form ihre Behinderung verlieren. Wir antworten, ja, auf jeden Fall. Sie werden von der Begrenzung befreit, die ihnen das Karma aufbürdete. (Denkt daran, das Gesetz des Karma und das Gesetz der Gelegenheit sind miteinander verknüpft; aufgrund jener Einschränkung konnte die Seele trotz oder vielleicht wegen ihrer Behinderung voranschreiten.) Einige Seelen sind natürlich sehr krank, wenn sie herüberkommen, das heißt, nicht unbedingt körperlich, sondern seelisch krank. In einem solchen Falle bleiben gewisse Begrenzungen noch eine Zeitlang bestehen. Aber alles existiert in ihrem Geist, und sie lernen bald, daß sie eine vollendete Form besitzen.

In der geistigen Welt gibt es Helfer, deren besondere Aufgabe darin besteht, sich um die vielen Seelen zu kümmern, die herüberkommen und die als kranke Seelen behandelt werden müssen. Leute wie ihr, die gewisse Kenntnisse besitzen, wenn sie hinübergehen, bieten sich rasch als Arbeiter in den Empfangsstationen, Hospitälern oder Heilungstempeln an. Es gibt übrigens einige frühere Anhänger dieser Loge, die sich jetzt mit dieser Arbeit beschäftigen.

Das Leben nach dem Tode ist sehr geordnet und so natürlich, daß viele, die hier ankommen, nicht glauben können, daß sie ihren Körper verlassen haben.

Es herrscht eine unsagbare Freude, wenn die Seele vollständig von der Erde befreit ist. Meine Kinder, schaut hinauf in den Nachthimmel und betrachtet die Myriaden von Sternen. Haltet inne und fragt euch, was diese Sterne wohl sind. Seht in euch selbst und euren Kameraden Brüder des Lichts, die sich frei zwischen den Sternen bewegen und von Planet zu Planet wandern können. Seht euch als strahlende, gleichsam geflügelte Wesen, die sich in immer lichter werdende Himmel emporschwingen, dieses Universum und die weit jenseits liegenden Welten immer besser verstehend. Seelen suchen Planeten von einer Lichtfülle und Herrlichkeit auf, die sich eurem Verständnis entziehen. Es ist ein himmlisches Leben, das kein Auge gesehen und von dem kein Ohr gehört hat, das Gottesleben, dessen Erben die Kinder Gottes sind. Vorwärts, vorwärts, meine Kinder, vorwärts in ein Leben der Fülle und Glorie, die euer kleiner Erdengeist nicht begreift.

Suchet zuerst das Königreich Gottes, dann werdet ihr erkennen.

Oh, Göttlicher Geist, All-Licht, All-Liebe, All-Wahrheit, wir erwarten Deinen Segen, der Dein Leben in uns anregen wird. Möge das Licht auf die gesamte Menschheit strahlen!

Amen.

II

Alles Leben ist Geist

Ansprache vom 28. Februar 1976 in Kensington, bei einem Gottesdienst zum Anlaß des Rubin-Jahrestages der White Eagle Loge.

Jedem einzelnen von euch bringen wir eine Liebe, wie ihr sie auf Erden noch nicht kennt. Liebe aus den höheren Lebenssphären überflutet diese Kongregation.

Wir im Geiste (nicht nur die Brüder aus den höheren Sphären, sondern auch eure Lieben, die in diesem Augenblick eurem Herzen sehr nahe sind) verstehen die Sorgen und Ängste des Alltags im physischen Körper. Wir verstehen die Kränkungen und Probleme irdischen Lebens. Wir bringen euch daher diese große Liebe und möchten, daß ihr in diesem Moment ein Gefühl des Friedens verspürt und euch vertrauensvoll der liebevollen, weisen Fürsorge jener hingebt, die jenseits des Schleiers in einer Welt der Schönheit leben. Wenn ihr die Gesichter eurer Freunde und Lieben auf geistiger Ebene sehen könntet, wie glücklich wäret ihr über das strahlende Licht, das auf ihnen ruht. Sie sind nicht mehr vergrämt oder müde, sondern voller Leben und Freude. Sie würden euch erzählen, wie wunderbar es im Land des Geistes ist.

Vor vierzig Jahren wurde die Arbeit der White Eagle Loge mit Hilfe des damals gerade erst in die andere Welt hinübergegangenen Leiters des Spiritualismus gegründet. In seinem Erdenleben verspürte Arthur Conan Doyle den brennenden Wunsch, die Leute davon zu überzeugen, daß es ein Leben nach dem Tode gibt. Er verbrauchte alle seine physischen und materiellen Mittel und versuchte, diese Botschaft zu verbreiten.

Wenn ihr jetzt das Buch seiner Botschaften gelesen habt, werdet ihr verstehen, warum wir sagen, ACD habe seine gesamte innere Kraft aufgeboten, um die Nebel des Schleiers des Materiellen und Grobstofflichen zu durchdringen, damit er zu euch zurückkommen konnte, zu eurem Geist, um euch an dem teilhaben zu lassen, was er nach Durchschreiten der Todespforte vorgefunden hatte. Er spricht jetzt durch White Eagle zu eurem Geist und drängt euch, den Pfad geistiger Entfaltung nicht nur mit dem Verstand, sondern mit eurem innersten Wesen, eurem Geist, weiterzuverfolgen:

»Als ich auf der Erde lebte, wollte ich den Menschen vor allem den materiellen Beweis eines Lebens nach dem Tode liefern. Doch als ich meinen Körper mit Hilfe jener großen Seelen verließ, die wir als die Brüder des Weißen Lichts, die Brüder des Sterns, kennen, lernte ich, daß der physische Beweis eines Lebens nach dem Tode nicht genügte. Ich lernte, das geistige Gaben nicht auf physischem Wege entwickelt werden, sondern durch das Verstehen der geistigen Gesetze. Es gibt eine Kommunikationsmöglichkeit zwischen den beiden Welten, die keineswegs materieller Natur ist.«

Wie gesagt, diese Loge besteht seit vierzig Jahren, eine recht lange Zeit nach euren Maßstäben. Und während dieser vierzig Jahre haben die Menschen sehr langsam, Schritt um Schritt, gelernt und lernen immer noch, daß der überzeugendste und dauerhafteste Beweis für ein ewiges Leben nicht auf physischem Wege, sondern durch wahre Kommunikation, von Geist zu Geist, erlangt wird.

Alles Leben ist Geist, alles Leben ist in dem einen Geiste. Und in dieser Loge werdet ihr allmählich lernen, die Kraft in euch zu entwickeln, die euch befähigen wird, durch den Schleier hindurch in das wahre und ewige Geistesleben zu blicken. Ihr werdet euch dieses ewigen Lebens durch eure Meditation, eure Heilarbeit, euer Werk der Brüderlichkeit und durch den Geist bewußt, der die in euch schlummernden Eigenschaften eines Gotteskindes erweckt. Ihr alle seid Söhne und Töchter des lebendigen Gottes, geliebt jenseits irdischen Verstehens. Ihr müßt lernen, euren Alltag im Geiste eines Gotteskindes zu leben, indem ihr vertrauensvoll und still euren Pfad beschreitet.

Ihr sagt: »Aber White Eagle, jeder wahre Christ tut das doch.« Das trifft zu. Ihr seid Christen im weitesten, höchsten und tiefsten Sinne, denn Christ zu sein heißt, dem Christus-Geist zu gleichen, bescheiden, sanft und liebevoll, so wie Jesus von Nazareth war. Zu allen Zeiten haben große Lehrer den Christus-Geist der Demut und Hingabe verkörpert. Sie haben die Macht der Liebe bewiesen – der Liebe zu Gott und seiner gesamten Schöpfung. Liebe Gott, liebe Gottes ganze Schöpfung, liebe die Blumen, die Bäume und die Schönheit des Himmels, liebe das Tierreich, liebe deinen Bruder neben dir. Liebe ist der große Heiler und Vervollkommner – sanfte Liebe für alles Leben. Wenn ihr das Bild nur von *unserer* Seite aus sehen könntet, vom Geiste, würdet ihr erkennen, daß ihr alle eine große Gemeinschaft bildet. Alle Sphären, alle Lebensbereiche, alle greifen sie ineinander über und dienen einander – das ist das Gesetz des Lebens.

Wir versichern euch, daß dieses Wissen, wenn ihr es wirklich in eurem Leben anwendet, Wunder bewirkt. Trotzdem werdet ihr geprüft werden. Es geschieht nicht alles auf einmal. Ihr werdet Enttäuschungen erleben und ihr mögt versucht sein, aufzugeben und zu glauben, es sei ja doch alles vergeblich. Aber ihr dürft Rückschläge und Verletzungen nicht beachten, ihr müßt beharrlich bleiben und durchhalten, euren Blick stets auf den Stern gerichtet. Ihr kennt unseren Lieblingsausspruch – *keep on keeping on (sich unermüdlich bemühen).*

Denkt einen Augenblick lang an Jesus mit seinem strahlenden Antlitz, seiner sanften Art und seinem hingebungsvollen Dienst. Denkt an diese Strahlkraft und erinnert euch daran, daß es in den höheren Lebenssphären noch andere Lichtwesen wie Jesus gibt. Wir nennen sie die Bruderschaft. Es gibt viele Brüder, und viele Brüder bilden eine große Bruderschaft. Von diesen Brüdern strömt diese Kraft und Liebe auf euch nieder. Man kennt euch in den geistigen Sphären. Eure Seelennöte sind bekannt. Eure materiellen Bedürfnisse sind bekannt, euer Kummer ist bekannt. Glaubt, was wir euch sagen; es gibt jene, die aufgrund göttlichen Gesetzes für euch sorgen. Ihr mögt es bisweilen leise verspüren. Vielleicht trägt die White Eagle Loge dazu bei, denn sie ist ein Zentrum, in dem viele Lichtwesen dienen. Wenn ihr also hierher kommt, fühlt ihr deren sanfte Berührung, ihren Einfluß. Ihr spürt, daß etwas mit euch geschieht ... eine feine Umwandlung, und ihr fühlt, daß alles gut ist.

Er und sie und der alte White Eagle, der für sie spricht, wollen euch sagen, daß es nur eines Gedankens bedarf, eines Gebets, in dem ihr nach der Nähe Gottes sucht und euch als wahre Diener Gottes erweist, und sie sind mit euch. Diese Liebe in eurem Herzen, dieser Wunsch, Gott zu dienen und euren Mitmenschen und Mitgeschöpfen zu helfen, ist eine Heilkraft, die so stark in euch heranwächst, daß sich eure Aura ausdehnt und Licht ausstrahlt. Eure Aura, der Schein, der euch umgibt, zeigt der Bruderschaft und eurem persönlichen Geistführer, wo ihr auf dem Pfad spiritueller Entwicklung steht. Unablässig bedenken sie euch mit verstehender Liebe. Wenn ihr an sie oder eure Lieben denkt, bildet ihr eine Brücke. Ihr braucht nur an eure Lieben zu denken und ihr seid verbunden. Stellt sie euch nicht gramgebeugt und leidend vor. Denkt nicht an die Schmerzen und Verzerrtheit, die die Jahre des Leidens mit sich brachten. Seht ihre strahlenden Gesichter in einer Welt des Lichts. Seht, wie glücklich sie ausschauen, wie weich und schön die Züge eurer Liebsten, wie friedvoll, fröhlich und dankbar.

Diese Arbeit begann also vor vierzig Jahren, und diese Jahre haben so manche Prüfung mit sich gebracht, wie sie jedem begegnet, der den lichten Pfad beschreitet. Glaubt nur nicht, daß er sich für irgend jemanden leicht gestaltet. Es gibt einen göttlichen Plan, der für jede Seele gilt. Doch jede Seele besitzt die freie Wahl, ob sie den rechten Pfad, des Guten, Wahren und Schönen, einschlagen will oder den linken, weniger guten Weg, auf dem sie einen langen Umweg macht, um schließlich zu einem bestimmten Grad des Glücks zu gelangen.

Ihr mögt gewisse Botschaften empfangen haben, die eurem Ermessen nach nicht korrekt sind. Aber ihr interpretiert Botschaften aus der geistigen Welt nicht immer einwandfrei. Euer persönliches Wunschdenken färbt die Auslegung unserer Worte. Ihr habt zum Beispiel einen bestimmten Weg im Sinn, den ihr gehen wollt, und es wird euch gesagt, daß ihr eine gewisse Arbeit verrichten werdet. Aufgrund eurer Vorstellung glaubt ihr zu wissen, um welche Arbeit es sich handelt. Aber ihr wißt es *nicht.* Ihr müßt also lernen, euren Weg so anzunehmen, wie er sich darbietet, selbst wenn er euren Vorstellungen nicht entspricht. Prüft euch selbst und fragt euch, ob ihr nicht im Irrtum seid: »Irre ich mich oder handelt es sich um einen Fehler des Geistes oder Gottes, daß mir gesagt wurde, etwas zu tun, und es hat sich als Fehlschlag erwiesen?« Meine Kinder, die Führer eures Geistes kennen das Bedürfnis der Seele. Sie lieben und leiten euch und stehen euch auf eurem Weg geistiger Entwicklung, geistiger Entfaltung, helfend zur Seite. Versuche, alles anzunehmen, selbst wenn du es nicht verstehen kannst, und fahre stets fort in deiner Arbeit für die Menschheit. Heile, tröste und strahle die Wahrheit aus, daß nicht nur in diesem Sonnensystem das Leben ewig ist, sondern weit darüber hinaus, jenseits des Fassungsvermögens eures kleinen Gehirns – nicht aber jenseits des Erkennens eures Geistes, der die göttliche Gegenwart ewigen Lebens in euch stets erfaßt.

Der Große Weiße Geist segne euch in der Befolgung des Gesetzes göttlicher Liebe.

Still empfangen wir nun den Segen Gottes. Und mit verneigtem Haupte und erfülltem Herzen bringen wir unseren Dank zum Ausdruck. Wir danken Dir, unser himmlischer Vater, für die wunderbare Vision eines sich stets entfaltenden, stets schöner werdenden Lebens, das vor uns liegt.

Wir beten, daß wir zu standhaften Durchlaßgefäßen für die Wahrheit werden, um die Trauernden zu trösten, die Kranken zu heilen und jenen, die sich in der Dunkelheit befinden, Licht zu schenken. Das ist unser Gebet.

Wir danken Dir für Deinen Frieden.

Amen.

Anmerkungen

1 Aus dem Vorwort zur zweiten Auflage von THE RETURN OF ARTHUR CONAN DOYLE, 1963, S. VIII.

2 Dem Polaire Bericht zufolge betrachtete der Junge ihn als *Illuminé*, einen *Erleuchteten*. Die Vorstellung, daß sich ein fortgeschrittenes Wesen in einem physischen Körper manifestiert, um eine bestimmte Aufgabe zu erfüllen, findet sich in der christlichen Tradition weniger, ist der buddhistischen jedoch geläufig.

3 siehe Photo auf S.46

4 THE STORY OF THE WHITE EAGLE LODGE, White Eagle Publishing Trust, Liss, Hants., 1986. Ein weiterer Bericht über den Zirkel von Mabel Beatty findet sich in der (vergriffenen) Autobiographie von Grace Cooke THE SHINING PRESENCE (White Eagle Loge, London, 1946), S. 21.

5 1988 Neuveröffentlichung bei Psychic Press, London.

6 Plumed Serpent, London 1942 (vgl. auch Der Pfad der Einweihung)

7 vgl. W.T. Stead's Borderland Library

8 Das Datum des Briefes lautet nur »21. November« und kann aus dem Jahre 1932 oder 1933 stammen. Ich persönlich nehme jedoch an, daß er 1931 geschrieben worden ist.

9 Inzwischen war das *Bulletin* zu den *Cahiers de la Fraternité Polaire* geworden. Jene Ausgabe, die einen Überblick über THY KINGDOM COME sowie weitere Einzelheiten enthalten sollte, ist uns zu diesem Zeitpunkt nicht zugänglich.

10 Frühe Ausgaben des *Bulletins* geben die tief beeindruckenden Ideale der Gruppe wieder. Aus Platzmangel können sie hier nicht zitiert werden. Doch der Leser möge nicht nur auf die neun Prinzipien der Bruderschaft verwiesen werden, sondern auch auf die Maiausgabe 1930, die wohl als allgemeines Programm gedient hat.
Darin heißt es zum Beispiel über die Selbstlosigkeit: »*La Fraternité Polaire doit être au-dessus des opinions particulière … Vous n'aurez point de richesse, point d'honneurs, point de gloire*« – eine vom Orakel selbst gegebene Instruktion.

11 Näheres dazu in THE RETURN OF ARTHUR CONAN DOYLE, S. 84-85 und THE STORY OF THE WHITE EAGLE LODGE, S. 1-5.

12 The White Eagle Lodge, London 1939 (vergriffen).

13 Wie wir in Kap. 6 und 7 sehen werden, beschreibt White Eagle die Strahlen als »rot und violett« und »rot und blau«. Diese Kurzfassung – wir wissen nicht, wer sie übersetzte – löst das Problem.

14 Heutzutage bezeichnen wir das »höhere Ich« gewöhnlich als das »höhere Selbst«. Der Ausdruck »Ich« erscheint mehrere Male im Haupttext. Es wird jedoch kaum im psychologischen Sinne gebraucht, sondern steht für die innere Individualität in ihrer höheren Funktion.

15 Teil I (bis zu S. 123) stammt von Ivan Cooke

16 Das trifft bis zum Jahre 1956 zu; inzwischen sind es weitaus mehr. Doch Conan Doyles Leben wird heute weniger genau studiert als damals. Seine Rolle als führende Persönlichkeit des Spiritualismus scheint weitgehendst unbekannt zu sein; jedenfalls tragen seine Biographen diesem Tatbestand kaum Rechnung.

17 THE NEW REVELATION, (London, Hodder und Stoughton, 1918), S. 48-49.

18 Diese wurden später nach Minstead Church in New Forest, Hampshire, umgebettet.

19 London (John Murray), 1949.

20 *Le Bulletin Polaires* wurde vom 9. Mai 1930 an von der »Groupe des Polaires« während ihrer Existenz in Paris herausgegeben (ihr Hauptsitz befand sich viele Jahre lang in der Avenue Junot, Nr. 36, 18e). Weitere Einzelheiten finden sich in dem früher veröffentlichten Buch, ASIA MYSTERIOSA: *L'Oracle de Force Astrale comme moyen de communication avec les »Petites Lumière d'Orient«*, par Zam Bhotiva (Paris, Dorban-Ainé, 1929).

21 Diese Geschichte wird in THE SHINING PRESENCE ausführlich erzählt.

22 Näheres zur Arbeitsweise des Orakels, siehe Kap. 12

23 Dabei handelt es sich um die leider verlorengegangenen Briefe, nicht um die in der Einleitung erwähnten.

24 In LIFE OF SIR ARTHUR CONAN DOYLE nennt John Dickson Carr eine Gesamtsumme von 250.000 englische Pfund (Anm. in der Ausgabe v. 1956). Damals mehr als eine Million DM.

25 Aus Conan Doyles The New Revelation geht hervor, daß es sich dabei um die großen Verluste während und unmittelbar nach dem Ersten Weltkrieg handelte.

26 Die Eigentümerin des Hauses in Buckinghamshire und eine mediale Freundin von Minesta und Lady Conan Doyle.

27 Das Largo stammte wohl aus Händels *Xerxes,* »Ombra mai fu«, Minestas Lieblingsstück, von jenem Augenblick an oder schon vorher.

28 Diese Bemerkung bezieht sich wahrscheinlich auf die angeblich von ACD kommenden Durchgaben, die Lady Conan Doyle damals fast täglich mit der Post erhielt. (Anm. in der Ausgabe von 1956).

29 Ivan Cooke schrieb diese Worte im Jahre 1956. Die moderne Physik lehrt inzwischen, daß sich Materie und Energie nicht eindeutig voneinander unterscheiden lassen und das Vorstellungsbild von einer linearen Zeit weitgehendst der Vergangenheit angehört. In unserem Falle – eher der Einfachheit des Herzens Raum gebend als der Unklarheit des Geistes – mag es wohl angebrachter sein, uns an White Eagle zu wenden, der uns jenseits des physischen Scheins führt und eine Welt offenbart, die er die wirkliche Welt nennt, die die sogenannte physische vollständig durchdringt.

30 Die folgende Durchgabe stammt vom 17. Juni 1931 (Grove Court, London).

31 Wembley Park, 22. August 1931, nicht von Bradbrook, sondern Silver Star (Caird Miller) aufgezeichnet.

32 Sitzung vom 27. April 1932. Der vorangegangene Paragraph erscheint nicht in THY KINGDOM COME wurde aber in THE RETURN OF ARTHUR CONAN DOYLE eingefügt.

33 (Anm. aus THY KINGDOM COME): Mit dem Ausdruck »subliminal« bezeichnet ACD den spirituellen Aspekt des Geistes beziehungsweise die göttliche Intelligenz im Menschen, was sich vom Unterbewußten oder dem gespeicherten Gedankenprodukt von Erinnerung und Intellekt unterscheidet.

34 4. Mai 1932.

35 1997 kann man sagen, daß dies zutrifft.

36 22. August 1931, Wembley Park.

37 *Bulletin des Polaires,* 9. März 1931. Die Auszüge sind wörtlich übersetzt. Einzelheiten des Zahlencodes wurden Bhotivas Buch ASIA MYSTERIOSA entnommen.

38 Übersetzung (des englischen Textes) aus dem Französischen, London (Philip Allan), 1931.

39 Was der Katharer suchte oder tief im Herzen gefunden zu haben glaubte, war einerseits der Gral, andererseits »der Friede, der alles Verstehen übersteigt« oder »das Kleinod in der Lotosblüte«.

40 Das Schloß von Lordat (vgl. die Postkarte auf S.47) thront auf einem Felskegel, der sich 370 Meter über das enge Tal von Ariège erhebt und 956 Meter über dem Meeresspiegel liegt. Dahinter (im Norden, den Blick auf Montségur verdeckend) taucht der 2348 Meter hohe Pic de St-Barthélemy auf.

Die Hauptkette der Pyrenäen wird im Süden von Lordat sichtbar. In den heutigen Prospekten für Touristen heißt es, daß das Schloß nach dem Fall von Montségur den letzten Katharern als Zufluchtsort diente.

41 Abschnitt III dieses Kapitels wurde von Ylana Hayward für die 1975 erschienene Ausgabe von THE RETURN OF SIR ARTHUR CONAN DOYLE geschrieben.

42 Er wurde wie dieses Vorwort von Ivan Cooke verfaßt.

43 Im Originaltext nummerierten die Fragesteller die Astralstufen in recht verwirrender Weise, beginnend mit der höchsten und umgekehrt. Um der Klarheit willen haben wir den Text geändert, indem wir Nr. 1 als die höchste und Nr. 7 als die niederste Stufe bezeichneten.

44 Diesem Bericht über die Ebenen zufolge, lebt der Mensch in gewissem Sinne bereits im Geiste, sobald er sich gedanklich über die dichteste Stufe erhebt.

45 »Abgestiegen zur Hölle und am dritten Tage wieder auferstanden.« (Apostolisches Glaubensbekenntnis)

46 In diesem Falle handelt es sich um den Gottesfunken des individuellen Geistes, nicht um einen Aspekt der Persönlichkeit.

47 Zu ACDs schwankender Zeitvorstellung vgl. die Einführung.

48 Nicht völlig korrekt wiedergegebene Verse aus Kardinal Newmans Hymne »Lead, kindly light«.

49 Tennyson, The Higher Pantheism.

50 Diese Prophezeiungen enthalten keine Zeitangaben. Die Katastrophen können demnach in ferner Zukunft liegen. (Die Geburt eines Kontinents vollzieht sich sicherlich nicht über Nacht!) Vermutlich sprach ACD auch die Kriegsjahre, die »Jahre des Feuers«, an. (In dieser Hinsicht dürfte die Betonung des Themas von seiten der Polaires von Interesse sein. Siehe dazu das Einführungskapitel.) An anderer Stelle spricht er auch davon, daß derartige Hiobsbotschaften ihn bereits zu seinen Lebzeiten überschwemmt haben und sucht sogar nach einer Erklärung dafür. Man mag sich wundern, ob er nicht auch ausdrücken will, daß derartige Dinge von einer fortgeschrittenen Bewußtseinsebene aus in einem anderen Licht erscheinen, nicht nur was ihre Bedeutung anbelangt, sondern auch die Erfahrung an sich. Doch mit dieser Vermutung könnte man vielleicht zu weit gehen.

51 (Anmerkung aus THY KINGDOM COME) An dieser Stelle gelang es ACD nicht, den Sinn dessen, was er auszudrücken wünschte, in Worte zu kleiden. Mittels seiner Gesten bemühte er sich, uns das Konzept von rhythmisch gegeneinander kreisenden Ringen darzustellen. Auf diese

Weise halten sie das moralische Gleichgewicht des Universums aufrecht, vergleichbar mit der Zentrifugal- und Zentripetalkraft, die einen Planeten im Solarsystem in der Schwebe halten.

52 Über die Bemerkung, daß damals die Kräfte der Finsternis die des Lichtes »überwältigten«, läßt sich streiten. Wir neigen eben immer noch dazu, Licht und Dunkel in ihrer althergebrachten, Moral bezogenen Begrifflichkeit zu sehen. Betrachten wir beides jedoch in der von ihm angezeigten Weise, dann sind Leid und Negativität in die Gottesliebe eingebettet, was nicht nur anzeigt, daß der Leidende in gewisser Hinsicht beschützt und geliebt wird, sondern daß der gesamte Lebensprozeß auf ein Überwiegen des einzig Guten hinausläuft. Wenn wir ACD richtig verstanden haben, will er dieser Tatsache Ausdruck verleihen, indem er von einer Einheit spricht, in der diese Dualität völlig aufgeht.

53 Die Devas herrschen über die Gruppenseelen des Naturreichs, zum Beispiel der Ameisen und Bienen, doch ihre Kraft erstreckt sich jenseits der Insekten auf das Pflanzen-, Tier-, und Vogelleben (Anmerkung aus THE RETURN OF ARTHUR CONAN DOYLE).

54 Seit der Veröffentlichung dieser Worte hat so mancher Wissenschaftler seine Einstellung zu den Naturgesetzen geändert.

55 Demnach erstrecken sich die fünf Jahre bis 1937. In gewisser Weise scheint der Zerfall des alten Zeitalters noch anzudauern. Aber trotz des Niedergangs erheben sich neue Hoffnungen.

56 ACD wandte sich an Ivan Cooke und fügte hinzu: »Du, mein Bruder, magst zwischendurch Fragen stellen, da ich meine Botschaft häufig durch deinen Verstand und deine Hand erweitert habe.« Und Ivan Cooke bemerkte in THY KINGDOM COME: Der Schreiber war sich (im Laufe des Veröffentlichungsprozesses) oft der Gegenwart ACDs und seiner Einflußnahme bewußt.«

57 Wie es einigen bekannt sein mag, praktizierte Ivan Cooke die in diesem Kapitel gegebenen Heilmethoden und legte sie ausführlich im WHITE EAGLE HEILUNGSBUCH dar. Wie bereits bemerkt, bestand in bezug auf das Thema Heilung eine gewisse Zusammenarbeit zwischen ACD und Ivan Cooke.

58 Wie die astrologischen Zeichen, kann auch ACDs Liste der Farbstrahlen einen groben Anhaltspunkt geben, um die unterschiedlichen Wege unseres »Daseins in der Welt« zu verstehen. Dabei handelt es sich nicht um eine Aufstellung der tatsächlich in dem Heilsystem verwendeten Farben, das in der White Eagle Loge entwickelt worden ist. Doch sie trägt zum besseren Verständnis einiger Prinzipien dieser Heilweise bei. Viele Farben

decken sich. Zur näheren Erläuterung dienen die WHITE EAGLE HEILUNGSBÜCHER.

59 Dies bezieht sich (vermutlich) auf die rot und blau-violetten Strahlen. Es scheint, daß ACD hier auf die im dritten Teil nachgedruckte, eigentliche Botschaft anspielt.

60 Den von ACD angegebenen Zeitpunkt haben wir übergangen, da die himmlische und die irdische Zeit selten übereinzustimmen scheinen.